NOVAS IDEIAS para uma VIDA MELHOR

Dr. Wayne W. Dyer

NOVAS IDEIAS PARA UMA VIDA MELHOR

Descobrindo a sabedoria do Tao

Tradução
Christina Ávila de Menezes

CIP-BRASIL. CATALOGAÇÃO-NA-FONTE
SINDICATO NACIONAL DOS EDITORES DE LIVROS, RJ.

D994n
Dyer, Wayne W., 1940-
Novas ideias para uma vida melhor / Wayne W. Dyer; tradução: Christina Ávila de Menezes. – Rio de Janeiro: Nova Era, 2009.

Tradução de: Change your Thoughts, Change your Life
ISBN 978-85-7701-265-7

1. Lao-tzu. Tao Te Ching. 2. Adaptabilidade (Psicologia). 3. Estilo de vida. 4. Pensamento. I. Título.

09-1893.
CDD: 299.51482
CDU: 221.3-23

Título original em inglês:
Change your Thoughts, Change your Life

Copyright da tradução © 2009 by EDITORA BEST SELLER LTDA.
Copyright © 2007 by Wayne W. Dyer

Publicado anteriormente em inglês em 2007 por Hay House, Inc.

Editoração eletrônica: Abreu's System
Capa: Marianne Lépine

Este livro foi revisado segundo o novo Acordo Ortográfico
da Língua Portuguesa.

Todos os direitos reservados. Proibida a reprodução,
no todo ou em parte, sem autorização prévia por escrito da editora,
sejam quais forem os meios empregados, com exceção das resenhas
literárias, que podem reproduzir algumas passagens do livro,
desde que citada a fonte.

Direitos exclusivos de publicação em língua portuguesa para o Brasil
adquiridos pela EDITORA NOVA ERA com o selo da
EDITORA BEST SELLER LTDA.
Rua Argentina, 171, parte, São Cristóvão
Rio de Janeiro, RJ – 20921-380
que se reserva a propriedade literária desta tradução.

Impresso no Brasil

ISBN 978-85-7701-265-7

PEDIDOS PELO REEMBOLSO POSTAL
Caixa Postal 23.052
Rio de Janeiro, RJ – 20922-970

Para meu pai, Melvin Lyle Dyer.
Apesar de jamais tê-lo conhecido, depois de digerir
cuidadosamente o Tao, eu finalmente compreendi!
Tudo é — e sempre foi — perfeito. Eu amo você.

Sumário

Prefácio   9

Número do verso

1	Vivendo o mistério	17
2	Vivendo a unidade paradoxal	23
3	Vivendo o contentamento	29
4	Vivendo infinitamente	35
5	Vivendo imparcialmente	39
6	Vivendo criativamente	45
7	Vivendo além do ego	51
8	Vivendo no fluxo	57
9	Vivendo a humildade	61
10	Vivendo a unicidade	65
11	Vivendo do vazio	71
12	Vivendo com convicção interior	75
13	Vivendo com uma mente independente	79
14	Vivendo além da forma	83
15	Vivendo uma vida sem pressa	87
16	Vivendo com constância	91
17	Vivendo como um líder iluminado	97
18	Vivendo sem regras	103
19	Vivendo sem apego	109
20	Vivendo sem lutar	115
21	Vivendo o paradoxo impalpável	121
22	Vivendo com flexibilidade	127
23	Vivendo de forma natural	133
24	Vivendo sem excessos	137
25	Vivendo da grandeza	141
26	Vivendo com tranquilidade	147
27	Vivendo pela sua luz interior	151
28	Vivendo virtuosamente	157
29	Vivendo pela lei natural	163
30	Vivendo sem uso da força	169

31	Vivendo sem armas	175
32	Vivendo a perfeita bondade do Tao	181
33	Vivendo o autodomínio	187
34	Vivendo o grande caminho	193
35	Vivendo além dos prazeres mundanos	197
36	Vivendo na obscuridade	203
37	Vivendo em simplicidade	207
38	Vivendo em sua própria natureza	213
39	Vivendo a totalidade	219
40	Vivendo ao retornar e ceder	223
41	Vivendo além das aparências	229
42	Vivendo ao se fundir na harmonia	235
43	Vivendo suavemente	239
44	Vivendo ao saber quando parar	245
45	Vivendo além das superficialidades	251
46	Vivendo em paz	257
47	Vivendo ao ser	263
48	Vivendo pela redução	269
49	Vivendo além do julgamento	273
50	Vivendo como um imortal	277
51	Vivendo pela virtude oculta	281
52	Vivendo pelo retorno à Mãe	287
53	Vivendo honradamente	291
54	Vivendo como se sua vida fizesse diferença	297
55	Vivendo ao abandonar o controle	301
56	Vivendo pelo saber silencioso	305
57	Vivendo sem autoritarismo	309
58	Vivendo imperturbável pela boa ou má sorte	313
59	Vivendo pela parcimônia e moderação	317
60	Vivendo com imunidade ao mal	321
61	Vivendo ao permanecer humilde	327
62	Vivendo na casa do tesouro do Tao	333
63	Vivendo sem dificuldades	337
64	Vivendo ao estar no aqui e agora	341
65	Vivendo na simplicidade	347
66	Vivendo ao imitar o mar	351

67	Vivendo pelos três tesouros	355
68	Vivendo pela cooperação	361
69	Vivendo sem inimigos	365
70	Vivendo uma vida da realização de Deus	369
71	Vivendo sem doenças	375
72	Vivendo com reverência e aceitação	381
73	Vivendo na rede do céu	387
74	Vivendo sem medo da morte	393
75	Vivendo ao exigir pouco	399
76	Vivendo ao se curvar	405
77	Vivendo ao oferecer o excedente	411
78	Vivendo como a água	417
79	Vivendo sem ressentimentos	423
80	Vivendo a própria utopia	427
81	Vivendo sem acumular	433

Epílogo — 437
Agradecimentos — 441
Sobre o autor — 443

Prefácio

O progresso é impossível sem a mudança, e aqueles que não conseguem mudar sua mente não conseguem mudar nada.

— George Bernard Shaw

Novas ideias para uma vida melhor é o produto final de minha jornada de um ano de pesquisa, contemplação e aplicação do *Tao Te Ching*, o livro de sabedoria mais traduzido do que qualquer outro livro no mundo, com exceção da Bíblia. Muitos estudiosos consideram esse clássico chinês o tratado supremo da natureza da vida; e ele continua a ser um recurso valioso para alcançar um modo de viver que garanta integridade, alegria, paz e equilíbrio. Recentemente, li sobre alguém que superou vícios que colocavam sua vida em risco lendo e relendo os 81 versos desse antigo texto. Imagine só! Em menos de cem breves passagens, ele descreve um modo de viver equilibrado, moral e espiritual; e que funciona para todos os aspectos da vida na Terra.

A lenda nos diz que o *Tao Te Ching* foi escrito por Lao-tzu, um profeta que também era o guardião dos arquivos imperiais na antiga capital de Luoyang. Ao assistir à contínua decadência no período dos estados em guerra, Lao-tzu decidiu cavalgar em direção ao oeste até o deserto. No desfiladeiro de Hanku, um porteiro chamado Yin Hsi, conhecendo a reputação de Lao-tzu como um homem sábio, implorou a ele que registrasse a essência de seu ensinamento. Dessa maneira, nascia o *Tao Te Ching*, na forma de cinco mil caracteres chineses.

Em todas as minhas leituras sobre as origens do *Tao Te Ching*, jamais descobri um registro histórico definitivo de sua criação... mas atualmente ele sobrevive em milhares de versões, em praticamente todos os idiomas. Na verdade, após ler esse texto clássico numa manhã e receber uma interpretação diferente pela tarde, fiquei fascinado. Encomendei outras traduções, cinco das quais bastante antigas e cinco mais modernas (você encontrará os títulos em Agradecimentos). Como, historicamente, nem Lao-tzu nem a origem de seus versos têm uma datação exata, fiquei intrigado com as formas diferentes como os cinco mil caracteres foram interpretados pelos estudiosos nas edições que estudei — especialmente ao considerar que muitos desses símbolos chineses antigos não estão mais em uso e eles próprios levam a diferentes traduções.

Em seguida, senti o apelo para escrever um ensaio para cada verso que mostrasse sua valiosa sabedoria aplicada ao século XXI. Das dez traduções que estudei, reuni as 81 passagens em *Novas ideias para uma vida melhor*, baseado em como elas reverberavam em mim. Este livro é minha interpretação pessoal do *Tao Te Ching*, cada verso dele me deu um insight sobre a vida e a natureza. Enquanto você o estiver lendo, saiba que estas páginas foram reunidas pelo que eu senti *pessoalmente* que eram os aspectos mais úteis das dez traduções diferentes que estudei e peço desculpas por quaisquer exclusões (ou se as inclusões não parecerem acertadas).

Uma das muitas dádivas do *Tao Te Ching* é a qualidade de ampliar a mente, especialmente na forma como Lao-tzu usa a ironia e o paradoxo para fazê-lo ver a vida. Se você acha que exercer o poder é a resposta apropriada, Lao-tzu insiste em que se veja o valor de ser humilde. Se parece que a ação é necessária, ele pede que você considere a não ação. Se você acha que desejar bens materiais o ajudará a adquirir o que precisa ou deseja, ele o aconselha a relaxar e ser paciente.

Exatamente o que é isso chamado "o Tao"? Como nos contam no primeiro verso, nomeá-lo é perdê-lo, então aqui está o melhor que posso sugerir: o Tao é a realidade suprema, a Fonte totalmente penetrante de tudo. O Tao nunca começa ou termina, não faz nada, mas anima tudo no mundo da forma e dos limites, que é chamado "o mundo das dez mil coisas".

Os comentários sobre o *Tao Te Ching* geralmente interpretam *Tao* como "o Caminho", *Te* como "a forma e a força" (isso é, como o Tao se manifesta) e *Ching* como "livro". Todas as traduções para o inglês que li referem-se ao Tao como o Way (Caminho) com um *W* maiúsculo, e Te como acrescentando luz ou cor ao Caminho. Bem, enquanto olho para o nome que carrego comigo por mais de 65 anos, *Way*ne Dyer, percebo o que pode ter me atraído a estudar e escrever estes textos! Como você pode ver, as primeiras três letras de meu nome compõem a palavra *Way*, enquanto *dyer* (tinturista) é aquele que acrescenta luz ou cor. Não admira que eu tenha ficado tão envolvido em ler, escrever, interpretar e, mais importante ainda, pôr em prática esses 81 versos.

Em *The Wisdom of China and India*, o Dr. Lin Yutang declara: "Se existe um único livro no mundo da literatura oriental que deva ser lido acima de todos os outros, é, segundo minha opinião, *o Livro do Tao* [de Lao-tzu]... É um dos mais profundos livros de filosofia do mundo...". Durante a leitura de *Novas ideias para uma vida melhor*, você encontrará seu caminho por meio da filosofia mística e prática de Lao-tzu, junto com a alegria de aplicá-la à sua vida no mundo moderno de hoje.

Escrever este livro foi uma rendição completa a ideias que nem sempre pareciam se encaixar em uma abordagem linear racional, e isso me mudou de uma forma que é como o próprio Tao: inexplicável e inominável. Depois que soube que passaria um ano nesse projeto, sua criação surgiu do seguinte modo, que eu anotei para você:

> *Eu acordo antes das 4h da manhã, medito, tomo sucos e suplementos vitamínicos, e entro em meu espaço sagrado de escrever. Em uma mesa, tenho alguns desenhos emoldurados de Lao-tzu: em um, ele está com um manto simples; em outro, ele está de pé com uma equipe; e em um terceiro, ele está montado em um boi. Relaxo em meu trabalho e leio um verso do* Tao Te Ching, *deixando que as palavras permaneçam comigo, e invoco as forças tanto da vida exterior quanto da interior para que me inspirem.*

Algumas das passagens contêm ideias que parecem dirigir-se a líderes políticos — porém, em todos os casos, mantenho o leitor comum em mente. Em outras palavras, busco a sabedoria para todos, não apenas para aqueles que ocupam cargos governamentais ou corporativos.

Faço algumas anotações e, durante os três dias seguintes, penso sobre o que Lao-tzu está oferecendo. Convido o Tao a estar comigo durante o dia inteiro, em todas as minhas atividades. "Mude suas ideias, Wayne", digo a mim mesmo, "e veja como sua vida mudará". De fato, minhas ideias realmente mudam.

Eu sinto o Tao comigo, sempre lá, sempre sem fazer nada, e nunca deixando absolutamente nada por fazer. Como eu agora estou Vendo com um V maiúsculo, a paisagem parece diferente. As pessoas que Vejo são criações divinas que estão ignorando a própria natureza ou, até mais comovente, carentemente interferindo nos assuntos alheios. Eu tenho uma nova perspectiva agora: sinto-me mais sereno e paciente. Sou constantemente lembrado da natureza cíclica do mundo das dez mil coisas e tenho insights poderosos que mudam o que eu vejo. Sei que nós, seres humanos, somos como o resto do mundo natural, e que a tristeza, o medo, a frustração ou qualquer sentimento perturbador não podem durar. A natureza não cria uma tempestade que jamais termina. Na má sorte, esconde-se a boa sorte.

Seguindo meus dias de pensamento e depois aplicando a sabedoria de um verso em particular, olho nos olhos da imagem de Lao-tzu no início da manhã e pergunto O que você quer dizer? Como isso se aplica aqui, hoje, a alguém que possa querer viver segundo esses ensinamentos majestosos?

O que acontece em seguida é algo impressionante, que simplesmente vem. Pelas eras, através da atmosfera, pela minha caneta roxa e na página, flui o que eu só posso chamar de escrita automática ou psicografia. Sei que não sou o dono disso. Sei que não posso tocá-lo, senti-lo, vê-lo, nem mesmo nomeá-lo, mas as palavras chegam ao mundo das dez mil coisas. Sinto-me grato, perplexo, surpreso e cheio de alegria. No dia seguinte, começo ou-

tra aventura de quatro dias com essa sabedoria que um mestre chinês registrou há 2.500 anos, sentindo-me muito abençoado, honrado e totalmente maravilhado pelo profundo impacto que essas palavras exercem sobre mim.

É minha visão que neste século XXI nosso mundo precisa recrutar futuros líderes que estejam impregnados da importância das palavras de Lao-tzu. Nossa sobrevivência talvez dependa de entendermos que os conceitos de "inimigo" e "guerra" podem cessar de existir ao vivermos de modo centrado no Tao. O governo terá de se abster de regular nossa vida pessoal, tributar excessivamente nossa renda e invadir nossa privacidade.

Porém, as lições e verdades do Tao devem ser descobertas e aplicadas pelos indivíduos. Desse modo, ele pode levá-lo até a enorme maravilha de seu próprio ser — sim, você é o Tao em funcionamento. Seu ser veio e retornará para o não ser. Então, para o máximo de aproveitamento e benefícios, faça da leitura deste livro uma jornada pessoal. Primeiro, leia com atenção uma das passagens do *Tao Te Ching* e o texto que o acompanha. Em seguida, passe algum tempo aplicando isso, mudando a maneira como você foi condicionado a pensar e deixando-se abrir para um novo modo de conceitualizar essas ideias. Finalmente, individualize o verso escrevendo, registrando, desenhando ou expressando-o de qualquer modo que você sinta vontade. Então prossiga para o verso seguinte com um ritmo adequado à sua natureza.

O trecho a seguir é de *365 Tao: Daily Meditations*, de Deng Ming-Dao, que adoro reler a cada dia. Leia-o e veja o Tao ganhando vida em você:

> Se você passar um longo período de tempo em estudo e autoaperfeiçoamento, entrará no Tao. Ao agir assim, você também entrará no mundo das percepções extraordinárias. Você experienciará fatos inimagináveis, receberá pensamentos e aprendizados como se de lugar nenhum, perceberá coisas que poderiam ser classificadas de presciência. Mas, se você tentar comunicar o que experienciou, não haverá ninguém para entendê-lo, ninguém que acredite em você. Quanto mais você trilhar esse caminho, mais distante estará dos modos comuns da sociedade. Você poderá ver a verdade, mas descobrirá que as pessoas preferem dar ouvidos aos políticos, artistas e charlatões.

Se você for conhecido como um seguidor do Tao, as pessoas talvez o procurem, mas elas raramente serão aquelas que verdadeiramente entendem o Tao. Elas serão pessoas que talvez explorem o Tao como uma muleta. Falar a elas das maravilhas que você viu geralmente implica envolver-se em uma rodada vã de comunicação equivocada. É por isso que dizem que aqueles que sabem não falam.

Por que não ficar simplesmente calado? Aproveite o Tao como desejar. Deixe que os outros pensem que você é taciturno. Em seu interior, você conhecerá a alegria dos mistérios do Tao. Se encontrar alguém que possa tirar proveito de sua experiência, deverá compartilhar isso. Mas, se você for simplesmente um caminhante em uma multidão de desconhecidos, será sábio ficar calado.

Talvez a mensagem principal do *Tao Te Ching* consista em aprender como se deleitar na simplicidade do que está sendo revelado a você nesse antigo texto sagrado. À medida que você colocar essas ideias em prática, descobrirá o quanto tudo isso é profundo — mas então você ficará surpreso com sua simplicidade e naturalidade. O conselho desse venerável mestre é tão fácil de aplicar que você não precisa tentar complicá-lo. Simplesmente permita-se permanecer em harmonia com sua natureza, na qual você poderá confiar se simplesmente ouvir e agir de acordo com ela.

Espero que você aproveite alegremente Lao-tzu e seu fabuloso *Tao Te Ching*, e que acrescente *sua* luz e cor ao Grande Caminho. Eu lhe ofereço meu amor, junto com meu compromisso por um mundo centrado no Tao. Não consigo imaginar uma visão melhor para você, nosso planeta ou nosso universo.

— **Wayne W. Dyer**
Maui, Havaí

(Nota do Editor: O nome de Lao-tzu já foi escrito de muitas maneiras diferentes no decorrer dos anos, portanto, a fim de evitar confusão neste livro, usaremos a grafia utilizada no *Merriam-Webster's Collegiate Dictionary*, 11ª edição.)

*Dos pássaros,
eu sei que eles
têm asas para voar,
dos peixes, que eles têm barbatanas para
nadar, dos animais selvagens, que eles
têm pés para correr. Para os pés, existem armadilhas,
para as barbatanas, redes, para as asas, flechas.
Mas quem sabe como os dragões
vencem o vento e as nuvens
até o céu? Hoje eu vi
[Lao-tzu] e ele é um dragão.**

— de *The Way of Life According to Lao Tzu*,
traduzido por Witter Bynner.

---

*Atribui-se essa citação a Confúcio, após sua visita ao ancião Lao-tzu para se aconselhar sobre assuntos de etiqueta cerimonial.

1º verso

O Tao que pode ser falado
não é o Tao eterno.
O nome que pode ser nomeado
não é o nome eterno.

O Tao é tanto nomeado quanto sem-nome.
Como sem-nome, é a origem de todas as coisas;
como nomeado, é a Mãe das dez mil coisas.

Sempre sem desejos, a pessoa pode ver o mistério;
sempre desejando, a pessoa só vê as manifestações.
E o próprio mistério é o portal
para toda a compreensão.

Vivendo o mistério

Neste verso de abertura do *Tao Te Ching*, Lao-tzu nos diz que o "Tao é tanto nomeado quanto sem-nome". Isso parece paradoxal a nosso intelecto ocidental — e é! O pensamento paradoxal está implantado nos conceitos orientais de yin *e* yang ou o feminino *e* o masculino, e onde as coisas são confortavelmente descritas como tanto isso *quanto* aquilo. Nós, no Ocidente, em comparação, tendemos a ver os opostos como conceitos incompatíveis que se contradizem entre si. Mas este livro está nos pedindo para mudar nosso modo profundamente enraizado de pensar e vejamos como nossa vida muda como resultado.

O Tao é o reino incognoscível e invisível onde tudo tem origem; embora, ao mesmo tempo, o Tao esteja invisivelmente dentro de tudo. Quando desejamos ver essa invisibilidade (mistério), tentamos defini-la em termos do mundo exterior da forma — que Lao-tzu chama de "dez mil coisas". Ele nos avisa que a desistência de tentar ver o mistério realmente nos permite vê-lo. Ou, como gosto de pensar, "Relaxe e entregue a Deus". Mas como podemos fazer isso? Um dos modos é nos permitirmos praticar mais o pensamento paradoxal, reconhecendo que desejar (querer) e não desejar (permitir) são diferentes e iguais... bem parecido com as extremidades misteriosas de um *continuum*.

Desejo é a expressão física de criar condições que nos permitam ser receptivos; ou seja, é a preparação no mundo para receber. Segundo Lao-tzu, querer saber ou ver o mistério do Tao revela evidências dele em uma variedade de manifestações, mas não o mistério propriamente dito. Mas isso não é um beco sem saída! Dessa base de desejo, brotam as flores do misterioso Tao. É como se o querer se transformasse em permissão sem esforço. Ao desejar, a pessoa vê as manifestações; sem desejo, pode ver o próprio mistério.

Quando nos sintonizamos com o que Lao-tzu está nos dizendo, torna-se realmente evidente que nosso mundo produz exemplos abundantes desse processo paradoxal. Pense na jardinagem e no desejo de tomates saborosos cultivados em casa ou de narcisos primaveris: *permitir* que eles cresçam é o que acaba acontecendo. Agora pense nas coisas da vida que envolvem *querer* e como elas diferem de permitir: querer ir dormir, por exemplo, em vez de ir dormir. Querer fazer dieta, em vez de fazê-la. Querer amar, em vez de amar. Nessa referência ao Tao, a ausência de desejo significa confiar, aceitar e permitir. O desejo é tanto o começo quanto a base da ausência de desejo, mas querer é também o início e a base do permitir. Eles são iguais e diferentes, ao mesmo tempo.

Preste atenção aos momentos em que talvez sinta em seu corpo onde você está localizado no *continuum* entre desejar e permitir (ou tentar e fazer). *Tentar* tocar piano, dirigir um carro ou andar de bicicleta, tudo isso é igual a, e diferente de, realmente tocar piano, dirigir um carro e andar de bicicleta. Depois de essas atividades do mundo exterior serem desejadas e aprendidas, há um momento em que o que você faz é permitir. O ponto aqui é reconhecer a diferença em seu corpo entre tentar e permitir, e tornar-se então ciente da sensação sem esforço da última. Essa prática também leva a uma maior conscientização do mistério invisível e das dez mil coisas, que são os fenômenos visíveis de nosso mundo.

As dez mil coisas a que Lao-tzu se refere representam os objetos categorizados, classificados e cientificamente nomeados da Terra, que nos ajudam a comunicar e identificar o que estamos dizendo e pensando. Porém, com todo o nosso conhecimento tecnológico e a categorização científica, jamais conseguiremos realmente criar um olho ou fígado humano e nem mesmo um grão de trigo. Cada uma dessas coisas — junto com o restante que abarca o mundo conhecido ou nomeado — surge do mistério, do eterno Tao. Exatamente como o mundo não é suas partes nomeadas, nós não somos exclusivamente a pele, os ossos e os rios de fluidos que nos compõem fisicamente. Nós, também, somos o Tao eterno, animando invisivelmente nossas línguas para falar, ouvidos para ouvir e olhos para ver e experienciar o manifesto e o mistério. Permitir conscientemente esse mistério sem-nome é, no fundo, o modo de praticar o Tao.

Isso significa colocar-se em situações perigosas? Claro que não. Isso significa confiar no mistério no momento em que estiver sendo agredido ou maltratado? Provavelmente não. Isso *de fato* significa jamais tentar mudar as coisas? Não. Isso *realmente* significa cultivar a prática de estar no mistério e permitir que ele flua através de você sem atrapalhar. Isso significa permitir o paradoxo de existir ao mesmo tempo que você permite que o mistério se desenrole.

Pratique o Tao; descubra seus modos pessoais de viver no mistério. Como Lao-tzu diz nesse primeiro verso, "E o próprio mistério é o portal de toda a compreensão".

Aqui está meu conselho para transformar essa passagem em uma prática diária no século XXI:

Primeiramente, aprecie o mistério!

Deixe que o mundo se revele sem tentar sempre decifrar tudo. Deixe os relacionamentos simplesmente existirem, por exemplo, visto que tudo será apresentado na ordem divina. Não se esforce tanto para fazer algo funcionar — simplesmente permita. Não se esforce tanto para tentar entender constantemente seu companheiro, seus filhos, seus pais, seu chefe ou qualquer pessoa, porque o Tao está trabalhando o tempo todo. Quando as expectativas forem quebradas, pratique permitir que aquilo seja do jeito que é. Relaxe, abra mão, permita e reconheça que alguns de seus desejos têm a ver com o modo como você acha que o mundo *deveria* ser, e não como ele *é* naquele momento. Torne-se um observador sagaz... julgue menos e ouça mais. Dedique algum tempo para abrir sua mente ao fascinante mistério e à incerteza que todos nós experienciamos.

Pratique desistir de sempre nomear e rotular.

Esse processo de rotulação é o que ensinaram à maioria de nós na escola. Nós estudamos bastante para poder definir as coisas corretamente a fim de obtermos o que chamávamos de "notas altas". A maioria das instituições educacionais insistia em identificar tudo, levando a um rótulo que nos distinguia como graduados com conhecimento de categorias específicas. Mas nós sabemos, sem ninguém nos dizer, que não existem títulos, diplomas ou rótulos distintos que verdadeiramente nos definam. Do mesmo modo que água não é a palavra *água* — mais do que é *water, Wasser* ou H_2O —, nada neste universo é o que é nomeado. A despeito de nossas categorizações intermináveis, cada animal, flor, mineral e ser humano jamais poderá ser verdadeiramente descrito. Do mesmo modo, o Tao nos diz que "o nome que pode ser nomeado não é o nome eterno". Precisamos nos aquecer na magnificência do que é visto e sentido, em vez de sempre memorizar e categorizar.

Pratique o Tao agora

Em algum momento hoje, perceba um exemplo de aborrecimento ou irritação que tenha com outra pessoa ou situação. Decida fazer o Tao (ou praticar o Caminho) naquele momento ao se voltar para seu interior com curiosidade sobre sua localização no *continuum* entre desejo e permissão. Deixe que o paradoxo de desejar a irritação desapareça e permita que ela seja o que é. Procure por ela internamente em seus pensamentos e permita-se senti-la onde quer que ela esteja e seja como for que se movimente em seu corpo.

Volte toda sua atenção para abrir sua mente, deixando que o estado de permissão auxilie o mistério dentro de você. Observe como o sentimento se manifesta: talvez fazendo "reviravoltas" em seu estômago, causando rigidez em seu esqueleto, fazendo seu coração dispa-

1º *verso*

rar ou apertando sua garganta. Onde quer que esteja, reconheça-o como um mensageiro enigmático dentro de você, e dê atenção a ele sem julgamentos. Perceba o desejo por esse sentimento desaparecer e permita que ele seja monitorado com compaixão por você. Aceite o que quer que apareça. Encontre o mistério interior sem rotular, explicar ou defender. É uma distinção sutil a princípio, e é necessário que você assuma uma responsabilidade pessoal para poder identificar isso. Só você pode preparar a base de seu ser para a experiência de viver o mistério.

2º verso

*Sob o céu, todos podem ver a beleza como beleza
somente porque existe a feiura.
Todos podem conhecer o bem como bem somente porque existe o mal.*

*Existência e não existência produzem um ao outro.
A dificuldade nasce da facilidade.
O longo é definido pelo curto; o alto, pelo baixo.
Antes e depois seguem juntos um com o outro.*

*Assim o sábio vive abertamente com aparente dualidade
e unidade paradoxal.
O sábio pode agir sem esforço
e ensinar sem palavras.
Nutrir as coisas sem possuí-las,
ele trabalha, mas não por recompensas;
ele compete, mas não por resultados.*

*Quando o trabalho está feito, é esquecido.
É por isso que ele resiste para sempre.*

Vivendo a unidade paradoxal

O conceito de algo ou alguém ser bonito tem por base um sistema de crenças que promove a dualidade e o julgamento. Esse modo de pensar é predominante e comum para quase todo mundo em nossa cultura, talvez até tendo algum valor na sociedade. Eu o incentivo a explorar o conceito de unidade paradoxal nesse segundo verso do *Tao Te Ching*. Ao mudar seus pensamentos, você pode mudar sua vida e verdadeiramente viver a felicidade perfeita da unicidade.

Já lhe ocorreu que a beleza depende de algo ser identificado como feio? Logo, a ideia de beleza produz a ideia de feiura e vice-versa. Simplesmente imagine quantos conceitos dependem de opostos nesse "sistema de crenças de dualidade": o indivíduo não é alto, a não ser que exista um sistema de crenças que inclua baixo. Nossa ideia de vida não poderia existir sem a de morte. O dia é o oposto da noite. O masculino é a antítese do feminino.

Que tal se, em vez disso, você percebesse tudo como uma parte (ou um vislumbre) da perfeição da unicidade? Acho que é isso que Lao-tzu está sugerindo com sua descrição do sábio que "vive abertamente com aparente dualidade e unidade paradoxal". Imagine a unicidade perfeita coexistindo na aparente dualidade, onde os opostos sejam simplesmente julgamentos feitos pela mente humana no mundo das dez mil coisas.

Certamente o narciso não pensa que a margarida é mais bonita ou mais feia do que ele, e a águia e o camundongo não têm o sentido de opostos que chamamos de vida e morte. As árvores, as flores e os animais não conhecem a feiura ou a beleza; eles simplesmente *existem*... em harmonia com o eterno Tao, desprovidos de julgamento.

Assim como o sábio vive abertamente com aparente dualidade, ele sintetiza a origem com a manifestação sem formar uma opinião sobre isso. Viver sem julgamento e em perfeita unicidade é o que Lao-tzu convida seus leitores a fazerem. Ele convida nossa sabedoria a combinar opostos percebidos e viver uma vida unificada. A perfeição do Tao é permitir a aparente dualidade enquanto vê a unidade que é a realidade. A vida e a morte são idênticas. A virtude e o pecado são julgamentos, precisando dos dois para identificar um deles. Esses são os paradoxos de uma vida unificada; isso é viver dentro do Tao eterno. Depois que as dicotomias ou os pares de opostos são transcendidos ou, pelo menos, vistos pelo que são, eles fluem para dentro e para fora da vida como as marés.

Pratique ser um paradoxo vivo, que respira, em todos os momentos de sua vida. O corpo tem limites físicos — ele começa e termina e tem substâncias materiais. Mas ele também contém algo que desafia os limites, não tem substância e é infinito e sem forma. Você é tanto o Tao quanto as dez mil coisas simultaneamente. Deixe que as ideias contrastantes e opostas coexistam dentro de você ao mesmo tempo. Permita a si mesmo ter esses pensamentos opostos sem que eles se anulem uns aos outros. Acredite firmemente em seu livre-arbítrio e em sua capacidade de influenciar o ambiente e simultaneamente renda-se à energia em você. Saiba que o bem e o mal são dois aspectos de uma união. Em outras palavras, aceite a dualidade do mundo material enquanto ainda permanece em contato constante com a unicidade do Tao eterno. A necessidade debilitante de estar certo e mostrar que os outros estão errados diminuirá.

Eu acredito que Lao-tzu aplicaria o *Tao Te Ching* ao mundo de hoje sugerindo o seguinte:

Leve uma vida unificada.

Entre no mundo da unicidade com a consciência da propensão de compartimentalizar tudo como bom ou mau, certo ou errado. Bonito ou feio são padrões do mundo físico, não do Tao. Contemple o insight de que a dualidade é um jogo mental. Em outras palavras, as pessoas têm a aparência que têm, ponto final — a crítica não é sempre necessária ou útil. Veja o desenrolar do Tao dentro de cada um, inclusive em si mesmo, e esteja em paz com o que você observar.

Seja um bom animal e movimente-se livremente, desembaraçado de pensamentos sobre onde você *deveria* estar e como você *deveria* estar agindo. Por exemplo, imagine-se como uma lontra simplesmente vivendo sua "lontrice". Você não é bom ou mau, bonito ou feio, um trabalhador esforçado ou um preguiçoso... você é simplesmente uma lontra, movendo-se pela água ou na terra livre, tranquila e divertidamente — sem julgamentos. Quando for tempo de deixar seu corpo, você fará isso, recuperando seu lugar no puro mistério da unicidade. É isso que Lao-tzu quer dizer quando fala "Quando o trabalho está feito, ele é esquecido. É por isso que ele resiste para sempre".

Em outras palavras, você não tem de deixar seu corpo para experienciar o para sempre; é possível conhecer seu ser eterno mesmo na condição de corporificado. Quando a dualidade e o julgamento aflorarem, permita que eles sejam parte da unidade perfeita. Quando outras pessoas criarem dicotomias, você sempre poderá conhecer a unicidade praticando o Tao.

Realize muito tentando menos.

O esforço é uma parte do todo; outra parte é o não esforço. Junte essas dicotomias e o resultado será uma ação sem esforço e sem apego ao resultado. É assim precisamente que você dança com alguém: você faz uma tentativa, assume uma posição, ouve a música e abandona tudo ao mesmo tempo, permitindo a si mesmo mover-se com facilidade com seu(sua) parceiro(a). Combine os supostos opostos na unicidade de viver sem julgamento ou medo. Rotular a ação como "um excelente esforço" implica uma crença de que tentar com mais empenho é melhor do que não tentar. Mas o próprio tentar somente existe por causa de crenças sobre não tentar. Tentar recolher um pedaço do lixo é realmente de fato *não* recolher o lixo. Depois de você recolhê-lo, tentar e não tentar são irrelevantes.

Compreenda que você pode agir sem o julgamento implícito de palavras como *esforço* e *tentar*. Você pode competir sem estar focado no resultado. A eliminação de opostos paradoxalmente os unifica, portanto é desnecessário identificar com uma única posição. Imagino que, na linguagem de hoje, Lao-tzu resumiria esse segundo verso do *Tao Te Ching* nestas duas singelas palavras: *simplesmente seja*.

Pratique o Tao agora

Pratique o Tao hoje percebendo oportunidades para se defender ou se explicar e escolha não fazê-lo. Em vez disso, volte-se para seu interior e perceba a textura do mal-entendido, sentindo-o completamente por todo o seu sistema físico. Simplesmente esteja com o que é, em vez de optar por facilitá-lo ao percorrer o caminho do mundo exterior para se explicar e se defender. Não seja apanhado na dualidade aparente de estar certo ou errado. Felicite-se por fazer a escolha de estar em unidade paradoxal, uma unicidade em que tudo do espectro simplesmente é. Aprecie silenciosamente a oportunidade, junto com sua disposição de praticar a sabedoria!

3º verso

Pôr um valor em status
cria discórdia.
Se você supervaloriza as posses,
as pessoas começam a roubar.
Ao não exibir o que é desejável, você
faz com que o coração das pessoas permaneça imperturbável.

O sábio governa
esvaziando as mentes e os corações,
enfraquecendo as ambições e fortalecendo os ossos.

Pratique não fazer...
Quando a ação é pura e altruísta,
tudo se acomoda em seu próprio e perfeito lugar.

Vivendo o contentamento

Esse terceiro verso do *Tao Te Ching* recomenda reordenar as prioridades para garantir contentamento. O foco em obter mais objetos de desejo estimula que fatores externos exerçam controle sobre nós. A busca por status, seja ele financeiro ou por uma posição de poder, nos cega para nosso relacionamento com o eterno Tao, juntamente com a vida plena que está disponível. A supervalorização das posses e realizações tem origem na fixação de nosso ego em obter *mais* — riqueza, bens, status, poder ou coisas assim. O Tao recomenda abster-se desse modo de viver descontente, que leva a roubo, discórdia e confusão. Em vez de buscar mais, a prática de gratidão do Tao é aquilo que nos leva à vida de contentamento. Precisamos substituir os desejos pessoais pela pergunta centrada no Tao: *Como posso servir?* Ao simplesmente mudarmos esse tipo de pensamento, começamos a ver grandes mudanças acontecendo em nossa vida.

O conselho de praticar "não fazer" e confiar que tudo se acomodará em um lugar perfeito pode dar a impressão de uma receita para preguiça e uma sociedade fracassada, mas não acho que é isso que Lao-tzu esteja oferecendo aqui. Ele não está dizendo para ser preguiçoso ou inativo; mais exatamente ele está sugerindo que confiar no Tao é o modo de ser dirigido pela Fonte de sua criação e ser guiado por um princípio mais elevado do que os desejos motivados por seu ego.

As vontades estabelecidas pelo ego podem atrapalhar a essência divina, então pratique afastar o ego do caminho e ser guiado pelo Tao em tudo que fizer. Está em estado de agitação? Confie no Tao. Ouça aquilo que o estimula interiormente, livre do domínio do ego, e você será paradoxalmente mais produtivo. Permita que aquilo que está no interior apareça ao suspender a determinação mundana. Desse modo, você não estará mais sozinho na condução da orquestra que chama de vida.

Muito desse terceiro verso contém conselhos sobre como governar. Eu vejo isso não como um conselho político ou administrativo, mas como se ele pertencesse à nossa própria vida pessoal e à daqueles que estamos encarregados de orientar — isso é, nossa família imediata e, em um sentido maior, a família humana, que abrange todos aqueles com quem temos contato no cotidiano.

Incentive seus familiares a esvaziarem a mente de pensamentos sobre status e aquisições e, em vez disso, pensarem em servir os outros e contribuir para a saúde e a força de todos. Seja um exemplo da harmonia dessa atitude; afinal, todos têm uma vocação a ser inspirada. A Fonte da criação não está interessada em posses materiais ou status. Ela proverá o que for necessário — ela o guiará, motivará e influenciará, e a todo o mundo. O ego (e seu incessante estoque de desejos) provavelmente precisará ser enfraquecido para que a beleza do Tao possa ser sentida. Demonstre isso para outros ao ser o líder que remove as tentações egocêntricas que fomentam a inveja, a raiva e a competição.

Se Lao-tzu fosse capaz de ver nosso mundo contemporâneo de sua perspectiva de 2.500 anos de idade, acredito que ofereceria o seguinte conselho baseado nesse terceiro verso do *Tao Te Ching*:

Lembre-se diariamente de que não existe um caminho para a felicidade; melhor dizendo, a felicidade é o caminho.

Você pode ter uma longa lista de metas que acredita que lhe proporcionarão satisfação quando forem atingidas, mas, se examinar seu estado de felicidade neste momento, perceberá que a realização de algumas ambições anteriores não criaram um sentido duradouro de alegria. Os desejos podem produzir ansiedade, estresse e competitividade, e você precisa reconhecer aqueles que causam isso. Leve a felicidade a cada encontro na vida, em vez de esperar que os eventos externos produzam alegria. Ao estar em harmonia no caminho do Tao, todo o contentamento com que você jamais poderia sonhar começará a fluir em sua vida — as pessoas certas, os meios para financiar a direção que você está seguindo e os fatores necessários aparecerão. "Pare de se pressionar", Lao-tzu diria, "e sinta gratidão e reverência pelo que existe. Sua vida é controlada por algo muito maior e mais importante do que os detalhes mesquinhos de suas altas aspirações".

**Confie na perfeição do eterno Tao, pois ele é a
Fonte suprema das dez mil coisas.**

O Tao está trabalhando *para* você e *com* você, portanto você não precisa lembrá-lo daquilo que deseja ardentemente ou daquilo que acha que ele esqueceu de lhe dar. Confie na harmonia do Tao. Ele tomou conta de tudo que você precisava em sua criação, assim como nos seus primeiros nove meses de vida, sem qualquer ajuda sua e totalmente independente de quaisquer desejos que você pudesse ter tido. O Tao continuará a fazer isso se você simplesmente confiar nele e praticar o não fazer.

Faça um inventário de seus desejos e, em seguida, entregue-os ao inominável. Sim, entregue-os e não faça nada além de confiar. Ao mesmo tempo, ouça e fique atento à orientação, e depois conecte-se com a energia perfeita que envia o que quer que seja necessário para sua vida. Você (ou seja, seu ego) não precisa fazer nada. Em vez disso, permita que a eterna perfeição do Tao funcione através de você. Essa é a mensagem de Lao-tzu para nosso mundo atual.

Henry David Thoreau fez a seguinte observação no meio do século XIX, quando escrevia no Walden Pond, e eu sinto que isso personifica este terceiro verso do *Tao Te Ching*:

> Deixe-nos passar um dia tão deliberadamente quanto a Natureza, e não sejamos desviados do caminho por cada casca de noz e asa de mosquito que cair sobre os trilhos [...] Se o motor apitar, deixe que apite até ficar rouco com suas dores. Se o sino bater, por que devemos correr? [...] Eu me arrependo sempre de não ser tão sábio como no dia em que nasci.

Confie em sua sabedoria essencial. Não deixe que os desejos obscureçam sua eterna conexão com o Tao.

Pratique o Tao agora

Preste atenção a uma oportunidade hoje para perceber que você está planejando comprar algo. Escolha praticar o Tao e escute a orientação. Seja grato por ter a escolha de fazer a compra, depois pratique ouvir a si mesmo e não fazê-la. Por meio de suas sensações, o Tao revelará o caminho para você naquele momento. Confie nele. Você talvez seja guiado para comprar o artigo e saboreá-lo com gratidão, doá-lo, obter um para você e outro para outra pessoa, doar o dinheiro a uma obra de caridade, em vez de obter o artigo ou abster-se totalmente de obtê-lo.

Pratique o Tao em situações cotidianas e você conhecerá o contentamento em um sentido mais profundo. Como este verso diz: "Quando a ação é pura e altruísta, tudo se acomoda em seu próprio lugar perfeito." Agora essa é minha definição de contentamento.

4º verso

O Tao é vazio
mas inesgotável,
insondável,
o antepassado de tudo.

Dentro dele, as arestas afiadas tornam-se lisas;
os nós torcidos, soltos;
o sol é atenuado por uma nuvem;
a poeira assenta-se no lugar.

Ele está oculto, mas sempre presente.
Eu não sei quem deu origem a ele.
Ele parece ser o antepassado comum a todos, o pai das coisas.

Vivendo infinitamente

O Tao é a Fonte de toda a vida, mas ele é vazio e é ilimitado, e não pode ser confinado, quantificado ou mensurado. Essa energia doadora da criação de vida fornece uma profunda Fonte de alegria que está acessível o tempo todo. Se você viver sob a perspectiva do infinito, abandonará a ideia de que sua única identidade é o corpo físico no qual você se desenvolve do nascimento até a morte. Em sua totalidade, você é um ser infinito disfarçado de uma pessoa que existe no mundo das "arestas afiadas" e "nós torcidos" a que esse verso se refere. Integrada a você e à sua volta o tempo todo, está a força invisível de doação de vida do Tao. Ela é inesgotável. Ela é infindável. Ela não pode ser esvaziada.

Este quarto verso do Tao o convida a considerar a reordenação de seus pensamentos sobre quem você é. Parece estar dizendo que cultivar uma conscientização do aspecto infinito de si mesmo é o modo de aproveitar a Fonte ilimitada da energia criativa que flui através de você. Por exemplo, você pode querer ajudar as pessoas menos afortunadas a melhorar sua existência do dia a dia, mas você não acredita que tenha o tempo ou a energia necessários para fazer isso por causa de quem você é e do que você faz atualmente. Quando você afrouxar o apego à ideia de si mesmo como o trabalho que faz ou a vida que está vivendo e buscar se conhecer com a energia criativa ilimitada que faz parte de você, o tempo e a energia de que necessita aparecerão.

Imaginar-se ajudando outras pessoas guiado pelo aspecto infinito de si mesmo gerará comportamentos e ações que complementarão sua visão do "antepassado comum" do Tao. Ao final, você cultivará um saber absoluto de que qualquer que seja a ajuda que precisar, ela estará exatamente aqui e exatamente agora — à frente, atrás, acima e abaixo de você. Ele é vazio, porém bastante presente. Ele é, como Lao-tzu lhe lembra, "inesgotável, insondável, o ancestral de tudo".

A consciência da onipresença do Tao significa que pensamentos de escassez ou de carência não são predominantes. Crenças como "não há como isso acontecer", "não é meu destino" ou "com minha sorte, as coisas nunca dariam certo" cessam de ser alimentadas. Em vez disso, você começa a esperar que o que imagina para si mesmo não só está a caminho — mas já está aqui! Esse novo autorretrato baseado na presença cooperativa do invisível Tao eleva você para ter uma vida inspirada — isso é, uma vida de estar "em espírito" ou em contato infinito com o Tao. Quando você vive infinitamente, as recompensas são um sentido de alegria serena porque você sabe que tudo está em ordem.

Isso é o que eu imagino que as veneráveis palavras de Lao-tzu significam em nossa época contemporânea:

Considere todas as coisas que parecem ser um problema sob a perspectiva do eterno Tao.

Acreditar que haja uma escassez de prosperidade é um sinal para pensar em termos da Fonte inesgotável: o Tao. Exatamente como tudo o mais em nosso planeta, o dinheiro está disponível em quantidade ilimitada. Saiba disso e conecte-se ao fornecimento infindável. Faça isso primeiro em seus pensamentos, afirmando: *tudo que preciso agora está aqui*. Pensamentos de prosperidade são instruções energéticas para acessar seu ser infinito, assim as ações terão seu curso.

Adote essa mesma abordagem — permanecer em harmonia com o Tao — em todos os seus problemas, pois existe um suprimento que abrange todo o bem-estar para que você se associe. Portanto, em vez de proporcionar energia para doença e infortúnios percebidos, fique com o Tao. Fique com o que jamais pode ser esgotado. Fique com aquilo que é o pai de todas as coisas, a Fonte criativa de tudo. Ela trabalhará *com* e *para* você, quando ela estiver em seus pensamentos, depois em seus sentimentos e finalmente em suas ações.

Seja um observador infinito.

Quando reconhecida como um sinal de mudança, a preocupação é transitória — ela simplesmente é parte do mundo da mudança. Se você vir sua vida do ponto vantajoso de um observador infinito, as preocupações, ansiedades e dificuldades serão combinadas na mistura eterna. Sob essa perspectiva imutável, imagine qual será a importância das coisas que agora o fazem ficar deprimido daqui a cem, mil, um milhão ou um número incontável de anos. Lembre-se de que você — como o infinito Tao do qual você se originou — é parte de uma realidade eterna.

Reordene seus pensamentos para praticar pensar em alinhamento com o Tao. Com a ajuda do eterno Tao, todas as arestas ásperas da vida se alisarão, os nós se afrouxarão e a poeira se assentará. Experimente!

Pratique o Tao agora

Pegue uma situação hoje (qualquer uma servirá) e, em vez de responder verbalmente, fique calado e ouça seus pensamentos. Por exemplo, em uma reunião social ou de negócios, escolha buscar o vazio encontrado no silêncio a fim de estar consciente de seu ser infinito. Convide-o para que deixe que você saiba quando ou se deve responder. Se descobrir que seu ego mundano está interpretando ou julgando, simplesmente observe isso sem criticá-lo ou mudá-lo. Você começará a encontrar cada vez mais situações em que se sentirá tranquilo e alegre sem responder... apenas esteja no infinito que está oculto, mas sempre presente.

Você pode querer copiar esse conselho do meu mestre Nisargadatta Maharaj e fixá-lo em um lugar visível para lê-lo diariamente:

> *Sabedoria é saber que eu sou nada,*
> *amar é saber que eu sou tudo,*
> *e entre os dois minha vida se move.*

E, enquanto você estiver vivo, fique o mais perto do amor que puder.

5º verso

O Céu e a Terra são imparciais;
eles veem as dez mil coisas como cães de palha.
O sábio não é sentimental;
ele trata todo o seu povo como cães de palha.

O sábio é como o Céu e a Terra:
Para ele, nenhum deles é especialmente querido,
nem existe alguém a quem ele desfavoreça.
Ele dá e dá, sem impor condições,
oferecendo seus tesouros a qualquer um.

Entre o Céu e a Terra,
há um espaço como um fole;
vazio e inesgotável,
quanto mais é usado, mais ele produz.

Permaneça no centro.
O homem foi feito para se sentar silenciosamente e descobrir
a verdade interior.

Vivendo imparcialmente

O Tao não discrimina — ponto final! Como o Céu e a Terra, ele é imparcial. O Tao é a Fonte de tudo, o grande provedor invisível. Ele não mostra preferência ao dar energia para alguns enquanto priva outros disso; melhor dizendo, os componentes básicos da sustentação da vida, como o oxigênio, os raios solares, a atmosfera e a chuva são fornecidos a *todos* em nosso planeta. Quando escolhermos harmonizar nossa consciência interior e exterior com esse potente aspecto do Tao, poderemos perceber o verdadeiro ser que nós somos. O verdadeiro ser é nosso aspecto sábio não sentimental que vive harmoniosamente com o Tao. Esse aspecto não vê uma das formas da vida como mais merecedora do que outra, e recusa-se a ter preferidos. Ou, como Lao-tzu declara: "Ele trata todo o seu povo como cães de palha."

Lao-tzu adota esse termo para descrever como o Tao (bem como os iluminados) trata as dez mil coisas que compõem o mundo do manifestado. Na tradução do *Tao Te Ching* por Stephen Mitchell, ele explica que "cães de palha eram objetos de rituais, venerados antes da cerimônia mas depois abandonados e pisoteados". Em outras palavras, o Taoismo reverencia e respeita a existência imparcialmente, como um fluxo e refluxo que é para ser venerado e depois liberado. Com consciência imparcial, o sábio vê genuinamente o sagrado dentro de todos os cães de palha nessa cerimônia que chamamos de vida.

O quinto verso nos incentiva a estarmos cientes dessa Fonte não tendenciosa e, como um bônus, aproveitarmos a natureza paradoxal do Tao. Quanto mais harmonia tivermos com a energia do Tao, quanto mais vivermos sob sua perspectiva totalmente criativa, mais dela estará disponível para nós. É impossível esgotá-la — se consumirmos mais, simplesmente receberemos mais. Mas, se tentarmos armazená-la, teremos escassez, junto com o fracasso de não ter sequer um punhadinho de compreensão. O Tao e seus poderes inesgotáveis paradoxalmente desaparecem quando tentamos excluir alguém de sua natureza sem preconceitos.

As formas variadas de vida são ilusórias no que diz respeito ao Tao, assim nenhuma pessoa é especial ou melhor do que outra. Esse sentimento é repetido nas escrituras cristãs: "[Deus] enviou chuva sobre os virtuosos e os não virtuosos" (Mateus 5,45).

Praticar a imparcialidade é um modo de incorporar o quinto verso do *Tao Te Ching* em sua vida e praticar sua sabedoria no mundo de hoje. Com esse fim, é isso que acredito que Lao-tzu estava tentando nos comunicar de sua adiantada posição de 2.500 anos atrás.

Permaneça em harmonia com a essência imparcial do Tao em todos os seus pensamentos e todos os seus comportamentos.

Quando você tem um pensamento que exclui outros, é porque escolheu ver-se como "especial" e, portanto, merecedor de favores excepcionais de sua Fonte de existência. No momento em que se promoveu a essa categoria, elevou sua autoimportância acima daqueles que você decidiu serem menos merecedores. Pensar dessa forma faz você perder o poder que tudo abarca do Tao. Organizações — incluindo grupos religiosos — que designam alguns membros como "favorecidos" não estão centradas no Tao. Não importa quanto eles tentem convencer a si mesmos e outros de sua conexão espiritual, o ato de exclusão e parcialidade elimina o funcionamento de seu verdadeiro ser. Em outras palavras, se um pensamento ou comportamento nos divide, não é de Deus; se nos une, é Dele. Permaneça centrado nesse Tao que reside dentro de você, Lao-tzu aconselha, e jamais terá um pensamento que não esteja em harmonia com o espírito.

5º verso

Ofereça seus tesouros a todos.

É isso que o Tao está fazendo a cada instante — oferecendo a todos, ao espectro inteiro da criação. Pense nisso como um simples processo em três etapas:

1. Elimine o máximo de julgamentos sobre outros que conseguir de seus pensamentos. O modo mais simples e mais natural de conseguir isso é ver a si mesmo em todo o mundo. Lembre-se de que você e aqueles que você julga compartilham de uma coisa em comum — o Tao! Então, em vez de ver aparências, que são realmente nada mais do que cães de palha, veja o desenrolar do Tao naqueles que encontrar, e suas críticas e rótulos se dissolverão.

2. Remova a palavra *especial* de seu vocabulário quando se referir a si mesmo ou a outros. Se alguém é especial, então todos nós somos. Então, se todos nós somos excepcionais, não precisamos de uma palavra como essa para nos definir, visto que isso claramente implicará que alguns serão mais favorecidos do que outros!

3. Finalmente, implemente a terceira etapa desse processo ao estender a generosidade e viver o Tao imparcialmente e conectar-se com o espaço interior de ser o Tao. Nesse espaço, você poderá ser não tendencioso sobre suas posses, reconhecendo que elas não são exclusivamente suas, porém mais exatamente uma parte da totalidade. Ao compartilhar e doar incondicionalmente, você se emocionará com a experiência de viver o Tao e existir sem preconceitos. O Tao é sua verdade; ele reside dentro de você. Silenciosamente, sinta a paz e a alegria de se conectar com o Tao inesgotável.

Pratique o Tao agora

O maior número de vezes possível hoje, decida abordar interações ou situações que envolvam outras pessoas com uma atitude mental totalmente justa, que você aceite e confie para guiar suas respostas. Faça isso com tanta frequência quanto consiga pelo dia todo com indivíduos, grupos, amigos, familiares ou desconhecidos. Crie uma frase curta que possa silenciosamente repetir para continuamente lembrar a si mesmo que está abordando essa situação com uma atitude não tendenciosa, como *oriente-me agora, Tao, Espírito Santo, me guie, agora;* ou *Espírito Santo, nos ajude agora.* Manter essa curta frase continuamente em sua mente impedirá o hábito de deixar que julgamentos venham à tona — porém, mais interessante ainda será a sensação de relaxamento e abertura ao que deseja ver acontecer naqueles momentos de imparcialidade.

6º verso

O espírito que nunca morre
é chamado de "a mulher misteriosa".
Embora ela venha a ser o universo inteiro,
sua pureza imaculada jamais é perdida
Embora ela assuma inúmeras formas,
sua verdadeira identidade permanece intacta.

O portal para a mulher misteriosa
é chamado de raiz da criação.

Escute sua voz,
ouça-a ecoar pela criação.
Sem falhar, ela revela sua presença.
Sem falhar, ela nos leva à nossa própria perfeição.
Embora ela seja invisível, perdura;
e jamais acabará.

Vivendo criativamente

Nesse sexto verso, Lao-tzu refere-se a uma força eterna e indescritível de criação que continuamente dá origem à nova vida. Ele nos conta que essa energia da "mulher misteriosa" continuamente revela a si mesma em perfeição, e nos convida a uma conscientização daquela voz de criação ecoando por toda a existência de uma infinidade de maneiras. "Viver criativamente" é como descrevo a vida com um conhecimento consciente da presença desse princípio feminino.

Essa mulher misteriosa está sempre nascendo, e o *Tao Te Ching* fala do portal que dá acesso a ela como a "raiz da criação". Está nos contando que temos a capacidade de aproveitar esse campo ilimitado e cocriar ou, como eu já disse, viver criativamente por meio do Tao. A energia formativa que nunca morre tanto é nossa herança quanto nosso destino, funcionando quer estejamos conscientes dela ou não. O que a conscientização realiza, pela prática do Tao, é deixar-nos participar do processo — que, por sua vez, nos leva em direção à totalidade, que é nossa suprema tarefa terrena.

Embora seus escritos tenham quase 3.000 anos, Lao-tzu está oferecendo aqui conselhos do século XXI, com uma mensagem que é tão eterna e sem-fim como o próprio Tao. As palavras podem mudar, mas saiba que a energia feminina pode levá-lo à sua própria perfeição e o fará. Se você escolher estar consciente da criatividade inerente que ressoa profundamente em você, onde o Tao invisível canta mais alto, você assistirá ao nascimento de novas ideias, novas realizações, novos projetos e novas maneiras de entender sua vida.

Em *365 Tao: Daily Meditations*, de Deng Ming-Dao, a divina energia feminina é igualada ao som de pássaros voando a grandes alturas e planando sobre uma enorme paisagem:

> Você poderá sentir isso em sua vida. Os eventos terão um ritmo perfeito, uma cadência gloriosa. Você poderá sentir isso em seu corpo: a energia surgirá em você em um emocionante desenvolvimento progressivo, deixando os próprios nervos incandescentes. Você poderá sentir isso em seu espírito: você entrará em um estado de graça tão perfeito que o fará reverberar pela paisagem da realidade como o canto efêmero dos pássaros.
>
> Quando o Tao chegar a você desse modo, cavalgue nele o máximo que conseguir: não interfira. Não pare... Não tente dirigi-lo. Deixe que flua e siga-o.... Enquanto o canto durar, siga. Simplesmente, acompanhe.

Aqui estão alguns pensamentos para viver criativamente:

Saiba que você é uma criação divina nascida, não de seus pais, mas da grande Mãe Divina espiritual, o Tao.

Quando você estiver em contato com a energia de sua origem, poderá oferecer ao mundo sua inteligência, seus talentos e comportamentos autênticos. Você estará criando em conjunto com aquele você que foi originado no Tao, na verdadeira medida de sua essência.

O Tao não fica confuso sobre o que criar e como se ocupar disso, pois esse é seu legado da mulher misteriosa. Ouça seus chamados interiores, ignore como os outros talvez queiram dirigir suas energias de vida, e permita-se irradiar externamente o que você sente tão profunda e intensamente dentro de si. Há um reservatório de talento, capacidade e inteligência em seu interior que é tão interminável e inesgotável quanto o próprio Tao. Deve ser assim porque você é aquilo de onde veio, e você veio dessa Mãe Divina que tudo abarca e que é infinitamente criativa, a mulher misteriosa do Tao.

6º *verso*

O que quer que sinta dentro de você como seu chamado — o que quer que o faça sentir-se vivo — saiba em seu coração que essa animação é toda a prova que você precisa para fazer sua paixão interior tornar-se realidade. É exatamente assim que a criação funciona... e é essa energia que se harmoniza com o Tao.

Seja criativo — em seus pensamentos, em seus sentimentos e em todos os seus atos. Aplique sua própria singularidade a tudo que empreender.

O que quer que você se sinta impelido a fazer — seja compor músicas, projetar programas de computador, fazer arranjos florais, limpar dentes ou dirigir um táxi —, faça isso com seu estilo exclusivo. Ser criativo significa confiar em seu chamado interior, ignorar críticas e julgamentos, e liberar a resistência a seus talentos naturais. Releia o sexto verso, prestando atenção especial a estas palavras: "Sem falhar, ela revela sua presença. Sem falhar, ela nos leva à nossa própria perfeição." Depois, escolha abandonar a dúvida e o medo que você nutriu em si mesmo em relação à sua capacidade de se harmonizar com a força criativa — uma força que não é apenas maior do que sua vida individual, mas que *é* a própria vida.

Como Hafiz, o grande poeta Sufi do século XIV, nos lembra:

Simplesmente sente-se lá agora
Não faça nada
Apenas descanse.
Pois sua separação de Deus,
Do amor,
É o trabalho mais difícil
Neste
mundo.

Quando você se reconectar com sua Mãe Divina, estará vivendo criativamente. Você estará, na verdade, vivendo o Tao!

Pratique o Tao agora

Hoje, perceba os bebês e as criancinhas. Procure pela natureza feminina misteriosa nos menininhos e nas menininhas que não estejam ainda tão sintonizados com as demandas culturais e sociais que isso tenha escondido seu verdadeiro ser. Você consegue ver alguns cuja natureza inerente ainda esteja intacta? Perceba o que parece ser seu caráter natural ou sua dádiva do Tao. Depois, experimente lembrar de si mesmo quando era criança, quando o ser natural, dado pelo Tao, estava inconsciente do ser-ego — o tempo antes de você acreditar que aquisições ou poder eram importantes. Quem era você? Quem *é* você?

Sim, hoje passe alguns momentos com uma criança e contemple a conexão dela com o Tao e como isso se desenrola perfeitamente, sem qualquer interferência.

7º verso

O Céu é eterno — a Terra subsiste.
Por que o Céu e a Terra duram para sempre?
Eles não vivem apenas para si mesmos.
Esse é o segredo de sua durabilidade.

Por esse motivo, o sábio se coloca por último,
e assim acaba na dianteira.
Ele permanece uma testemunha da vida,
assim ele subsiste.

Sirva às necessidades dos outros,
e todas as suas próprias necessidades serão satisfeitas.
Pela ação generosa, a satisfação será atingida.

Vivendo além do ego

A linha inicial deste sétimo verso do *Tao Te Ching* é um lembrete de que o Tao, a Fonte do Céu e da Terra, é eterno. Por extensão, a natureza original da vida é eterna e duradoura. No entanto, há uma qualidade que apoia essa durabilidade e essa qualidade responde quando vivemos a partir de nosso centro do Tao, e não por nosso centro do ego mundano. Identificar-se exclusivamente com a materialidade da vida — e basear nossa existência em adquirir e conquistar coisas — indica menosprezo por nossa natureza infinita e limita nossa conscientização da capacidade do Tao. Em um sistema tão finito, parece lógico lutar por posses e realizações.

Ser civilizado na maioria das culturas significa principalmente estar preocupado em atingir o "sucesso" na aquisição de *poder* e *coisas*, que, supostamente, proporcionarão a felicidade e impedirão a infelicidade. A ideia principal é de um ser que tem uma existência separada em um corpo separado, com um nome e com informações culturais e biológicas que são semelhantes em valores e patriotismo às de outros. O Tao, especialmente neste sétimo verso, sugere que atualizemos essas noções e escolhamos existir para além de nós mesmos ou de nossa tribo — ou seja, que mudemos drasticamente nossos pensamentos para mudar nossa vida.

Novas ideias para uma vida melhor

Lao-tzu diz que o segredo da natureza inefável do eterno Tao é que ele não está identificado com posses nem consiste em pedir nada de suas criações eternas. O Tao é uma máquina de doar que jamais fica sem dádivas para oferecer, ainda que não peça nada em troca. Por conta dessa tendência natural de viver para os outros, o Tao ensina que jamais pode morrer. Doação e imortalidade, portanto, andam de mãos dadas.

O sábio que compreende a natureza eterna do Tao foi além da falsa identificação com o ego e, em vez disso, tem uma conexão viva com o Tao. Essa pessoa põe os outros na frente, não pede nada em troca, e serve sinceramente. Desse modo, o sábio vive o supremo paradoxo do Tao — ao dar sem pedir nada, ele atrai tudo que é capaz de enfrentar ou precisar. Ao se colocar em último lugar, o sábio termina na frente. Ao colocar os outros antes dele, ele subsiste exatamente como o Tao. O sábio imita a filantropia natural do Tao e todas as suas necessidades são satisfeitas no processo.

O ego é uma força exigente que jamais está satisfeita: ele exige constantemente que busquemos mais dinheiro, mais poder, mais aquisições, mais glória e mais prestígio para fornecer o combustível que ele acha que precisa ter. Levar uma vida centrada no Tao, em vez de uma centrada no ego, nos afasta dessa agitação exaustiva, pois isso proporciona uma paz interior e uma satisfação compensadora.

É isso que acredito que a sabedoria deste verso do *Tao Te Ching* está dizendo para o século XXI:

Tente reverter o domínio do ego sobre você ao praticar o ensinamento do Tao de "sirva às necessidades de outros e todas as suas próprias necessidades serão satisfeitas".

Pensar nos outros e servi-los com generosidade levará ao casamento de seus comportamentos com o ritmo perpétuo do Tao — em seguida, seu poder fluirá livremente, levando a uma vida de satisfação. O ego quer o oposto, entretanto, lhe diz para pensar em si mesmo primeiro e "obter sua parte" antes que outra pessoa chegue na sua frente. O maior problema em ouvir o ego é que você estará sempre preso na armadilha de se esforçar duramente e jamais ter êxito. Em consequência, você jamais conseguirá sentir-se completo.

Quando você estende sua ajuda em pensamentos e comportamentos, ativa a energia amorosa, que é sinônimo de doar. Ponha os outros à sua frente de tantas maneiras quanto possível ao afirmar: *eu vejo a invisível Fonte sagrada de tudo em seu eterno estado de doação sem pedir nada em troca. Eu juro solenemente ser assim, também, em meus pensamentos e comportamentos.*

Quando você estiver tentado a focar em seus sucessos e em suas derrotas pessoais, mude sua atenção naquele exato momento para um indivíduo menos afortunado. Você se sentirá mais conectado à vida e mais satisfeito do que quando está mergulhado nas próprias circunstâncias. Imagine como seria se recusasse o controle do ego sobre você. Sirva aos outros e observe como tudo que você doa volta para você multiplicado por dez.

O poeta Hafiz expressa essa atitude de forma perfeita:

> *Todo mundo*
> *É Deus falando.*
> *Por que não ser educado e*
> *Ouvir a Ele?*

Pare de correr atrás e seja uma testemunha.

Quanto mais você for ao encalço de seus desejos, mais eles escaparão de você. Experimente deixar que a vida venha até você e comece a perceber as pistas de que aquilo que você deseja já está a caminho. Você estará em um constante estado de receptividade por conta da infindável generosidade do eterno Tao. O ar que você respira, a água que você bebe, o raio de sol que o aquece, os nutrientes que mantêm seu corpo vivo e até os pensamentos que enchem sua mente são todos dádivas do eterno Tao. Permaneça grato por tudo que recebe, sabendo que isso flui de uma Fonte totalmente provedora. Pare de correr atrás e torne-se uma testemunha — acalme seus hábitos exigentes recusando-se a continuar a correr atrás de mais. Ao relaxar, você entrega a Deus; e, ainda mais importante, você torna-se mais parecido com Deus e menos parecido com o ego, e com o hábito constante dele de se afastar de Deus.

Pratique o Tao agora

Esteja atento às exigências do ego por um dia inteiro. Decida diminuir a força de tantas delas quanto puder de forma confortável, talvez atribuindo a elas um "grau de intensidade". Viver além do ego situações que sejam fáceis de realizar recebe uma nota baixa, enquanto os pedidos que são difíceis de dominar ganham uma nota mais alta.

Por exemplo, digamos que seu cônjuge esteja dirigindo um carro e você esteja no banco do passageiro. Você vê a vaga perfeita para estacionar, mas seu cônjuge passa por ela; ou você percebe que escolheu um caminho diferente do que faz normalmente. Testemunhe silenciosamente o grau de desconforto com sua decisão de não dizer nada. O ego fez com que você percebesse sua preferência?

Ou se você tiver uma oportunidade de conversa para exibir seu conhecimento especializado ou descrever uma situação em que você seja o alvo de homenagens ou de sucesso, observe o quanto sua decisão de permanecer calado parece desconfortável. Novamente, o ego fez com que você percebesse a preferência dele? Como Lao-tzu diz neste verso: "Pela ação generosa, a satisfação será atingida." Ao refrear as exigências do ego, mesmo que por alguns momentos, você se sentirá cada vez mais realizado.

8º verso

*A bondade suprema é como a água,
que nutre todas as coisas sem tentar fazê-lo.
Ela flui para os lugares baixos abominados por todos os homens.
Dessa forma, é como o Tao.*

*Viva de acordo com a natureza das coisas.
Ao morar, esteja perto da terra.
Ao meditar, penetre fundo no coração.
Ao lidar com os outros, seja gentil e amável.
Cumpra com sua palavra.
Governe com equidade.
Seja oportuno ao escolher o momento certo.*

*Aquele que vive de acordo com a natureza
não vai contra o jeito das coisas.
Ele se move em harmonia com o momento presente,
sempre sabendo a verdade do que fazer exatamente.*

Vivendo no fluxo

O Tao e a água são sinônimos segundo os ensinamentos de Lao-tzu. Você é a água; a água é você. Pense sobre os primeiros nove meses de sua vida após a concepção: você vivia e era alimentado pelo fluido amniótico, que é verdadeiramente o amor incondicional fluindo para você... fluindo *como* você. Você agora é 75 por cento de água (e seu cérebro é 85 por cento) e o resto é simplesmente água musculosa.

Pense sobre a misteriosa natureza mágica dessa energia líquida que consideramos natural. Tentamos apertá-la, e ela nos escapa; relaxamos nossas mãos nela e prontamente a sentimos. Se ela permanecer parada, tornar-se-á estagnada; se puder fluir, permanecerá pura. Ela não busca os locais altos para estar acima de tudo, mas se acomoda nos lugares mais baixos. Ela se reúne nos rios, lagos e córregos; corre para o mar; e depois se evapora para cair novamente como chuva. Ela não faz planos e não tem preferidos: ela não *pretende* fornecer sustento para os animais e as plantas. Ela não tem *planos* para irrigar os campos; para mitigar nossa sede; ou para propiciar oportunidades de nadar, velejar, esquiar e mergulhar. Esses são alguns dos benefícios que advêm naturalmente do fato de a água simplesmente fazer o que ela faz e ser o que é.

O Tao pede que você veja claramente o paralelo entre você e essa substância que flui naturalmente e que permite que a vida sustente a si mesma. Viva como a água vive, visto que você *é* água. Sinta a mesma satisfação que o fluido que o anima e o sustenta sente. Deixe seus pensamentos e comportamentos moverem-se suavemente de acordo com a natureza de todas as coisas. É natural para você ser gentil, permitir que os outros sejam livres para irem aonde estejam inclinados a ir e serem como eles precisem ser, sem qualquer interferência sua. É natural confiar no fluxo eterno, ser leal às suas inclinações interiores e manter sua palavra. É natural tratar a todos como iguais. Todas essas lições podem ser extraídas ao observar como a água, que sustenta toda a vida, se comporta. Ela simplesmente se move, e os benefícios que fornece decorrem de ela ser o que é, em harmonia com o momento presente e conhecendo a verdade de como se comportar exatamente.

O que se segue é o que Lao-tzu poderia dizer a você, baseado em seus escritos do oitavo verso do *Tao Te Ching*:

Quando você é livre para fluir como água, é livre para comunicar-se naturalmente — as informações são trocadas e o conhecimento avança de um modo que beneficia a todos.

Tenha cuidado para não atribuir a si mesmo um lugar de importância acima de outra pessoa. Seja receptivo a todos, especialmente àqueles que podem não receber respeito rotineiramente, como a população de rua sem instrução ou os membros perturbados de nossa sociedade. Vá para os "lugares baixos abominados por todos os homens", e tenha uma mente aberta quando estiver lá. Procure pelo Tao em todos que encontrar; e faça um esforço especial para fazer a aceitação, a gentileza e a bondade correrem de você para os outros.

Ao não ser irritante, você será recebido com respeito. Ao fazer todo o esforço para evitar controlar a vida das outras pessoas, você estará em tranquila harmonia com a ordem natural do Tao. Esse é o modo como você nutre os outros sem tentar. Seja como a água — que cria oportunidades para nadar, pescar, surfar, beber, brincar, regar, flutuar e uma lista interminável de benefícios — ao não tentar fazer nada além de simplesmente fluir.

8º verso

Deixe seus pensamentos flutuarem livremente.

Desista de lutar pela vida ou de tentar ser algo diferente; em vez disso, permita a si mesmo ser como a matéria composta que abrange cada aspecto de seu ser físico. Em *Mensagens ocultas na água*, Masaru Emoto explica que nós somos água e a água quer ser livre. O autor explorou detalhadamente os modos como esse composto reage, observando que, ao respeitá-lo e amá-lo, podemos literalmente mudar seu processo de cristalização. Se mantida em um recipiente com as palavras *amor, obrigado* ou *você é bonito* impressas nele, a água transforma-se em lindos cristais radiantes. Mas, se as palavras no recipiente forem *que bobo, Satã* ou *vou matá-lo*, os cristais se separam, distorcem-se e parecem confusos.

As implicações do trabalho de Emoto são maravilhosas. Visto que a consciência está localizada dentro de nós e somos basicamente água, então, se estivermos fora de equilíbrio em nossas intenções, haverá uma grande possibilidade de nossas intenções poderem impactar o planeta inteiro (e além) de um modo destrutivo. Como nosso Criador, o eterno Tao, talvez dissesse: "A água da vida sou eu, jorrando para os homens com sede."

Pratique o Tao agora

Hoje, beba água silenciosamente, enquanto lembra a si mesmo em cada gole de nutrir os outros do mesmo modo propício à vida que os córregos oferecem aos animais e a chuva fornece às plantas. Observe em quantos lugares a água existe para você — servindo a você ao fluir naturalmente. Diga uma prece de gratidão por essa substância de sustentação de vida que flui constantemente.

9º verso

Continuar a encher
não é tão bom quanto parar.
Cheias demais, as mãos em concha pingam,
melhor parar de despejar.

Afie a lâmina demais
e seu gume logo será perdido.
Encha sua casa com jade e ouro
e isso trará insegurança.
Envaideça-se com homenagens e orgulho
e ninguém poderá salvá-lo de uma queda.

Afaste-se quando o trabalho estiver feito;
esse é o modo do Céu.

Vivendo a humildade

Como o eterno Tao está em um contínuo estado de criar, ele sabe precisamente quando o suficiente é o bastante. Bem no nosso íntimo, sentimos que esse princípio organizador de suprimento incondicional sabe quando parar, então não precisamos questionar as quantidades que o Tao produz. A Fonte criativa está lindamente equilibrada no princípio da humildade elucidado nesse novo verso do *Tao Te Ching*.

O Tao tem a capacidade de gerar tudo em quantidades que assombrariam o observador, mas sua humildade suave parece saber quando já existem árvores, flores, abelhas, hipopótamos e todas as outras coisas viventes em quantidade suficiente. O excesso é evitado pelo Tao. Ele não precisa exibir sua capacidade ilimitada de criar — ele sabe exatamente quando parar. Este verso nos convida a estar em harmonia espiritual com essa característica do Tao.

Abarrotar a vida com posses, prazeres, orgulho e atividades quando obviamente já alcançamos um ponto no qual mais é menos indica que estamos em harmonia com o ego, não com o Tao! A real humildade sabe quando simplesmente parar, relaxar e usufruir dos frutos de nosso trabalho. Este verso claramente faz uma analogia de que a busca por mais status, mais dinheiro, mais poder, mais aprovação e mais *coisas* é tão tola quanto amolar uma faca de corte após ela ter atingido o apogeu de sua afiação. Obviamente, continuar só a tornaria rombuda, e é lógico que um gume afiado representa a perfeição.

Lao-tzu nos aconselha a ter cuidado em amealhar grande riqueza e acumulá-la. Essa prática contribui para uma vida gasta em manter nossa fortuna protegida e segura, ao mesmo tempo em que sentimos uma necessidade constante de buscar mais. Ele nos aconselha a ficarmos satisfeitos em um nível que favoreça viver com humildade. Se a riqueza e a fama forem desejadas, deveremos saber o momento de nos afastarmos do trabalho e sermos como o Tao. Esse é o modo do Céu, em oposição ao mundo em que vivemos, que é viciado em *mais*.

Podemos aumentar nossa conscientização de que a propaganda é projetada principalmente para vender produtos e serviços ao nos convencer de que precisamos de algo para sermos felizes. Analistas talvez nos digam que a economia está indo mal se não estiver constantemente crescendo, mas nós podemos perceber que o crescimento excessivo, como o câncer, no final destruirá a si mesmo. Podemos testemunhar o resultado da superprodução nos congestionamentos na maioria das estradas: agora leva mais tempo para irmos de uma parte a outra de Londres do que levava antes da invenção do automóvel! Também vemos esse princípio operando sempre que fazemos compras. Eu o chamo de "sobrecarga de alternativas" — analgésicos para dores nas costas, cólicas menstruais, dores de cabeça, dores nas articulações, pela manhã ou à noite, em comprimidos ou líquido ou pó? E isso é verdade, quer estejamos comprando papel higiênico, suco de laranja ou qualquer outra coisa.

Creio que Lao-tzu enviaria o seguinte conselho moderno sob sua antiga perspectiva:

Entenda realmente o conceito radical de "o suficiente é o bastante".

Assuma esse compromisso, embora você viva em um mundo viciado pela noção de que não se pode jamais ter o bastante de algo. Para parafrasear Lao-tzu, faça seu trabalho e depois afaste-se. Pratique a humildade, e não a ostentação e o consumo descontrolado. A crise de obesidade no mundo ocidental, especialmente na América do Norte, é um resultado direto de não entender (e viver) a sabedoria simples do nono verso do *Tao Te Ching*. Coma, mas pare quando estiver satisfeito — continuar a encher de comida um corpo saciado significa estar preso na crença de que mais de algo é a causa de sua felicidade. Isso é verdadeiro para se encher excessivamente de qualquer símbolo artificial de sucesso. Pense, em vez disso, na infinita sabedoria do Tao, que diz: "Continuar a encher não é tão bom quanto parar." O suficiente não é só o bastante; ele está em alinhamento com a perfeição do eterno Tao.

Procure a alegria em suas atividades, em vez de focar nos interesses do ego.

O ego quer que você reúna cada vez mais recompensas por suas ações. Se você estiver em um estado de gratidão amorosa em cada um de seus momentos presentes, estará abandonando a absurda ideia de que está aqui para acumular prêmios e distinções de mérito por seus esforços. Busque o prazer no que está fazendo, e não em como isso poderá no final beneficiá-lo. Comece por confiar naquela sabedoria infinita que deu origem a você neste mundo material. Afinal, ela sabia o momento exato de sua chegada aqui. Ela não disse: "Se nove meses criarão um bebê tão bonito, vou aumentar o período de gestação para cinco anos. Então, teremos uma criação mais perfeita ainda!" Não, o Tao diz que nove meses é o tempo perfeito — é isso que você tem e não é necessário mais tempo.

Da próxima vez que estiver fixado em um desejo por mais, pare e pense no Tao. Esse princípio da criação compreende totalmente a noção de que, quando o trabalho está feito, então, pelo amor de Deus, é hora de parar! Como Lao-tzu aconselha: "Esse é o modo do Céu." Por que então escolher entrar em conflito com isso?

Pratique o Tao agora

Em sua próxima refeição, pratique o controle da porção perguntando a si mesmo após várias garfadas se você ainda está com fome. Se não estiver, simplesmente pare e espere. Se não surgir a fome, dê a refeição por terminada. Nessa refeição específica, você terá praticado a última frase do nono verso do *Tao Te Ching*: "Afaste-se quando o [comer] estiver feito; esse é o modo do Céu."

10º verso

Ao carregar o corpo e a alma
e abraçar a unidade,
você consegue evitar a separação?

Você pode deixar seu corpo tornar-se
tão flexível quando o de um bebê recém-nascido?
No abrir e fechar do portão do Céu,
você pode representar o papel feminino?

Você pode amar seu povo
e governar sua propriedade
sem autoimportância?

Dar à luz e nutrir;
tendo, mas não possuindo;
trabalhando, mas não levando crédito;
liderando sem controlar ou dominar.

Aquele que dá atenção a esse poder
traz o Tao para essa própria Terra.
Essa é a virtude primitiva.

Vivendo a unicidade

Esse verso do *Tao Te Ching* examina a natureza paradoxal da vida na Terra. Lao-tzu incentiva a obtenção do conforto com a aparente incompatibilidade dos opostos de corpo e alma, que formam a base de nossa vida diária. Nós estamos conectados ao poder do eterno Tao, enquanto estamos simultaneamente em um corpo físico mortal. À medida que adotamos essa postura aparentemente ambígua, começamos a ver o mundo revelado como impecável. Tudo que parece ser absoluto é uma oportunidade para reconhecer essa realidade paradoxal.

Este ensinamento assume a forma de uma série de perguntas: *um corpo adulto pode, com todas as condições inerentes ao processo de envelhecimento — como rigidez, dores, limitações causadas por articulações doloridas etc. — ser tão flexível quanto o de um recém-nascido? É possível ser alguém que trabalha e luta, e ainda ser a criação do espírito feminino, da origem? Pode a pessoa ter êxito nessas e em outras coisas semelhantes e ainda estar livre de sentimentos de autoimportância? É possível permanecer fiel ao Tao sem permitir que o ego domine e, ainda assim, funcionar com sucesso em um mundo dominado pelo ego?*

O décimo verso estimula um modo de viver que é guiado pelo poder de "abraçar a unidade", quando a ilusão de dualidade parecer mais forte. Leia o que Hafiz escreveu sobre esse assunto milhares de anos após o *Tao Te Ching* ter sido escrito:

Somente

*Aquele iluminado
Um*

*Que continua
A seduzir o informe em forma*

*Teve o encanto para ganhar meu
Coração.*

Só o Um Perfeito

*Que está sempre
Rindo da palavra
Dois*

Pode fazer você conhecer

o

Amor.

Nossa origem não pode ser dividida, mas estamos em um mundo que, com demasiada frequência, parece rejeitar a unicidade perfeita que é o Tao. Podemos viver pessoalmente o Tao ao suspender nossa crença nos opostos e reativar nossa conscientização de sua unidade — isso é, podemos entregar o ego e estar *no* mundo, sem ser *do* mundo.

Essa é minha interpretação do conselho de Lao-tzu sob sua perspectiva de 2.500 anos:

Abrace a unicidade ao ver a si mesmo em todos que encontrar.

Em vez de ter pensamentos que julgam aqueles que você considera separados ou diferentes, veja os outros como uma extensão de si mesmo. Isso reduzirá a autoimportância e o unirá com o que Lao-tzu chama de "a virtude primitiva". Quando abrir mão de pensamentos dominados pelo ego, você poderá perceber a unicidade que compartilha com os outros; assim, dará a si mesmo a oportunidade de se sentir como uma parte do Tao que abrange tudo.

Pratique a consciência interior sempre que se perceber prestes a criticar alguém ou algum grupo. Noticiários destinados a estimular seu senso de separatividade ou superioridade em relação a outros podem ser um momento perfeito para fazer isso: descubra-se como um deles. Em situações em que se espera que você odeie um suposto inimigo, impeça a si mesmo de nutrir esses julgamentos e caminhe por um quilômetro imaginário (ou dois) imaginando-se na situação deles. Faça isso com todas as formas de vida, mesmo com o mundo vegetal. Veja a si mesmo em todos e em todas as criações, percebendo o Tao nessa simples observação: *nós somos o mundo (we are the world).*

Desfrute daquilo que possui sem estar apegado a essas coisas.

Abra mão de sua identificação com seus objetivos e com suas conquistas. Experimente, em vez disso, aproveitar o que você faz e tudo que flui para sua vida simplesmente pelo prazer de fazer e observar o próprio fluxo. Você literalmente não possui nada nem ninguém: tudo que é composto será decomposto; tudo que é seu irá embora e será de outra pessoa. Então dê um passo atrás e permita-se ser um observador deste mundo de formas. Tornar-se uma testemunha desapegada o colocará em um estado de felicidade, ao mesmo tempo em que afrouxará seu controle apertado sobre todas as suas posses. É nesse processo de liberação que você conquistará a liberdade de vivenciar aquilo que o Tao está sempre ensinando por meio de exemplos.

Pratique o Tao agora

Hoje, pratique ver a unicidade onde você anteriormente via "dualidade" (separação). Sinta a energia invisível que faz seu coração bater e, em seguida, perceba-a fazendo bater o coração de cada criatura viva ao mesmo tempo. Agora sinta a energia invisível que permite que você pense e sinta-a fazendo o mesmo para cada ser atualmente vivo.

Contemple estas palavras do Evangelho de Tomás: "Seus discípulos perguntram a ele, 'Quando o Reino virá?'. Jesus respondeu: 'Ele não virá ao olhar para fora. Ele não dirá, 'Olhe, desse lado' ou 'Olhe, deste aqui'. Melhor, o Reino do Pai está espalhado sobre a Terra e os homens não o veem'." Hoje, saiba que praticar o pensamento de unicidade o ajudará a ver esse Reino.

11º verso

Trinta raios de roda convergem para um único eixo;
é do orifício no centro que
depende o uso da carroça.

Molde o barro em um vaso;
é o espaço interno que o torna útil.
Entalhe belas portas e janelas,
mas a sala é útil em sua vacuidade.

A utilidade do que existe
depende do que não existe.

Vivendo do vazio

Neste instigante 11º verso do *Tao Te Ching*, Lao-tzu cita o valor da vacuidade que geralmente passa despercebido. Ele explica essa ideia com imagens do orifício no centro do eixo da roda, o espaço dentro de um vaso de barro e a área interna de uma sala, concluindo que "a utilidade do que existe depende do que não existe". Em outras palavras, as partes separadas carecem da utilidade que o centro proporciona. Essa passagem nos convida a viver do vazio invisível que está no centro de nosso ser; ou seja, mudar o modo como pensamos sobre ele.

Considere o termo paradoxal *não existência* enquanto você pensa sobre a própria existência. Você é composto de ossos, órgãos e rios de fluidos que estão envolvidos por uma enorme placa de tecido moldado para mantê-lo unido. Há definitivamente uma qualidade característica de existência que é "você" nesse arranjo de peças corporais — mas, se fosse possível desmontar você e colocar todos os seus componentes físicos ainda funcionando sobre um cobertor, não existiria você. Embora todas as partes estivessem lá, sua utilidade dependeria de uma não existência ou, nas palavras de Lao-tzu, "o que não existe".

Imagine enfileirar os elementos presentes nas paredes do cômodo em que você está agora todos: sem o espaço do centro, não será mais um cômodo, embora tudo o mais seja igual. Uma panela de barro não é uma panela sem o vazio que o barro envolve. Uma casa não é uma casa se não houver um espaço interior para o exterior envolver.

Certa vez um compositor me disse que o silêncio do qual cada nota surge é mais importante do que a própria nota. Ele disse que é o espaço vazio entre as notas que literalmente permite que a música seja música — se não existisse o vazio, só existiria um som contínuo. Você pode aplicar essa consciência sutil a tudo que vivencia em sua vida diária. Pergunte a si mesmo o que torna uma árvore uma árvore. A casca? Os galhos? As raízes? As folhas? Todas essas coisas são *o que existe*. Todas elas não determinam uma árvore. O que é necessário para ter uma árvore é *o que não existe* — uma força de vida invisível, imperceptível, que escapa aos nossos cinco sentidos. Você pode cortar e entalhar e procurar as células da árvore interminavelmente e jamais a captará.

Na primeira linha deste verso, aquele orifício no centro que é necessário ao movimento da roda pode ser comparado ao vazio que é vital para você se movimentar pela vida. Você tem um estado interior de não existência em seu centro, então repare no que é visível (seu corpo), bem como na essência invisível da qual sua existência depende... a parte Tao de você.

A seguir resumo o que ouço Lao-tzu dizer a você em relação a esse conceito de viver no vazio no mundo de hoje:

Seu centro imperceptível é sua essência vital.

Use um tempo para mudar sua atenção para o suposto nada que é sua essência. Para que direção ela o atrai? O espaço emana da invisibilidade que é responsável por toda a criação e os pensamentos que surgem de seu ser interior são de puro amor e bondade.

Sua não existência interior não é uma parte separada de você, então busque aquele centro misterioso e o explore. Talvez você pense nele como um espaço contido por seu ser físico, do qual todos os seus pensamentos e suas percepções fluem para o mundo. Em vez de tentar ter ideias positivas e amorosas, simplesmente seja sensível à essência de sua existência. O caminho do Tao é *permitir* em vez de *tentar*. Assim, permita que o centro essencial de puro amor ative sua utilidade singular. Permita que os pensamentos que surgirem entrem em seu ser físico e depois saiam. Permita e relaxe, exatamente como sua respiração. Prometa-se passar algum tempo a cada dia simplesmente prestando atenção no poder admirável de sua essência vital imperceptível.

Pratique a força do silêncio todos os dias.

Existem muitos modos individuais de fazer isso. Por exemplo, a meditação é uma ferramenta maravilhosa para ajudá-lo a sentir a felicidade que acompanha sua conexão com o vazio interior, aquele lugar no qual você vivencia o caminho do Tao. Prometa solenemente estar mais consciente do "local não localizado" dentro de você, de onde todos os seus pensamentos fluem para o exterior. Encontre seu caminho para entrar no espaço dentro de você que está limpo, puro e em harmonia com o amor.

A diferença entre os santos e o resto de nós não é que eles tenham crenças puras e amorosas, e nós, não; mais exatamente, eles funcionam somente por sua essência, o ponto no qual o caminho do Tao flui invisivelmente por seus seres físicos. Esse é o propósito principal de se aprender a meditar ou estar em silêncio, convidando sua essência a se revelar e permitindo a você viver no vazio.

Pratique o Tao agora

Passe pelo menos 15 minutos hoje vivendo no vazio que é você. Ignore seu corpo e seu ambiente; abra mão de suas identificações materiais, como seu nome, sua idade, sua etnia, seu cargo etc.; simplesmente fique nesse espaço intermediário — nesse vazio que é absolutamente crucial para sua existência. Olhe para seu mundo do "que não existe" e aprecie que sua utilidade como um ser material depende completamente desse vazio. Trabalhe hoje agindo como amigo dessa parte "que não existe" de você.

12º verso

As cinco cores cegam o olho.
Os cinco tons ensurdecem o ouvido.
Os cinco sabores embotam o paladar.
A caça e a busca enlouquecem a mente das pessoas.

Desperdiçar energia para obter objetos raros
só atrapalha o crescimento da pessoa.

O mestre observa o mundo
mas confia em sua visão interior.
Ele permite que as coisas venham e vão.
Ele prefere o que está dentro ao que está fora.

Vivendo com convicção interior

Nessa passagem do *Tao Te Ching*, Lao-tzu nos lembra que se dá atenção demasiada aos prazeres e as experiências dos sentidos à custa de nossa visão interior. Focar exclusivamente nos dados sensoriais cria um mundo de aparências, que, no fim, são ilusões. Visto que tudo vem e vai, a natureza do mundo material está obviamente restrita a um status transitório. Quando nossos olhos veem apenas as cores diante deles, estão destinados a se tornarem cegos para o que está além do mundo das aparências. Nós não podemos conhecer o criador se estivermos focados exclusivamente no que foi criado. Do mesmo modo, perdemos nossa criatividade quando não temos consciência do que está por trás de todos os atos de criação.

Visão, olfato, som, tato e paladar são os domínios dos sentidos. Se você estiver preso em uma crença de que a busca da satisfação sensorial é o foco da vida, estará consumido pelo que Lao-tzu denomina "a caçada". Essa busca por adoração, dinheiro e poder é um desperdício de energia porque nunca existirá o bastante, assim, o seu esforço por mais definirá seu padrão de ação diário. Você não conseguirá chegar a um lugar de paz e satisfação interior enquanto sua existência inteira estiver motivada por não ter o bastante. Na verdade, Lao-tzu declara que a busca implacável é uma fórmula para a loucura.

O indivíduo que vive de acordo com o caminho do Tao é chamado de sábio ou mestre, um ser iluminado que observa o mundo, mas não se identifica exclusivamente com o que é visível; está *no* mundo e, ao mesmo tempo, está consciente de não ser *deste* mundo. O mestre vai ao interior, onde as convicções internas substituem a caçada. Em silêncio, o sustento é usufruído além das imposições do paladar. Sob a perspectiva interna, nada mais é necessário. Ciente de sua natureza infinita, o sábio tem a percepção de que este é um mundo temporário de aparências físicas, que inclui o corpo com o qual ele chegou e partirá. O mestre vê a insensatez das aparências e evita a fascinação sedutora das aquisições e da fama.

Creio que nosso venerável amigo e mestre Lao-tzu queria transmitir essas simples verdades quando ditou o 12º verso do *Tao Te Ching*:

Estenda sua perspectiva para além do nível sensorial.

Sua convicção interna sabe que uma rosa é mais do que uma flor, enquanto ela oferece uma fragrância agradável e pétalas aveludadas. Use esse conhecimento para perceber a forma invisível e criativa que traz o complexo milagre de florescer de *lugar algum* para *este lugar*. Experiencie a essência do criador que permite que essa obra-prima florida surja de uma pequenina semente. Observe que a semente chegou do que podemos apenas classificar como o mundo do nada informe ou espírito. Veja esse espírito animando as cores, os odores e as texturas; e olhe para toda a vida sob uma perspectiva transcendente. Você estará menos inclinado a se juntar à caçada e mais disposto a viver pela convicção interna de que sua verdadeira essência não é deste mundo.

Deixe de se pressionar para acumular perpetuamente mais.

Deixe que outros sejam consumidos pela caçada se eles quiserem isso, enquanto você aprende a relaxar. Em vez de focar exteriormente, volte-se para o interior. Cultive o respeito e a gratidão como pedras de toque interiores, e não a determinação externa de mais adoração e acumulação. Quando vir uma bonita imagem, ouvir um som encantador ou saborear uma iguaria deliciosa, permita a si mesmo pensar no milagre interior desses prazeres sensoriais. Seja como o mestre que "prefere o que está dentro ao que está fora". Permita que as coisas venham e partam sem qualquer impulso de se tornar apegado a este mundo efêmero de idas e vindas.

Pratique o Tao agora

Plante uma semente e cultive-a, observando sua natureza interior durante toda a vida dela. Registre o que está dentro do broto, e olhe atentamente em admiração para o que está naquela semente que um dia criará uma flor. Em seguida, estenda essa mesma admiração para si mesmo e também para a semente em que *você* estava contido. Use isso como um lembrete de seu ser interior invisível, que é o Tao em funcionamento.

13º verso

Favor e desonra parecem alarmantes
O alto status causa enorme sofrimento à sua pessoa.

Por que o favor e a desonra são alarmantes?
Buscar favores é degradante:
alarmante quando são obtidos,
alarmante quando são perdidos.

Por que o alto status causa enorme sofrimento à sua pessoa?
O motivo de termos muitas preocupações
é que temos seres.
Se não tivéssemos seres,
que preocupações teríamos?

O verdadeiro ser do homem é eterno,
mas ele pensa, eu sou esse corpo e logo morrerei.
Se não tivermos corpos, que desastres poderemos sofrer?
Aquele que vê a si mesmo como tudo
está apto a ser o guardião do mundo.
Aquele que ama a si mesmo como a todos
está apto a ser o mestre do mundo.

Vivendo com uma mente independente

A mensagem fundamental deste 13º verso do *Tao Te Ching* parece ser que é essencial permanecer independente da opinião de outras pessoas, tanto as positivas quanto as negativas. Independentemente de elas nos amarem ou desprezarem, se tornarmos suas avaliações mais importantes do que as nossas, sofreremos muito.

Buscar os favores dos outros não é o caminho do Tao. A busca por status interrompe o fluxo natural da energia divina para sua mente independente. Você tem uma natureza básica que é exclusivamente sua — aprenda a confiar nessa natureza do Tao e liberte-se das opiniões de outras pessoas. Permita-se ser orientado por sua existência essencial, o "você natural" que nutre sua mente independente. Em comparação, correr atrás de status privilegiado ou títulos elevados para demonstrar autoimportância são exemplos de vida de uma mente que depende de sinais exteriores, e não da voz interior natural.

O Tao não força nem interfere nas coisas; ele as deixa trabalhar à sua própria maneira para que produzam resultados naturalmente. Qualquer que seja a aprovação que tiver de chegar até você o fará em perfeito alinhamento. Qualquer que seja a desaprovação que surja também será uma parte desse alinhamento perfeito. Lao-tzu salienta ironicamente que buscar favores é algo alarmante, independente do resultado.

Se você obtiver aprovação, acabará se tornando um escravo de mensagens exteriores de elogios — a opinião de outras pessoas estará dirigindo sua vida. Se você obtiver desfavores, acabará se empenhando ainda mais para mudar a opinião *deles*, e ainda estará sendo dirigido por forças externas a si mesmo. Ambos os resultados levam ao domínio da mente dependente, ao contrário do caminho do Tao, no qual a mente independente flui livremente.

Este 13º verso insiste que o ego e a necessidade de importância causam problemas que são energizados por seu ser do mundo. O caminho do Tao é estar ciente de sua natureza eterna e sair de seu *ser* ou corpo. Ausência de ego significa ausência de problemas; um grande ego equivale a grandes problemas. O *Tao Te Ching* pergunta retoricamente: "Se não tivermos corpos, que desastres poderemos ter?" Se você fizer essa pergunta a *si mesmo*, descobrirá uma alma divina, invisível, que é independente das opiniões de todos os buscadores sofridos do mundo. No espírito do Tao, sua verdadeira natureza substituirá a busca por favores externos pela consciência de que o que os outros pensam sobre você não é realmente da sua conta!

Pratique os seguintes princípios da mensagem de Lao-tzu e obtenha uma incomensurável paz interior. Você estará em equilíbrio com a lei natural do universo, vivendo com uma mente independente no espírito do Tao:

Pratique confiar na própria natureza interior.

Cada pensamento apaixonado que você tiver em relação a como deseja conduzir sua vida será uma prova de que você está em harmonia com a própria natureza exclusiva — sua crença fervorosa é tudo de que você precisa. Se estiver tentado a se sentir inseguro porque outros discordam de você, lembre-se de que Lao-tzu aconselhou que "buscar favores é degradante" e que isso leva a se desconectar de seu verdadeiro ser.

Dê a si mesmo permissão para se lembrar de que você não é só seu corpo, e que as opiniões dos outros sobre o que você deve ou não fazer provavelmente não estão levando em consideração seu ser verdadeiro e eterno. Essas outras pessoas não são também só seus corpos; assim, buscar sua aprovação dobra a ilusão de que a matéria é tudo o que somos.

13º verso

Seu ser mundano não é sua verdadeira identidade, então confie em seu ser eterno para se comunicar com você. Ele fará isso por meio de sua natureza interior, onde você o honrará de uma mente independente. Respeite sua visão e confie em seus pensamentos naturais e apaixonados, que estão alinhados com a essência amorosa do Tao.

Pratique ser a pessoa que Lao-tzu descreve neste 13º verso.

Afirme o seguinte: *sou um guardião do mundo* e *estou apto a ser o mestre do mundo*. Por quê? Porque você reconhece sua conexão com todos e com tudo por meio da mente independente cuja Fonte é o amor. Ao viver por seu ser eterno, você se tornará um mestre místico e um guardião. A aprovação que seu ser mundano busca será sentida como o que era — a luta da mente dependente para se ocupar da vida como se ela dependesse de aprovação externa.

Pratique o Tao agora

Pergunte a si mesmo agora: *qual é minha própria natureza se eu não tenho forças externas me dizendo quem ou o que devo ser?* Em seguida, empenhe-se em viver um dia em total harmonia com a própria natureza, ignorando as pressões para ser outra coisa. Se sua natureza interior for de paz, amor e harmonia como um gênio musical, por exemplo, atue apenas nisso hoje.

14º verso

Aquilo que não pode ser visto é chamado invisível.
Aquilo que não pode ser ouvido é chamado inaudível.
Aquilo que não pode ser tocado é chamado intangível.
Esses três não podem ser definidos;
portanto, eles são unidos como um.

Cada um desses três é sutil para descrever.
Por intuição, você pode vê-lo,
ouvi-lo
e senti-lo.
Então o não visto,
o não ouvido e
o intocável
estão presentes como um.

Seu nascer não traz amanhecer,
seu poente, nenhuma escuridão;
ele continua sempre, inominável,
retornando à não existência.

Aproxime-se dele e não há início;
siga-o e não há fim.
Você não pode conhecê-lo, mas pode sê-lo,
à vontade em sua própria vida.

Descobrir como as coisas sempre foram
leva a se harmonizar com o Caminho.

Vivendo além da forma

Experimente imaginar a noção de ser eternamente: daquilo que jamais mudou, daquilo que não tem início ou fim. Ele não pode ser visto, ouvido ou tocado... mas você sabe que ele é e sempre foi. Pense naquilo que mesmo agora, neste exato momento em que você lê essas palavras, é a própria compreensão que está em você — aquela essência que penetra em você e em tudo mais, porém sempre escapa a seu entendimento.

O princípio primordial que governou — e ainda governa — todos os seres: tudo que é ou já foi é resultado de seu desenrolar. Lao-tzu insiste que você se torne ciente desse preceito amorfo ao não se fiar em seus sentidos para experienciar essa unicidade. Na abertura deste verso, você é instado a ver sem olhos, ouvir sem ouvidos e tocar sem tato; esses três modos de viver além da forma precisam ser uma parte de sua consciência. Esses reinos sem forma unem-se no mundo do espírito (o Tao), que cria e governa toda a vida. Você está sendo incentivado a viver com a consciência total desse princípio que abarca tudo.

Alguns estudiosos escolheram este 14º verso do *Tao Te Ching* como o mais significativo de todos os 81 oferecidos, porque ele acentua a importância do único princípio que é a base de toda a existência. O acesso a essa força invisível, intocável e incomensurável permitirá que você conquiste a harmonia que advém de estar conectado com a unicidade, e a harmonia é o objetivo supremo da decisão de ter uma vida "em-Espírito". Você quer aprender a abrir mão de seu ego — que se identifica com o mundo das coisas, das posses e das realizações — e reentrar no lugar sem localização do qual você e todos os outros se originaram. Quando você fizer isso, recuperará os poderes místicos, quase mágicos, de sua eterna Fonte de ser. Então, viverá além do mundo da forma.

Quando você vive exclusivamente "em-forma", concentra-se em acumular "in-forma-ção". Este 14º verso do Tao o conclama a mergulhar na inspiração, e não na informação, tornar-se uno com aquilo que sempre foi. Como esse verso do Tao conclui com tanta perspicácia: *descobrir como as coisas sempre foram leva a se harmonizar com o Caminho.*

No caminho não há conflito. Como poderia ter? Há apenas a unicidade, que é uma mistura do invisível, inaudível e intangível. Imagine um mundo em que o conflito é impossível, no qual Lao-tzu diz que não há escuridão nem luz. A Fonte inominável que sempre existiu oferece apenas a paz e a harmonia que você deseja, então reconheça essa unidade infinita e mantenha-a em sua consciência. Você saberá que o Caminho é simplesmente o Caminho quando parar de questionar por que as coisas foram do jeito que foram! Livre dos medos que se aplicam somente à identificação com esse mundo de formas, você poderá abraçar sua natureza infinita. Ou seja, você poderá amar sua eternidade, em vez de temer que a vida terminará com a morte de seu corpo. Você, seu corpo e tudo na vida resultam do desenrolar dessa eternidade.

Aqui está o que Lao-tzu declara neste 14º verso do *Tao Te Ching* de sua perspectiva de 2.500 anos:

Adote a técnica da meditação em movimento para obter conhecimento do absoluto.

Permaneça em um estado persistente de consciência do princípio eterno que anima toda a vida. Ao ver a revelação de Deus em todos que encontrar — e em todas as suas identificações com o mundo baseadas no ego —, você acabará mais como Ele e menos como aquilo que maculou seu vínculo com Ele. Esse é o alinhamento que o levará de volta ao equilíbrio e restaurará a harmonia que é sua verdadeira natureza sem ego.

14º verso

Melhore sua visão ao ver além do que seus olhos enxergam.

Seja o que for que você veja, pergunte-se: *qual é a verdadeira essência daquilo que meus olhos revelam para mim?* Pense sobre aquele algo mágico que desperta uma árvore na primavera e põe flores onde havia ramos congelados apenas algumas semanas antes. Indague: *qual é a energia por trás da criação daquele mosquito — ou até mesmo por trás de cada pensamento meu?* Faça o mesmo com tudo que ouvir também. Aqueles sons emergem de um mundo silencioso e retornam a ele — melhore sua audição escutando os "sons silenciosos".

O respeito e a gratidão aumentarão quando você abraçar esse princípio de eternidade. E ainda melhor do que isso: você despertará para novas possibilidades que incluem a própria magnificência divina. Sua mente se libertará de uma falsa identificação com o mundo transitório, e você verá o eterno em todas as coisas. Sim, Lao-tzu lhe diz que você transformará sua vida ao estar em-Espírito. É aí que você reconhecerá o que Rumi ofereceu poeticamente cerca de 1.500 anos após as poderosas palavras de Lao-tzu:

Cada árvore e planta no prado parecia estar dançando,
aqueles com olhos comuns viam-nas como fixas e imóveis.

Recomendo que você veja a dança de "como as coisas sempre foram" no não visto, não ouvido e não tocado presentes.

Pratique o Tao agora

Repare no máximo de invisibilidade que puder quando olhar uma árvore, uma estrela distante, uma montanha, uma nuvem ou qualquer outra coisa no mundo natural. Adote o princípio que permite que aquilo exista e depois vire isso para dentro e faça o mesmo em sua própria existência física. Esse é o princípio que dilata seus pulmões, que faz seu coração bater e suas unhas crescerem — viva nesse princípio por dez minutos hoje e repare como você se sentirá conectado com sua Fonte de Existência.

15º verso

Os antigos mestres eram profundos e sutis
Sua sabedoria era insondável.
Não há modo de descrevê-la.
Pode-se apenas descrevê-la vagamente por sua aparência.

Atenta, como homens atravessando um riacho no inverno.
Alerta, como homens conscientes do perigo.
Simples, como madeira não esculpida.
Oca, como cavernas.
Flexível, como o gelo prestes a derreter.
Amorfa, como água barrenta.

Porém, a mais barrenta das águas clareia
quando está imóvel.
E, dessa imobilidade,
a vida surge.

Aquele que conserva o Tao não quer estar cheio.
Mas precisamente porque ele nunca está cheio,
pode manter-se como um broto oculto
e não se apressa a um amadurecimento precoce.

Vivendo uma vida sem pressa

Este 15º verso fala de antigos mestres que desfrutavam de um nível indescritivelmente profundo de cooperação com seu mundo. Lao-tzu usa comparações para dramatizar a vida flexível e tranquila desses sábios: imagine atravessar um riacho gelado no inverno que pode rachar a qualquer momento, permanecendo cauteloso e atento e, ao mesmo tempo, alerta para o perigo iminente. Esses descritores pintam a imagem daqueles que vivem sem pressa, mas que também estão em um estado profundamente consciente.

Considere os dois modos de viver apresentados neste verso do *Tao Te Ching*: primeiro, de se misturar a seu ambiente imediato e, portanto, tornar-se uno com ele e depois, simultaneamente, ficar tão relaxado que sua tranquilidade permita que todas as coisas à sua volta se acomodem, resultando em uma profunda clareza. Manter-se alerta e sutilmente consciente, mas, ao mesmo tempo, permanecer sereno interiormente — não apressando nem exigindo, mas totalmente no controle de seu mundo interior. Essa passagem do Tao me recorda as seguintes palavras da Bíblia: "Aquietai-vos e sabei que eu sou Deus" (Salmos 46,10).

O lugar de sua origem é a serenidade, da qual toda a criação advém. Permaneça em um estado criativo e simples, que Lao-tzu descreve como "madeira não esculpida", simbolizando a mente e o potencial ilimitado do iniciante. Tenha uma mente que está disposta a fluir com a vida e ser moldada pelas forças eternas do Tao. Veja a si mesmo como todas essas coisas mencionadas neste 15º verso do Tao: atento, porém relaxado e tranquilo; alerta, porém sem pressa e confiante; flexível, porém disposto a se manter imóvel e esperar que as águas se tornem claras.

Este verso lhe recorda que, pela natureza, tudo no final se torna claro. Seu propósito é permanecer em harmonia com a natureza como o broto oculto sob a superfície do solo, esperando sem pressa para surgir e realizar seu destino. Ele não pode ser apressado, nem o pode qualquer outra coisa na natureza. A criação acontece em seu próprio tempo. A metáfora é clara aqui para você também: você está evoluindo em divina ordem. Tudo que você precisa será provido de um modo sem pressa. Abandone suas exigências e confie no desenrolar perfeito do Tao. Esteja em um estado de gratidão atenta e alinhe-se ao Caminho.

Na tentativa de acessar a mente e as intenções de Lao-tzu pela meditação e pesquisa do *Tao Te Ching*, aqui está o que acredito que ele diria a nós hoje:

Pare de correr atrás de seus sonhos.

Deixe que eles venham até você em uma ordem perfeita e um timing indiscutível. Deduza seu ritmo frenético e pratique ser oco como a caverna e aberto a todas as possibilidades como a madeira não esculpida. Torne a serenidade uma parte regular de sua prática diária. Imagine tudo que gostaria de experienciar na vida e depois relaxe. Confie no Tao para trabalhar em divina perfeição, como ele faz com tudo no planeta. Na verdade, você não precisa se afobar nem forçar nada. Seja um observador e recebedor, e não o diretor impertinente de sua vida. É por meio dessa evolução sem pressa que você aprimorará sua existência no modo do Tao.

15º verso

Entre no fluxo da vida e permita-se prosseguir suavemente em seu curso.

Desista de lutar e comece a confiar na sabedoria do Tao. O que é seu virá até você quando não estiver tentando apressar o rio. Você provavelmente foi estimulado a se orientar ativamente e correr atrás de seus desejos durante toda a sua vida... agora é hora de confiar na sabedoria eterna que flui através de você.

The Way of Life According to Lao Tzu, traduzido por Witter Bynner, em 1944, resume poeticamente o 15º verso do Tao do seguinte modo:

Como a vida de um homem pode manter seu curso
Se ele não deixa que flua?
Aqueles que fluem como a vida sabem
Que não precisam de outra força:
Eles não sentem cansaço, eles não sentem o desgaste,
Eles não precisam de conserto, nem de reparo.

Grande conselho para levar uma vida sem pressa.

Pratique o Tao agora

Ponha este livro de lado neste momento. Dê a si mesmo dez minutos para se sentar tranquilamente enquanto contempla tudo que você tem e tudo que está fluindo em sua vida em uma programação divinamente organizada. Esteja em paz e seja grato por aquilo que está permitindo que sua vida desenrole-se de forma tão perfeita. Abra mão de todos os outros pensamentos apressados.

16º verso

Torne-se totalmente vazio.
Deixe seu coração ficar em paz.
No meio da pressa das idas e vindas mundanas,
observe como os fins viram inícios.

As coisas florescem, uma a uma,
apenas para retornarem à Fonte...
ao que é e ao que é para ser.

Voltar à raiz é encontrar a paz.
Encontrar a paz é cumprir o próprio destino.
Cumprir o próprio destino é ser constante.
Conhecer o constante é chamado insight.
Não conhecer esse ciclo
leva ao desastre eterno.

Conhecer o constante dá perspectiva.
Essa perspectiva é imparcial.
A imparcialidade é a nobreza mais elevada;
a nobreza mais elevada é divina.

Sendo divino, você será uno com o Tao.
Sendo uno com o Tao, será eterno.
Esse modo é perene,
não ameaçado pela morte física.

Vivendo com constância

O 16º verso do *Tao Te Ching* descreve o valor de estar altamente consciente do ciclo constante de tudo. Em vez de ver a mudança como uma ocorrência indesejável e perturbadora, você pode escolher ver as variâncias em seu mundo como influências valiosas no ciclo de uma existência centrada no Tao.

Quando você vê a mudança como a única constante que realmente existe, começa a reconhecer isso como uma expressão de continuação de vida que é uma pista benvinda a seu próprio propósito e significado. Desse modo, você está retornando à experiência de sua Fonte e à paz de uma perspectiva imparcial. Comece esse processo mudando seus pensamentos baseados no ego e deixando-se sentir a felicidade de ser uno com o Tao. Em seguida, torne-se um observador perspicaz de como seu mundo realmente funciona e permita a si mesmo estar em harmonia com a natureza cíclica de todas as coisas vivas.

Há um ciclo imutável de "não vida, vida, não vida" do qual fazemos parte. Todas as coisas vêm e depois vão. A vida se materializa em uma variedade de formas — está aqui e depois em algum ponto ela termina no que chamamos de morte. Esse ir e vir pode dar a impressão de ser uma condição temporária, mas, na verdade, é a constante suprema porque nunca cessa. Abrace essa natureza de mudança cíclica e você desabrochará.

Um fim pode parecer um motivo para se lamentar, quer ele seja o término de uma fase em sua vida, a conclusão de um projeto, o fim de um relacionamento ou a própria morte. Mas Lao-tzu o convida a perceber que, depois que as coisas florescem, elas "retornam à Fonte... ao que é e ao que é para ser". A constância dos ciclos da vida é uma oportunidade de retornar à sua raiz, onde o que é e o que é para ser se encontram. O supremo lugar de paz e iluminação é o contínuo retornar ao lugar sem localização e inominável de sua origem.

Lao-tzu lhe diz que surge um sentido de paz interior ao retornar à Fonte, onde todos os ciclos começam e terminam. Essa é a realização de seu próprio destino pessoal; ou seja, você está aqui para conhecer e ser o Tao, a constante além das idas e vindas da vida. Você já esteve em muitos corpos e está em um novo todos os dias. Você já entrou e saiu de muitos relacionamentos, mas o você eterno sobrevive apesar das transições dos inícios retornando aos fins. Você está agora sendo instado a conhecer a si mesmo como uma criação física *e* como uma parte do Tao eterno.

O Tao que anima todas as existências, incluindo a sua, é totalmente imparcial. Ele não tem favoritos: ele traz o inverno independentemente de você querer isso ou não. Ele envia aqueles que você ama adiante para outras pessoas e depois os traz de volta, independentemente de você desejar que ocorra de um modo diferente. Toda a vida precisa voltar a ele; não há exceções nem desculpas.

Quando você não está ciente dessa influência firme, apega-se a um único elemento de um ciclo na vida, conduzindo ao que Lao-tzu chama de "desastre eterno". Quando uma pessoa o deixa, parece que é o fim do mundo. Quando um empreendimento comercial falha, quando você abandona os estudos por não conseguir aprovação ou quando tem uma doença ou um ferimento doloroso, sente-se deprimido. Se você ficar preso nesses finais emocionais, não estará permitindo que eles também sejam uma parte natural da vida, levando você a se sentir desconectado de sua Fonte. Você ficará empacado na "pressa das idas e vindas mundanas", incapaz de se lembrar da constância em que "fins viram inícios".

A realidade é que inícios estão geralmente disfarçados como finais dolorosos. Assim, quando você sabe que há uma constante além da decepção do momento presente, consegue perceber que "isso também passará" — sempre passou e sempre passará. Quando você muda o modo como vê as coisas, as coisas que você vê mudam!

É isso que Lao-tzu parece estar dizendo a você neste 16º verso do *Tao Te Ching*:

Dê-se tempo para ser um observador imparcial da vida, especialmente quando um final estiver causando sofrimento.

Lembre a si mesmo que sua Fonte está trabalhando dentro desse evento e, em seguida, tome a decisão de se conectar a essa Fonte com seus pensamentos. Todos os finais integram o processo cíclico; você está simplesmente retornando à vida da constância, que Lao-tzu ensinou nessa passagem. Você não tem de aprender nada novo, mudar qualquer comportamento ou adotar uma estratégia nova — simplesmente pense na palavra *retorno* e conforte-se no sempre constante Tao, que traz paz ao sofrimento. O Tao nunca vai embora nem decepciona, e é sempre imparcial. Onde quer que você esteja no ciclo emocional, não está sendo julgado. Melhor, está aprendendo a estar em todas as fases, livre de julgamento e vivendo com constância.

Escreva essas palavras e ponha em um lugar visível em seu ambiente: *Isso também passará.*

A frase lhe lembrará que a mudança é a única constante da vida. Tudo que você nota está em um ciclo de ir e vir. Tudo! Não existem exceções. Saiba disso e deixe que seus pensamentos fluam na constância da mudança. Essa é a raiz, a Fonte de todos os acontecimentos cíclicos. É perfeita. É divina. É algo em que você pode confiar totalmente. Ela traz as flores da primavera, traz o processo de envelhecimento, traz o renascimento, traz novos relacionamentos — é o Tao e é constante. Retorne para ele e vivencie sua essência eterna aqui e agora, no recipiente temporário que você chama de seu corpo e todos os seus dramas. *Isso também passará*... você pode contar com isso!

Pratique o Tao agora

Dedique um dia para procurar deliberadamente situações em que possa praticar a observação imparcial de finais como inícios, desafiando-se a encontrar um número específico por volta do meio-dia. Comece pela manhã ao estar ciente de que o fim do sono é o início do acordar. Divida seu tempo desperto em seções, percebendo sem julgar os finais que dão espaço aos inícios. Comece a viver conscientemente com constância ao abrir sua mente ao fato de que a mudança é a única coisa certa. Lembre-se de incluir todos os seus sentimentos nesse ciclo — a observação imparcial da *tristeza*, por exemplo, permitirá que seu fim natural transforme-se em um início. Você estará assim praticando o Tao!

17º verso

*Com o melhor dos líderes acima delas,
as pessoas mal sabem que ele existe.
Em seguida, vem aquele que elas amam e apreciam.
Em seguida, vem aquele que elas temem.
Em seguida, vem aquele que elas desprezam e desafiam.*

*Quando o líder não confia em ninguém,
ninguém confia nele.*

*O grande líder fala pouco.
Ele nunca fala descuidadamente.
Ele trabalha sem autointeresse
e não deixa rastro.
Quando tudo está terminado, as pessoas dizem:
"Nós fizemos isso sozinhos."*

Vivendo como um líder iluminado

Refletir sobre a lição deste verso do *Tao Te Ching* significa mudar a forma como você vê a autoridade — que significa ver os grandes ou iluminados líderes como aqueles que não *lideram* realmente ninguém! Sob a perspectiva do Tao, esses indivíduos criam um ambiente no qual todos sentem que têm a responsabilidade pessoal pelo processo e que são parte dele. Ao adotar esse modelo de líder iluminado, você estará muito mais propenso a alterar o modo como critica e admira os líderes dos negócios, do governo ou da religião, bem como o modo como *você* orienta outros.

O conselho contido neste 17º verso dirige-se aos líderes de todos os tipos; na verdade, você pode personalizá-lo substituindo a palavra *líder* por *pai* ou *professor*. Examine o modo como vê suas táticas e depois faça as alterações necessárias para ser alguém que faz uma diferença iluminada na vida dos outros. Primeiro, você precisa ficar no segundo plano e tornar-se um observador sagaz do que está acontecendo; em seguida, precisa perguntar-se como, sem interferir, você pode criar um ambiente que ajude todo mundo a agir de forma responsável.

O Tao recomenda tornar-se tão invisível quanto possível se você verdadeiramente quiser ser um líder eficaz. Assim, talvez sua melhor estratégia seja realmente sair da sala e permitir que todos os outros ajam sem sentir que eles precisam impressioná-lo. Talvez você deva oferecer uma breve sugestão e sair logo em seguida. Um sorriso ou um gesto conhecido que transmita ao grupo que você confia na capacidade deles para resolver a situação pode funcionar bem. Talvez o necessário seja você contar uma rápida história de como outras pessoas resolveram problemas semelhantes. Ou você pode simplesmente meditar e enviar uma energia positiva de solução de conflito a todos os indivíduos presentes.

Qualquer que seja sua decisão, você estará bem ciente da necessidade de criar um ambiente no qual todos sejam capazes de dizer "Nós resolvemos isso sozinhos, sem a necessidade de qualquer interferência de outra pessoa — realmente não precisamos de um supervisor". Essa abordagem, claro, envolve suspender seu desejo de ser visto como uma figura de autoridade forte.

Os líderes verdadeiramente inspiradores obtêm resultados por meio de seus próprios exemplos. Eles incentivam os outros a serem responsáveis e fazerem a coisa certa, mas não ao proclamar e se gabar de seu gerenciamento irrepreensível. Eles criam espaço para outros serem inspirados e alcançarem a própria grandeza. Quando chega a hora de receber prêmios, eles desaparecem para o segundo plano, desejando que todos os outros sintam que suas realizações surgiram de suas próprias qualidades de liderança. O supremo líder taoísta sempre deixa as pessoas escolherem e buscarem o próprio modo de vida, a própria concepção do bom. A imagem que os líderes iluminados têm de si mesmos não é a de um autoproclamado autoritário; melhor dizendo, eles despertam a energia do ambiente através do ponto de vista que eleva as inclinações mais baixas.

Neste verso, o Tao oferece outras três opções de escolha para ser um líder. Uma opção é fazer a diferença na vida dos outros, resolvendo conflitos pelo amor. Ao ser um instrumento de amor e fazer um esforço para elogiar outros, esse líder fica em harmonia com o Tao. Aqueles que são elogiados têm propensão a desenvolver autoapreço e atuar de um modo cooperativo, em vez de competitivo. O inconveniente é que o uso de aprovação e afeição de um líder como motivação significa entregar o controle da vida àquele líder. Mas se você achar que a escolha é entre amor ou medo, o Tao sempre vê o amor como superior.

17º verso

A ineficácia do medo como um estilo de liderança é óbvia: se eu conseguir fazer você portar-se como quero usando essa arma, então você só se comportará desse modo enquanto eu tiver o poder de ameaçá-lo. Quando eu sair, minha influência sobre você também irá embora. Estudos mediram a eficácia de professores que eram considerados disciplinadores rígidos. Nesse cenário, os alunos nesse cenário eram bem-comportados quando o indivíduo temido estava na sala, mas, quando ele saía, a sala de aula se tornara caótica.

O oposto era verdadeiro para instrutores que viam a educação como uma oportunidade para elogiar e incentivar os alunos: sua presença ou ausência da sala quase não tinha um impacto perceptível. Isso é ótimo para ter em mente se você for um pai ou uma mãe. Ou seja, você quer de fato que seus filhos comportem-se bem só quando você estiver por perto ou quer que eles tenham a autodisciplina de se conduzir bem, quer você esteja presente ou não? Eu sempre acreditei que os pais não servem para ser usados como apoio, mas que existem para tornar o apoio desnecessário.

O meio menos eficiente para gerenciar os outros é usar táticas que os incentivem a desprezá-lo, pois, na hora em que saírem de seu campo de visão, eles desafiarão tudo que você diz e defende. Os ditadores quase sempre descobrem isso da maneira mais difícil, quando o povo do qual abusaram se rebela para ameaçá-los do mesmo modo intolerável como eles foram tratados. As crianças que desprezam os pais tendem, de modo semelhante, a copiar as táticas detestáveis a que foram submetidas ou a se separar totalmente daquele adulto ditatorial e passar anos tentando curar as cicatrizes daquele terrível tratamento.

O líder iluminado confia naqueles que ele está em posição de governar. Essa visão resulta em confiança, pois aquele que confia nas pessoas terá a confiança das pessoas em troca. Em consequência, elas poderão dizer "Nós fizemos isso sozinhos". Então crie seus filhos para serem autossuficientes, para tomarem as próprias decisões logo que puderem e sentirem orgulho das decisões que tomarem. Veja a si mesmo como um líder iluminado, e mostre ao mundo um novo tipo de liderança. As crianças que crescerem com essa visão serão a próxima geração de ótimos líderes que Lao-tzu descreve.

Aqui está o que acredito que o estimado mestre Lao-tzu está lhe oferecendo hoje:

Em vez de acreditar que você sabe o que é melhor para os outros, confie que eles sabem o que é melhor para si mesmos.

Permita que as outras pessoas compartilhem seus pensamentos sobre o caminho que elas veem para si mesmas. Deixe que sua posição seja conhecida, mas também transmita que você confia nelas para fazerem a escolha certa. Em seguida, afaste-se e acredite calmamente que o modo como você vê essa situação mudará. Ofereça elogios quando aquelas pessoas encarregadas estiverem tomando as próprias decisões, mesmo que o comportamento delas entre em conflito com o seu. Confie em si mesmo para dar a melhor resposta ao não se ver como aquele que sabe o que é certo. Lembre-se dessa frase do *Tao Te Ching*: "Quando o líder não confia em ninguém, ninguém confia nele." A coisa mais certa para conquistar a confiança dos que você governa ou supervisiona é permitir que eles tomem o máximo possível de decisões.

Orgulhe-se de recusar receber crédito pelas realizações dos outros.

Se olhar para as realizações dos outros como um motivo para *você* ser recompensado, promovido ou cumprimentado, mude seu ponto de vista. Deixe os elogios irem para aqueles que forem os beneficiários de sua liderança. Fale com menos frequência e suspenda seu autointeresse — em vez disso, permita que todos sob seus cuidados falem por si mesmos. Troque o modo como você vê o desempenho deles sendo um crédito à sua capacidade pela emoção que eles exibirão por suas realizações. Você cessará de querer o crédito e em vez disso, sentirá, a felicidade e o orgulho que eles estiverem vivenciando.

Foi assim que Hafiz descreveu isso em sua poesia do século XIV:

Mesmo
Após
Todo esse tempo
O sol nunca diz à Terra,

*"Você deve
a mim".*

*Veja
O que acontece
Com um amor como esse,
Ele ilumina o
Céu
Todo.*

Ame aqueles que lhe forem confiados para liderar, exatamente como o sol ama nosso planeta. Simplesmente esteja lá para servir, jamais exigindo nada em troca.

Pratique o Tao agora

Escolha algumas situações com seus filhos (ou alguém que você foi designado para supervisionar) a fim de se tornar um observador ativo. Aprove com a cabeça, sorria, franza as sobrancelhas ou faça gestos sem dizer nada, em situações nas quais anteriormente você teria prontamente interferido. Perceba como sua observação ativa afeta aqueles que você foi incumbido de liderar.

18º verso

Quando a grandeza do Tao está presente,
a ação surge do próprio coração da pessoa.
Quando a grandeza do Tao está ausente,
a ação vem das regras
de "bondade e justiça".

Se você precisa de regras para ser bom e justo,
se você atua como virtuoso,
isso é um sinal certo de que a virtude está ausente.
Assim nós vemos a grande hipocrisia.

Quando o relacionamento cai na discórdia,
surgem piedade e ritos de devoção.
Quando o país cai no caos,
surgem os leais oficiais;
nasce o patriotismo.

Vivendo sem regras

Imagine-se em um mundo no qual não existem regras ou leis, no qual todos vivem em paz e em harmonia. Não há anarquia, roubo, ódio ou guerra; as pessoas simplesmente vivem, trabalham, amam e brincam sem a necessidade de serem governadas. Você consegue imaginar um planeta em que a necessidade de códigos de conduta e decretos para governar o populacho seja simplesmente desnecessária? Esse é o tipo de divagação mental idealista que levou Lao-tzu a criar esse 18º verso do *Tao Te Ching*, no qual ele está claramente declarando que você não precisa de regras para ser bom e justo.

Estou sugerindo que, quando você mudar o modo como olha para o motivo subjacente da regulamentação, as organizações que controlam a sociedade, a política e o sistema de justiça penal acabarão mudando. (Preciso acrescentar "para melhor"?) Quando você altera seu ponto de vista para um orientado pelo Tao, deixa de ver sua motivação dominante para ser e fazer como sendo ditado por sua nação, cidade, escola, religião ou até a associação de seu condomínio! As leis ou regras são vistas por muitos como unicamente responsáveis pela bondade, justiça e amor efetivos — mas você pode escolher viver pelo seu coração, vendo essas virtudes como responsabilidades individuais que você cumpre sem um estatuto ou uma convenção lhe dizendo para fazê-lo. É isso que quero dizer por viver sem regras: você pode escolher ver-se em harmonia com os regulamentos e com as leis de sua empresa, governo, família e religião, em vez de *por causa* deles. Garanto que, quando você ajustar o pensamento baseado em regras à atitude baseada no coração, sua vida mudará!

Na orientação do Tao, alegria, bondade, abundância e bem-estar ilimitados fluem através de tudo; ver a vida desse modo torna as regras irrelevantes. Você pode agir de acordo com essa generosidade e beneficência, que é a essência do Tao. Faça do amor a base da motivação de sua família para ser amorosa, em vez de apenas se sentir obrigado a ser bom para os outros. Isso não significa que não haja certa etiqueta ou certos comportamentos a seguir — significa que o motivo para fazer isso é que o amor e a bondade fluem através de todos os indivíduos. Se *houver* um "crime", ele será a interrupção ou o impedimento da energia do Tao.

Você e seus filhos podem aprender a mudar o modo como olham para os decretos e as leis. Quando a harmonia for perdida, uma regra poderá parecer útil, mas certifique-se de que todos na família percebam que você os está convidando para aprender a viver sem ela! A existência de códigos de conduta são a prova de que não estamos permitindo que o Tao flua livremente em nossa vida. O aprendizado de que é responsabilidade de cada indivíduo viver sem governo acabará demonstrando que, quando você mudar seus pensamentos, mudará sua vida.

Essa ideia estende-se para mais longe: pergunte-se se as leis criam uma sociedade saudável, e se o patriotismo é valioso. Ou a impressão é de que, quando um país cai no caos ou em alguma forma de guerra civil, as leis e os códigos em relação ao patriotismo precisam de imposição? As regras são criadas para impor penalidades para controlar ou governar as pessoas que não aprenderam sua responsabilidade individual como uma parte da totalidade do grupo. Mas um sentido nacional de unidade não precisa regular um sentido universal, pois a unicidade do Tao é maior do que qualquer grupo na Terra.

Portanto, aqui temos um resumo do que acontece quando o Grande Caminho é abandonado: a necessidade de justiça surge. A falsidade entre as pessoas cria a necessidade de regras, e os governantes são necessários para restaurar a ordem. Os ministros políticos aparecem para trazer luz à desordem e à escuridão. Sabendo tudo isso, considero que é essencial voltar àquela imagem que pedi para imaginar alguns parágrafos atrás e aplicar o que Lao-tzu está dizendo nesse profundo verso do *Tao Te Ching*:

Deixe suas ações surgirem de seu coração centrado no Tao.

Quando você está centrado no Tao, não precisa de quaisquer regras, nem está preso ao que é declarado como legal ou ilegal. Seu motivo para não roubar dos outros não é porque isso é contra a lei; mais exatamente, você assume uma responsabilidade pessoal por suas ações. Sua vida não se baseia em viver pelas regras; seu motivo para não roubar é que você respeita o direito dos outros de estarem livres de furtos, porque isso ressoa com o Tao. No Tao, não há roubo porque tudo pertence a todos. Não há posse de terra ou propriedade — só existe a disposição de amar e respeitar todos e tudo. As leis que tornam roubar, mutilar ou brigar ilegais surgiram por causa da desconexão com o Tao.

Não atue como virtuoso; seja a virtude.

Atuar como virtuoso não é o mesmo que *ser* virtuoso, então o Tao instrui você a ser autêntico em todas as suas interações. Seja piedoso porque seu coração sente a piedade que é o grande Tao. Seja espontaneamente generoso com os outros porque seu chamado interior assim o exige, não porque os outros criaram um código que determina que é assim que você deve se comportar. Não espere o caos acontecer antes de ser generoso e bom com os outros. Um desastre natural pode estimular seu desejo de ajudar e socorrer seus semelhantes — mas, se você mudar o modo de olhar esse desastre natural, também poderá vê-lo como um lembrete para deixar o Tao ser seu espírito-guia o tempo todo. Isso inspiraria seu patriotismo para ser em relação a toda a humanidade, em vez de estar limitado ao solo no qual aconteceu de você nascer.

Mais uma vez, gostaria de lembrá-lo do sentimento semelhante expresso por Hafiz, o grande poeta Sufi:

> *Todo mundo*
> *É Deus falando.*
> *Por que não ser educado e*
> *Ouvir a Ele?*

E todo mundo realmente significa *todo mundo*, não apenas aqueles que estão sujeitos às suas regras e leis.

Pratique o Tao agora

Deixe claro *por que* você está obedecendo aos decretos criados pelos homens hoje. Passe algum tempo conectando-se ao motivo subjacente para parar no sinal vermelho, ter uma carteira de habilitação, usar o cinto de segurança, pagar para entrar no cinema ou não beber se dirigir. Veja se seu ego aprecia "quebrar" algumas regras para seus fins, relacionando todas as regras e leis a que você obedece e desobedece em um dia, e em seguida identifique suas mais importantes "regras do coração".

19º verso

Abandone a santidade, renuncie à sabedoria,
e será cem vezes melhor para todos.
Jogue fora a moralidade e a justiça
e as pessoas farão a coisa certa.
Jogue fora a astúcia e o lucro
e não haverá ladrões.

Todas essas são formas exteriores, somente;
elas não são suficientes em si mesmas.

É mais importante
ver a simplicidade,
perceber sua verdadeira natureza,
rejeitar o egoísmo
e acalmar o desejo.

Vivendo sem apego

Na primeira leitura deste 19º verso do *Tao Te Ching*, parece que Lao-tzu está nos incentivando a abandonar os princípios mais elevados do Tao. Renuncie à santidade, sabedoria, moralidade, justiça, astúcia e ao lucro, diz o grande sábio, e tudo ficará bem. Lao-tzu nos diz que "Todas essas são formas exteriores, somente" e que são insuficientes para viver de acordo com o Caminho mais elevado.

A primeira dessas categorias representa a educação e o modo como você vê suas fontes de aprendizagem. Este verso lhe recomenda alterar o conceito de ser santo simplesmente porque você segue os ensinamentos de uma religião organizada, e para mudar sua visão de autoimportância por causa dos títulos acadêmicos que recebeu de uma instituição educacional. Lao-tzu, delicadamente, informa que é muito mais valioso cultivar a própria natureza.

Como em praticamente todos os ensinamentos do Tao, a maior responsabilidade reside em você acessar o sagrado centro do Tao dentro de si mesmo. Em seu interior, há uma parte de Deus que instintivamente sabe o que fazer e como ser. Confie em si mesmo, recomenda Laotzu, e reavalie a suprema importância das instituições educacionais e religiosas. Quando você modificar a forma como as vê, perceberá que sua verdadeira essência é "cem vezes melhor para todos". Lao-tzu pode dizer que uma verdade é uma verdade até que você a organize e depois ela se torna uma mentira. Por quê? Porque os propósitos de sua organização começam a ter precedência sobre aquilo que ela, a princípio, tentou manter em ordem.

"Jogue fora a moralidade e a justiça", clama esse verso, "e as pessoas farão a coisa certa". Aqui, na segunda das formas exteriores, Lao-tzu revela um sistema legal que tem precedência sobre sua integridade interna natural. Quando você sabe que surgiu de uma Fonte impecável de honra e equidade, não precisa fiar-se em um sistema de justiça. Lao-tzu lhe lembra que é muito importante não se ver como relegado a uma posição inferior devido a leis de moralidade lhe dizerem quem você "realmente" é. Veja a si mesmo centrado com a perfeição do Tao, que é sua natureza, em vez de precisar consultar um livro de leis, um tribunal ou um juiz para determinar sua posição ética. Esses sistemas complicados projetados para determinar todas as questões de certo e errado são prova de nosso distanciamento da simplicidade de nossa natureza inata.

A última das formas exteriores é o mundo inteiro dos negócios. "Renuncie à busca de lucros, desista da engenhosidade e descarte a manutenção de registros e os ladrões desaparecerão completamente" pode ser uma interpretação. Lao-tzu recomenda que você permaneça centrado na integridade que tudo abrange do Tao e libere sua visão de lucros e ganhos monetários como indicadores de seu nível de sucesso. Quando você vir sua vida sob a perspectiva do ensinamento do Tao, não terá mais necessidade de acumular grandes somas de dinheiro. Em vez disso, descobrirá o prazer de servir os outros em um espírito de infinita generosidade. Ou, como essa tradução do *Tao Te Ching* expressa, você "rejeitará o egoísmo e acalmará o desejo".

Essas, então, são as três formas exteriores: educação, justiça e negócios. Você é estimulado a atualizar o modo como vê os motivos das pessoas, os métodos adotados por elas e o modo como pessoas bem-intencionadas ensinaram a valorizar essas esferas de interesse da vida. Quando você mudar o modo como as vê, notará a simplicidade e o sagrado de um princípio mais elevado, que enriquecerá essas instituições com o fluxo livre do Tao. Você perceberá sua própria natureza verdadeira, rejeitará o egoísmo e acalmará seu desejo. Ao estar *no* mundo da educação, justiça e negócios — mas não ser *do* mundo —, você poderá ver o mundo interior no qual está centrado no Tao.

19º verso

É isso que Lao-tzu está dizendo a você, por intermédio de mim, de sua posição de 2.500 anos:

Observe seu relacionamento com os sistemas de educação, justiça e negócios.

Perceba as tentativas de se compartimentalizar: você é dependente de um sistema de recompensa e punição para aprovação? As regras e os códigos de conduta que você segue vêm de um espaço centrado no coração ou são designados a criar um rótulo de "ser especial"? Não lute contra essas pressões institucionais ou mesmo o fato de elas existirem — simplesmente abra mão de todo o apego a elas. Você não é santo (uma boa pessoa) porque uma organização diz isso, mas porque você permanece conectado com a divindade de sua origem. Você não é inteligente por causa de um histórico escolar; você é a própria inteligência, que não precisa de confirmação externa. Você não é moral porque obedece às leis; você é a própria moralidade, que é igual àquilo do qual você veio.

Escolha ver as formas externas como substituições pobres de sua verdadeira natureza e você começará a viver sem apego àquelas formas. Você verá as próprias leis interiores, que jamais necessitam de codificação; você viverá com liberdade e simplicidade. Confie primeiro e principalmente em si mesmo.

Viva sem apego ao ser generoso.

Abra mão de se avaliar com base em quanto você acumulou e o que está em seu portfólio financeiro. Pare de atribuir um valor financeiro a tudo que você tem e faz. Abandone a necessidade de obter um "bom negócio" e escolha, em vez disso, ser uma pessoa que compartilha. Você ficará agradavelmente surpreso com o quanto é bom simplesmente mudar sua crença de que você só é bem sucedido se estiver ganhando dinheiro. Quanto menos você focar em ter lucro — em vez disso, mude sua energia para viver seu propósito em harmonia com todo mundo —, mais dinheiro fluirá para você e mais oportunidades por generosidade estarão disponíveis para você.

O mundo das pressões institucionais é construído sobre uma lista interminável do que fazer e do que não fazer criada pelo homem. Lao-tzu recomenda que você descubra o verdadeiro desejo de seu coração, lembrando-se o tempo todo de que ninguém mais pode lhe dizer qual é ele.

Pratique o Tao agora

Pregue a seguinte afirmação para que veja constantemente: *eu sou moral, lucrativo e um gênio extraordinário, independentemente do que qualquer registro institucional ou extrato bancário possam dizer*. Repita esse mantra até que ele se torne sua maneira de ser. Você perceberá um sentido de paz interior quando liberar o domínio que as formas externas exercem sobre você.

20º verso

*Desista de aprender e você estará livre
de todas as suas preocupações.
Qual é a diferença entre sim e não?
Qual é a diferença entre bom e mau?*

*Preciso temer o que outros temem?
Devo temer a ruína
quando há abundância?
Devo temer a escuridão
quando aquela luz está brilhando em toda parte?*

*Na primavera, alguns vão para a praça e sobem no terraço,
mas só eu estou vagando, sem saber onde estou.
Como um bebê recém-nascido antes de aprender a sorrir,
estou sozinho, sem um lugar para ir.*

*A maioria das pessoas tem demais;
só a mim parece estar faltando algo.
A minha é realmente a mente de um ignorante
em sua simplicidade inadulterada.
Eu sou só um convidado neste mundo.
Enquanto outros se agitam para terminar as coisas,
eu aceito o que é oferecido.
Só eu pareço tolo,
ganhando pouco, gastando menos.*

*Outras pessoas lutam pela fama;
eu evito a notoriedade,
preferindo ficar sozinho.
Na verdade, pareço um idiota:
sem mente, sem preocupações.*

*Eu vago como uma onda no oceano.
Eu sopro tão sem alvo quanto o vento.*

*Todos os homens se acomodam em seus nichos;
só eu sou teimoso e permaneço de fora.
Mas no que sou mais diferente dos outros é
em saber obter sustento da grande Mãe!*

Vivendo sem lutar

Nesse verso do *Tao Te Ching*, você é estimulado a vivenciar sua vida livre da luta mundana. Lao-tzu recomenda que você reduza suas demandas incessantes e relaxe seus esforços para preencher cada momento na expectativa de estar em outro lugar. Você é convidado a vivenciar a vida de um modo que pode ser resumido no título do livro de Ram Dass, *Be Here Now* (Esteja aqui agora).

Esteja presente em sua mente e em seu corpo, em um estado de apreciação e ausência de anseio. Desista de pensar em fazer a coisa certa. Libere os "e se" e todas as suas metas para o futuro, substituindo-os pela força deste instante. Esteja aqui e lembre-se de fazer isso agora, pois pensar sobre estar em outro lugar consome seus preciosos momentos presentes. O sábio iluminado pratica mergulhar completamente no "momento presente" atual de sua vida.

Estar aqui agora é alcançado adotando-se uma aceitação da vida como ela é apresentada pela grande Mãe, ou o Tao. É um processo de entrega, se preferir — simplesmente permitindo que essa grande Fonte que tudo cria e tudo alimenta o leve aonde ela queira. Você desiste da ideia de precisar ter mais ou de estar em outro lugar no futuro e, em vez disso, vê a si mesmo como inteiro e completo exatamente como você é. Esse processo de entrega permite que você testemunhe a abundância ilimitada e a luz eterna que estão sempre presentes. Você se retreina para abrir mão das crenças sobre falta e escassez; em vez disso, confia na grande Fonte para fornecer o que você precisa, como ela sempre fez para todos os seres.

Lao-tzu enfatiza que esse não era um padrão socialmente aceito mesmo 2.500 anos atrás, pois ele se refere a si mesmo como um estranho que é diferente da maioria das pessoas. A luta pela satisfação era vista naquele tempo como um papel adequado na vida, exatamente como o é hoje. O narrador deste verso admite que está vagando, não sabe onde está, mas seu tom é irônico. É como se ele estivesse dizendo: "Ninguém sabe realmente onde está neste universo infinito sem início nem fim, então por que não admitir isso e permitir ser tocado pelo Tao que o trouxe até aqui de lugar nenhum?"

Você está sendo estimulado a simplificar sua vida ao não buscar outra coisa. Sim, outros podem julgá-lo como desmotivado e chamá-lo de ignorante, mas sua recompensa será o forte sentido de paz interior que vem do conhecimento direto de que você é como um convidado que tem a subsistência sempre provida. Sim, talvez pareça que está perdendo algo, mas o algo é realmente apenas uma ilusão. Você não vive mais dentro de si mesmo com o desejo de ser alguém diferente ou de ganhar algo que parece estar onipresente em todos aqueles à sua volta — você trocou a *luta* pelo *êxito*.

"Eu aceito o que é oferecido", diz o narrador deste provocante verso do *Tao Te Ching*. Ele continua a expressar que isso pode parecer tolo, talvez fazendo eco a seus pensamentos enquanto você considera abrir mão da luta. Lao-tzu está lhe dizendo para mudar o modo como você vê o que está aqui agora em sua vida, pois então isso se tornará exatamente o que você precisa para ser feliz. Em outras palavras, você pode mudar a maneira como vê a luta e ter satisfação sem ansiedade ou medo.

Quando você viver de acordo com os princípios explicados nesse verso, começará a ter uma existência livre de preocupações. Imagine isso! Sem preocupações ou medos — somente um sentido de estar conectado à Fonte de tudo, sabendo que tudo será suprido a você pela mesma força que está sempre suprindo tudo. Lao-tzu recomenda que você libere sua mente das queixas persistentes. O mundo e tudo nele já estão cuidados pelo Tao... ele sempre fez assim e sempre o fará.

20º *verso*

Sua mente constantemente o incentiva a lutar apesar da perfeição do Tao, que tudo provê; ela o incita a perseguir a fama, a buscar um nicho ou um propósito. Lao-tzu o estimula a fazer exatamente o oposto: fique fora da corrida e deixe que sua mente esteja em calma harmonia com o Tao, em vez de se preocupar e lutar. A linha final dessa passagem do *Tao Te Ching* diz tudo, instruindo-o para mudar como você vê sua vida ao "saber obter sustento da grande Mãe"!

A seguir, estão sugestões que vêm de Lao-tzu para você no 20º verso do Tao:

Pratique abandonar pensamentos sobre o que não está aqui agora.

Simplesmente permita misturar-se à perfeição do universo em que você vive. Você não precisa de outra coisa para ser feliz; tudo está sendo providenciado para você exatamente aqui, exatamente agora. Esteja neste momento e libere-se de lutar por algo mais ou por alguém diferente. Esse é um exercício mental que o colocará em contato com a paz do Tao. Afirme: *tudo é perfeito. O amor de Deus está em toda parte e não esquece de ninguém. Eu confio nessa força para me guiar, e não vou deixar o ego entrar agora*. Perceba como você se sente liberado quando relaxa nessa atitude livre de medos e preocupações.

Dê tempo a si mesmo para "relaxar e entregar-se a Deus" todos os dias.

Diga as palavras repetidamente para si mesmo até que possa realmente sentir a diferença. Relaxar é uma experiência física e psicológica notadamente distinta, muito diferente de lutar. Abra mão de suas exigências, junto com as crenças de que você não pode ser feliz por causa do que está supostamente faltando em sua vida. Insistir que você precisa do que não tem é loucura! O fato de que você está bem sem o que você acha que precisa é a mudança que deseja ver. Em seguida, você poderá notar que já tem tudo que precisa para estar tranquilo, feliz e satisfeito exatamente aqui e agora! Apoie-se nesse conhecimento e afirme repetidamente: *Estou relaxando e me entregando a Deus. Eu sou um glorioso bebê acalentado no seio da grande Mãe, que tudo provê.*

Pratique o Tao agora

Comece a perceber as situações nas quais você não está no momento porque está lutando para concluir ou atingir algo para um futuro benefício. Talvez você não perceba a frequência com que se empenha para realizar todos os tipos de coisas com a ideia de que, uma vez que o faça, finalmente terá o tempo necessário para fazer o que *realmente* quer. Esse é um dos modos mais perniciosos pelos quais muitos de nós inconscientemente impedimos (ou adiamos perpetuamente) uma vida livre de luta. É algo difícil de notar, e talvez seja mais fácil perceber quando seu tempo livre for tomado por membros da família ou emergências de trabalho.

Aqui está um exemplo: você tem trabalhado horas extras a semana inteira para ter um dia livre deliciosamente imaginado para [preencha a lacuna], quando sabe que seu cônjuge convidou um amigo de um amigo que nunca esteve nesta parte do país antes — e que você jamais encontrou — para ficar em sua casa.

Existem duas oportunidades de praticar viver sem lutar nessa situação. A primeira, claro, é pegar-se emaranhado na luta por benefícios futuros, percebendo o que está fazendo e focando no agora. A segunda vem após o exemplo dado, que é um exercício difícil, mas incrivelmente compensador. Pratique o Tao agora aceitando o que é oferecido — ou seja, reconheça que essa situação, de algum modo que seu ego lutador rejeita, está realmente sendo provida pela Grande Mãe.

21º verso

A maior virtude é seguir o Tao e apenas o Tao.

*O Tao é indefinível e intangível.
Embora informe e intangível,
ele dá origem à forma.
Embora vago e indefinível,
ele dá origem a formas.
Embora misterioso e obscuro,
ele é o espírito, a essência,
o alento de vida de todas as coisas.*

*Ao longo das eras, seu nome foi preservado
a fim de recordar o início de todas as coisas.
Como sei o modo de todas as coisas no início?
Olho para o meu interior e vejo o que está dentro de mim.*

Vivendo o paradoxo impalpável

Aqui no 21º verso do *Tao Te Ching*, Lao-tzu nos leva de volta exatamente à premissa inicial deste livro: viver o mistério. Ele retornou para a definição e a virtude da ideia, e a reafirmou com maior clareza e precisão. Nesta lição, não apenas ele nos pede para nos tornarmos conscientes da natureza indefinível do Tao, um princípio que simplesmente não pode ser definido com exatidão ou experienciado pelos sentidos, mas também que validemos essa conscientização ao nos reconhecermos como exemplos desse paradoxo indefinível.

Releia as últimas linhas deste importante verso: "Como sei o modo de todas as coisas no início? Olho para o meu interior e vejo o que está dentro de mim." Agora retroceda totalmente até seu próprio início — como você chegou aqui? Não me refiro a uma gotinha ou partícula de protoplasma humano; retroceda mais ainda. A física quântica ensina que as partículas surgem de um campo de energia invisível e informe. Assim, toda a criação, inclusive a sua própria, é uma função do movimento: da energia informe para a forma, do espírito para o corpo, do Tao inominável para um objeto nominável. O processo de criação, junto com o tema de entender a condição do inomeável eterno, atravessa todo o *Tao Te Ching*. Esse é o paradoxo indefinível que você está convidado a contemplar, permitir e experienciar. Você pode conhecê-lo ao examinar a própria natureza e reconhecer que o mesmo princípio que cria tudo está animando cada um de seus pensamentos e suas ações.

Neste momento, tome a decisão simples de mexer seu dedo indicador. Agora mexa os dedos dos pés. Depois, levante o braço. Finalmente, pergunte-se: *o que me permite fazer esses movimentos?* Em outras palavras, o que permite que você veja formas e cores? Qual a força por trás de seus olhos que indica a você invisivelmente para processar o céu como azul ou uma árvore como alta? Qual é a energia informe que sintoniza uma vibração em algum lugar em seu ouvido para dar origem ao som?

O que tudo isso é, é informe e inominável. Sim, é vago. Sim, é obscuro. Quando passa a ver o mundo dessa maneira, passa a conhecer aquele aspecto de si mesmo. É isso que Lao-tzu descreve como "o alento de vida de todas as coisas", e isso não precisa continuar um mistério. Você tem o mesmo Tao eterno dentro de si e o emprega um milhão de vezes por dia. Está em você... ele *é* você.

Este verso de longo alcance do *Tao Te Ching* pede que você desista de buscar resultados em dinheiro, conquistas, aquisições, fama e assim por diante. Em vez disso, dirija sua atenção para a energia no início de todas as coisas — o indefinível e intangível Tao. A maior virtude de todas é descobrir essa força informe e inominável dentro de si mesmo. Conheça-a olhando para seu interior e vendo-a operando em todos os seus pensamentos e em suas ações.

É isso que Lao-tzu estava transmitindo a você mais de 2.500 anos antes de seu nascimento.

Sinta uma sede insaciável pela força intangível e enigmática que sustenta toda a vida.

Comunique-se com a Fonte regularmente: peça sua orientação, e medite sobre sua sacralidade. Quanto mais você praticar a reverência benevolente pelo Tao invisível, mais se sentirá conectado a ele. A presença de uma conexão conhecida com o Tao o liberará das preocupações, do estresse e da ansiedade, que são o jeito do ego de olhar o mundo. Embora outros à sua volta possam permanecer focados em sua busca por riqueza, fama e poder, você perceberá isso e sorrirá compassivamente enquanto pratica estar em um estado de gratidão pelo "alento de vida de todas as coisas", incluindo a si mesmo. Você se sentirá seguro e protegido ao saber que está em uma parceria divina com o Tao, que tudo sabe e que tudo provê.

Sugiro que você simplesmente faça uma pausa ou duas, várias vezes ao dia, para dizer em voz alta "Obrigado, Deus, por tudo". Faça disso seu próprio ritual pessoal respeitoso. Na verdade, exatamente um momento atrás, eu disse essas mesmas palavras: "Obrigado, Deus, por permitir que estas palavras apareçam, supostamente por meio de minha escrita. Eu sei que a Fonte de tudo, inclusive destas palavras, é o Tao indefinível e intangível."

Memorize as duas últimas linhas deste verso e, silenciosamente, as recite quando necessário.

Repita estas duas frases: "Como sei o modo de todas as coisas no início? Olho para o meu interior e vejo o que está dentro de mim." Fazer isso o lembrará de que o Tao vem da verdade que está dentro de você o tempo todo. Desista de tentar convencer qualquer um sobre a correção de sua visão — quando eles estiverem prontos, seus próprios professores certamente aparecerão.

Aqui está um pensamento final sobre a natureza indefinível do Tao, escrita por Hafiz muitos séculos após a morte de Lao-tzu:

Se você acha que a Verdade pode ser conhecida
Pelas palavras,

Se você acha que o Sol e o Oceano
Podem passar por aquela pequenina abertura chamada boca.

Oh, alguém deveria começar a rir!
Alguém deveria começar a rir loucamente —
Agora!

Pratique o Tao agora

Hoje, torne-se consciente da força que permite todo o seu movimento. Por cinco minutos em sua meditação, fique no "espaço" entre seus pensamentos e perceba a Fonte invisível, indefinível mas onipresente que permite que você fale, ouça, toque e se mova. (Criei uma meditação que pode ajudá-lo nesse processo, e ela está incluída em meu livro *Getting in the Gap*.)

22º verso

Os flexíveis são preservados intactos.
Os que curvam tornam-se retos.
Os vazios são cheios.
Os esgotados tornam-se renovados.
Os pobres são enriquecidos.
Os ricos estão desorientados.

Portanto, o sábio escolhe o primeiro.
Como ele não se expõe,
as pessoas podem ver sua luz.
Como ele não tem nada a provar,
as pessoas podem confiar em suas palavras.
Como ele não sabe quem ele é,
as pessoas se reconhecem nele.
Como ele não tem um objetivo em mente,
tudo que ele faz tem sucesso.

O velho ditado de que os flexíveis são conservados intactos é bastante certo!
Se você verdadeiramente atingir a totalidade,
tudo virá até você.

Vivendo com flexibilidade

Por ter vivido perto do mar por muitos anos, observei a beleza e a majestade das altas palmeiras que crescem à beira d'água, geralmente medindo de 9 a 12m de altura. Esses imponentes gigantes são capazes de resistir à enorme pressão que os ventos com a força de um furacão geram quando sopram a velocidades superiores a 300km/h. Milhares de outras árvores no caminho das grandes tempestades são arrancadas e destruídas, enquanto as imponentes palmeiras permanecem presas nos próprios seres enraizados, controlando orgulhosamente sua região de modo geral dizimada. Então, qual é o segredo das palmeiras para permanecerem inteiras? A resposta é flexibilidade. Elas se curvam quase que até o chão às vezes, e é exatamente essa habilidade que permite que permaneçam intactas.

Nesse 22º verso do *Tao Te Ching*, Lao-tzu o convida a adotar uma qualidade de elasticidade semelhante. Comece sentindo a unicidade que é o Tao ao prover sua maleabilidade e aterramento, ajudando você a resistir às tempestades de sua vida de modo tão flexível quanto a maleável palmeira. Quando a energia destrutiva se aproximar, permita a si mesmo resistir à destruição ao se curvar. Aproveite as ocasiões em que puder fazer a escolha de aguentar a tempestade, permitindo que ela passe por você sem resistência. Ao não lutar, mas, em vez disso, relaxar e acompanhar tudo o que encontrar, você entrará no "tempo do Tao".

Este verso sugere um benefício adicional de totalidade, que atrai tudo para você. Ou seja, se você quer abundância, conhecimento, saúde, amor e todos os outros atributos que personificam o Tao, precisa estar receptivo a eles. Lao-tzu ensina que você deve estar vazio para se tornar cheio, pois os apegos o mantêm tão limitado que nada consegue penetrar em seu ser já cheio. Estar vazio, nesse sentido, significa não estar cheio de crenças, posses ou ideias motivadas pelo ego, mas permanecer aberto a *todas* as possibilidades. Isso é manter o Tao inominável: ele não se restringe a um ponto de vista em especial ou um modo singular de fazer as coisas; ele anima a tudo. De modo semelhante, a pessoa flexível está aberta a todas as possibilidades — não há nada para ela provar, porque o Tao, não o ego, está no comando.

A consciência do Tao alimenta a flexibilidade, e a remoção de sua rigidez cria uma atmosfera de confiança. Quando você vive sob a perspectiva de ser capaz de dizer "Eu não sei ao certo, mas estou disposto a ouvir", torna-se uma pessoa com quem as outras se identificam. Por quê? Porque sua flexibilidade deixa que elas vejam que seus pontos de vista são benvindos. Ao estar aberto a todas as possibilidades, todos que o encontrarem sentirão que as ideias deles têm valor e que não há necessidade de conflito.

Quando você se conectar mais e mais com sua natureza do Tao, começará a perceber que esse princípio está permanentemente presente, disponível em todos os momentos. Em outras palavras, o Tao não está tentando chegar a um lugar diferente de onde ele está. Ele não tem metas, nenhum desejo, nenhum julgamento; flui em toda a parte porque ele é a energia da criação. Estar em harmonia com o Tao implica estar livre de metas, imerso em tudo que você está fazendo sem preocupação com o resultado — apenas percebendo em cada momento e permitindo a si mesmo fluir com a Fonte criativa que está energizando tudo e todos no universo. Quando você vive desse modo, o fracasso torna-se uma impossibilidade. Como você pode falhar em ser autêntico e confiar completamente na sabedoria da Fonte de tudo? Com o fracasso removido de sua vida, você compreende o que Lao-tzu quer dizer quando afirma que "tudo que ele faz tem sucesso".

A seguir, estão mensagens de Lao-tzu quando ele escreveu esse 22º verso do *Tao Te Ching* há dois milênios e meio:

22º verso

Mude o modo como você vê as tempestades de sua vida.

Trabalhe para remover o ego como a influência dominante sobre você. Libere a necessidade de atenção de outros e perceba como as pessoas tornam-se atraídas para você naturalmente. Abra mão de ter de ganhar uma discussão e estar certo ao mudar o ambiente com uma declaração do tipo "Você está provavelmente certo. Obrigado por me dar uma nova perspectiva". Esse tipo de declaração dá a todos permissão para relaxar a rigidez, porque você não tem necessidade de provar estar certo ou mostrar que os outros estão errados. Se você mudar o modo como pensa, sua vida mudará, então esteja disposto a dizer "Eu não sei" ou "Eu nem sei por que agi assim". Como Lao-tzu lembra, quando você suspende sua altivez e rigidez, os outros se reconhecem em sua natureza flexível e, desse modo, confiam em você.

Imagine-se como uma alta palmeira imponente.

Seja um organismo sem metas ou objetivos — em vez disso, seja forte e bem-sucedido, capaz de se ajustar à força da natureza. Esteja disposto a se adaptar ao que quer que encontre em seu caminho ao primeiramente permitir a si mesmo experienciar aquela energia, tal qual a árvore que se inclina aos ventos do furacão. Quando a crítica vier, ouça. Quando as forças poderosas o empurrarem em qualquer direção, curve-se, em vez de lutar, incline-se, em vez de quebrar, e permita-se ser liberado de um conjunto rígido de regras — ao fazer isso, você estará preservado e inteiro. Mantenha a visão interior do vento simbolizando situações difíceis enquanto afirma: *não tenho rigidez em mim. Posso me curvar a qualquer vento e permanecer inteiro. Usarei a força do vento para me tornar ainda mais forte e conservado.*

Esse simples ensinamento é tão agradável que você se perguntará por que não percebeu isso antes. No tempo do Tao, reconheça a "tempestade" e depois permita que ela seja sentida em seu corpo — observe-a sem julgamento, exatamente como a árvore se curva ao vento. Quando a rigidez reaparecer, perceba isso também, permitindo que os ventos soprem enquanto você exercita o Tao no lugar do ego! Busque revelar a raiz de sua rigidez e obtenha maior flexibilidade nas tempestades da vida. Quando vistas como um tipo de oportunidade para se abrir à energia do Tao, as tempestades podem ser transformadas em eventos revigorantes que revelam mais de sua verdadeira natureza de amor.

Pratique o Tao agora

Ouça alguém expressar uma opinião que seja o oposto da sua hoje. Ela pode versar sobre qualquer um de uma variedade de assuntos, como política, meio ambiente, religião, drogas, guerra, pena de morte ou o que quiser. Recuse-se a impor sua posição e, em vez disso, diga: "Nunca considerei esse ponto de vista. Obrigado por compartilhar suas ideias comigo." Ao permitir que uma posição contrária seja ouvida, você rejeita a atitude do ego e acolhe a flexibilidade do Tao.

23º verso

*Falar pouco é natural:
Ventos furiosos não sopram a manhã toda;
a chuva pesada não dura o dia todo.
Quem faz isso? O Céu e a Terra.*

*Mas esses são efeitos exagerados e forçados,
e é por isso que eles não podem ser sustentados.
Se o Céu e a Terra não podem sustentar uma ação forçada,
quanto menos o homem consegue fazer?*

*Aqueles que seguem o Caminho
tornam-se unos com o Caminho.
Aqueles que seguem a bondade
tornam-se unos com a bondade.
Aqueles que se desviam do Caminho e da bondade
tornam-se unos com o fracasso.*

*Se você se harmoniza com o Caminho,
seu poder flui através de você.
Suas ações tornam-se aquelas da natureza,
seu jeito, aquele do céu.*

*Abra-se ao Tao
e confie em suas próprias respostas naturais...
assim tudo se encaixará no devido lugar.*

Vivendo de forma natural

Todas as *coisas* que são compostas acabam se decompondo. Perceba que enfatizo a palavra *coisa* — isso porque todas as coisas na Terra são temporárias e estão em um estado constante de mudança. Como você está neste planeta, você também é uma parte desse princípio de mudança e decomposição permanentes. Nesse 23º verso do *Tao Te Ching*, pede-se que você observe os modos da natureza e, em seguida, faça a escolha de viver harmoniosamente com eles.

A Natureza não tem de insistir, pressionar nem forçar nada: afinal, as tempestades não duram para sempre. Os ventos são fortes, mas depois eles cedem. O Tao cria de uma perspectiva eterna, mas tudo está em uma viagem de volta para casa a partir do momento em que começa a existir. Assim, Lao-tzu declara que, se você viver harmoniosamente com esse princípio simples, estará em sintonia com a natureza. Abra mão do desejo de forçar qualquer pessoa ou qualquer coisa e, em vez disso, decida conscientemente ser parte do padrão cíclico da natureza. Lao-tzu lembra que nem mesmo o Céu pode sustentar uma ação forçada. Em sua existência inerente, toda a ação tem uma existência temporária e retorna a um estado mais calmo. Em uma linguagem moderna, eu diria que "tudo acaba".

Os ensinamentos dessa passagem o convidam a fazer uma pausa no meio da luta ou tensão e lembrar que a serenidade e a paz estão a caminho. Esse verso enfaticamente indica que você sempre tem uma escolha! Em cada uma das situações, você pode escolher observar a energia exagerada e forçada. Ela pode estar tentando verbalmente controlar uma situação ou praguejando de como os eventos da vida estão se desenrolando; de qualquer modo, esses momentos podem ser convites para se abrir ao Tao, até mesmo no meio do caos e da aflição. É assim que se "segue o Caminho": lembre-se de como a natureza castiga forte e depois volta a se acalmar. Siga a bondade do Tao e você se tornará bom. Desvie-se da bondade e você se tornará uno com o fracasso.

Você é parte da lei da forma em tempo e espaço, composição e decomposição. Tudo na natureza está retornando à sua Fonte... A pergunta é: você deseja participar conscientemente dessa bondade natural ou prefere passar seus momentos em ansiedade e fracasso? A resposta do Tao a essa pergunta crucial não está em seu ego, pois ele acredita firmemente em sua capacidade de forçar as situações, a fazer as situações acontecerem ou a ser a pessoa no comando. O Tao indica que o Caminho é responsável por tudo, com uma naturalidade nele que não é forçada. Ele lhe lembra que o que parece tão devastador em um momento é a perfeição benevolente noutro. Quando você se adapta à naturalidade do universo, colabora com essa força que tudo cria e que flui através de você. Suspenda os planos dirigidos pelo ego e, em vez disso, participe da força que criou você — permita que *ela* seja a força orientadora em sua vida.

Aqui está o que Lao-tzu lhe diz, por meu intermédio, de sua perspectiva de 2.500 anos, nesse verso do *Tao Te Ching*:

Mude sua vida ao observar ativamente os modos da natureza.

Veja como as tempestades com trovoadas ou os ventos furiosos são condições temporárias que passam, em vez de pensar nelas como eventos destrutivos ou inconvenientes. Quando o que parece ser uma situação poderosa e desagradável surgir, procure pelo ciclo natural. Afirme: *trata-se de um contratempo temporário. Eu vou me liberar de ter de ser a pessoa no comando.* Em seguida, observe o que você está sentindo, com abertura para o que existe, neste momento. Lembre-se de que esse é o método da natureza. Centre sua mente no modo natural, em uma harmonia perfeita com a paciência do Tao universal.

23º verso

Mude sua vida ao confiar em sua capacidade para responder naturalmente às circunstâncias dela.

A princípio, isso pode envolver observar-se de um modo cordial, em vez de responder imediatamente. Quando você se sentir inclinado a tornar sua opinião conhecida, deixe esse anseio silenciosamente lhe dizer o que ele *verdadeiramente* deseja. Seu corpo sabe como ficar em paz e esperar as tempestades da vida passarem, mas você tem de permitir que ele sinta que você está acolhendo seus sinais. Mantenha-se imóvel e permita-se estar em harmonia com o criativo Tao, abrindo-se à sua força.

T.S. Eliot evoca o ciclo natural em seu poema "Quarta-feira de Cinzas":

> *Como eu sei que o tempo é sempre tempo*
> *E lugar é sempre e apenas lugar*
> *E o que é real é real apenas por um único tempo*
> *E apenas por um único lugar*
> *Eu me regozijo que as coisas sejam como são...*

Essa é a ideia: *regozijar-se* na serenidade do Tao.

Pratique o Tao agora

Passe um dia inteiro percebendo a natureza e os inúmeros momentos em que ela gira organicamente. Procure por pelo menos três maneiras como você gostaria de ser mais natural em sua resposta à vida. O gato se enroscando languidamente ao sol talvez simbolize como você gostaria de ser. Ou talvez seja a aurora lentamente iluminando a escuridão sem pressa. Talvez você prefira focar na maré confortavelmente indo e vindo, aparentemente sem julgamentos. Descubra suas imagens simbólicas, quaisquer que elas possam ser, e convide seus correspondentes no Tao para florescerem dentro de você.

24º verso

*Se você ficar na ponta dos dedos, não conseguirá ficar de pé com firmeza.
Se você der passos largos, não conseguirá caminhar muito longe.*

*Exibir-se não revela esclarecimento.
Pretensão não produz realizações.
Aquele que é o dono da verdade não é respeitado.
Aquele que se vangloria não dura.*

*Todos esses modos de agir são detestáveis, desagradáveis.
Eles são excessos supérfluos.
Eles são como uma dor no estômago,
um tumor no corpo.*

*Ao trilhar o caminho do Tao,
é isso exatamente que precisa ser
erradicado, rejeitado e deixado para trás.*

Vivendo sem excessos

Neste verso, Lao-tzu recomenda que o caminho do Tao precisa estar livre da erva daninha da importância pessoal excessiva. Afinal, as realizações têm origem na Fonte de toda a criação que Lao-tzu chama de "o Tao". Tudo que você vê, toca ou possui é uma dádiva do Tao; assim, é seu dever suspender seu ego e buscar uma atitude de gratidão e generosidade pela criatividade do Tao. Desse modo, você trilha o caminho do Tao ao se tornar como ele é, que é estar sempre em um estado de doação ilimitada. É para esse estado que o 24º verso do *Tao Te Ching* insiste que você volte.

Perceba como o fluxo natural do Tao opera: ele não lhe pede nada enquanto fornece a você e a todos suprimentos ilimitados de alimento, oxigênio, água, sol, terra e beleza. Ele está sempre criando para o benefício de todos, e ele não tem necessidade de se gabar orgulhosamente ou de exigir algo em troca.

Este poema de Hafiz vale ser repetido aqui para ilustrar a questão:

Mesmo
Após
Todo esse tempo
O Sol nunca diz para a Terra:

> *"Você tem uma dívida*
> *comigo."*
> *Olhe*
> *O que acontece*
> *Com um amor como esse,*
> *Ele ilumina o*
> *Céu*
> *Todo.*

O sol simboliza o Tao em funcionamento: ele oferece seu calor, luz e energia que dá vida a tudo, iluminando o globo sem qualquer exigência de reconhecimento. Imagine se o sol precisasse de atenção e exigisse elogios por seus esforços — ele só brilharia quando se sentisse mais valorizado ou quando recebesse pagamento por aquela energia doadora de vida! Logo o mundo seria excluído da magnificência do sol e, ao final, o planeta inteiro estaria coberto de escuridão enquanto guerras seriam deflagradas como maneiras de apaziguar o "deus do sol". É fácil ver por que Lao-tzu chama tais inclinações de pretensiosas e os donos da verdade como "odiosos" e parecidos com um "tumor no corpo".

Trilhe o caminho do Tao ao ser um doador, em vez de um tomador, provendo para outros e sem pedir nada em troca. Em seguida, veja seus desejos de se vangloriar e buscar aprovação como ervas daninhas surgindo em sua jornada. Ver a si mesmo como importante e especial por causa de seu talento artístico, por exemplo, é trilhar o caminho do ego. Trilhar o caminho do Tao significa que você expressa apreço pelas mãos que permitem que você crie uma escultura.

É assim que Lao-tzu recomenda que você trilhe o caminho do Tao, livre de seus desejos motivados pelo ego de ser reconhecido por todos os seus esforços e suas conquistas.

Mude sua vida ao escolher conscientemente estar em um estado de gratidão.

A jornada de sua vida mudará quando você enfatizar a gratidão por tudo que você é, tudo que realiza e tudo você recebe. Pratique repetir silenciosamente *Obrigado* durante todas as horas que estiver desperto, quando for dormir e quando acordar. Não tem realmente importância se

24º verso

você está agradecendo a Deus, ao Espírito, a Alá, ao Tao, a Krishna, ao Buda, à Fonte ou ao ser, porque todos esses nomes representam as grandes tradições de conhecimento. Dê graças pelo sol, pela chuva e por seu corpo, incluindo todos os seus componentes. Tenha dias de apreço pelo cérebro, pelo coração, pelo fígado e até pela unha do dedo do pé! Sua prática de gratidão o ajudará a focar na Fonte real de tudo, bem como a perceber quando estiver deixando que o ego domine. Faça disso uma prática diária silenciosa: dê graças pela cama, pelos lençóis, pelos travesseiros e pelo quarto em que você dorme à noite; e, pela manhã, diga *Obrigado* pelo que estiver à sua frente. Depois comece esse lindo dia fazendo algo bom para outro ser humano em algum lugar do planeta.

Mude sua vida ao examinar seu impulso de se gabar e ser o dono da verdade.

Quando você estiver prestes a se gabar para outros sobre suas credenciais ou realizações, sinta momentaneamente esse impulso e lembre-se do conselho de Lao-tzu de que "é isso exatamente que precisa ser erradicado, rejeitado e deixado para trás". No caminho do Tao, a aprovação interna é saudável e pura, enquanto gabar-se pretensiosamente é algo simplesmente supérfluo. Quando perceber seu hábito de vangloriar-se, você poderá escolher voltar para o caminho do Tao lembrando-se desse 24º verso do *Tao Te Ching*. Arrogância e comentários autoelogiosos poderão então ser vistos como ervas daninhas das quais você realmente não precisa. Ao se voltar para a humildade radical e ver a grandeza dentro de todos, você purifica sua vida da autoimportância excessiva... e esse é o caminho do Tao.

Pratique o Tao agora

Amanhã de manhã, faça algo que expresse sua bondade para alguém que seja totalmente surpreendido por seus atos. Envie um e-mail para alguém, expressando seu amor e apreço. Ligue para um avô que pode estar se sentindo solitário em uma instituição geriátrica. Envie flores para alguém que ame, que esteja sozinho ou até um estranho se necessário. Observe como sua gratidão por outros verdadeiramente incentiva seu caminho no Tao, não no do ego.

25º verso

Havia algo informe e perfeito
antes de o universo nascer.
É sereno. Vazio.
Solitário. Imutável.
Infinito. Eternamente presente.
É a Mãe do universo.
Por falta de um nome melhor,
eu a chamo de Tao.

Eu a chamo de grande.
O grande é infinito;
o infinito está eternamente fluindo;
sempre fluindo, ele está constantemente retornando.

Portanto, o Caminho é grande,
o Céu é grande,
a Terra é grande,
as pessoas são grandes.

Assim, para conhecer a humanidade,
compreenda a Terra.
Para conhecer a Terra,
compreenda o Céu.
Para conhecer o Céu,
compreenda o Caminho.
Para conhecer o Caminho,
compreenda o grande dentro de você.

Vivendo da grandeza

Muitos dos estudiosos que escreveram sobre o *Tao Te Ching* durante os séculos consideram esse 25º verso uma das mais importantes lições do manuscrito inteiro. Em minha pesquisa, todas as traduções dessa passagem na verdade incluem a palavra *grande* para descrevê-la.

Esse verso conta a história que mesmo antes do início existia "algo informe e perfeito". Ele continua dizendo que essa perfeição informe é a "Mãe do universo". Embora seja inominável, é chamada de "Tao", e é sinônimo do que é grande. Isso é, não há nada no Tao que seja o oposto de grande — não há nada que seja pequeno, insignificante, fraco, sem importância ou mesmo mediano.

A história parece querer que o leitor perceba que há uma energia pura e eterna que está em tudo no planeta e que permanece sem se contaminar com a aparência sólida da forma. A conclusão é uma diretriz para o aluno, que é você, leitor. Para conhecer essa perfeição informe, você precisa "compreender o grande dentro de si mesmo". Você é o personagem central dessa saga maravilhosa!

Como você é animado pelo eterno Tao, a mensagem desse conto de grandeza o convida a mudar o modo como você vive e ver a vida que está levando mudar. Você pode começar a fazer isso examinando seus pensamentos e suas ideias que sejam incongruentes com essa observação fenomenal feita por Lao-tzu, que tem sido repetida por outros no decorrer de toda a história. Em seu livro *The Journey*, que foi publicado em 1954, Lillian Smith a descreve assim:

> A necessidade que o indivíduo sente todos os dias da vida, muito embora não reconheça isso. Estar ligado a algo maior do que seu ser, algo mais vivo do que seu ser, algo mais antigo e algo ainda por nascer, que resistirá pelo tempo.

Esse "algo" que resistirá confirma sua grandeza, sua ligação absoluta com o infinito. Há um sentido de estar permanentemente alinhado ao tipo de parceiro sênior que é a própria grandeza.

Lao-tzu recomenda que você perceba o planeta, seu povo e os céus, e veja a grandeza. Depois, que olhe para si mesmo e veja que você é um componente de todos eles. Ou seja, auxilie o que parece ser o grande mistério da criação ao descobrir a grandeza dentro de você, depois desfrute da alegria de perceber a grandeza que você compartilha com o Céu, a Terra e todos os seus povos. Ao persistentemente se prender à própria "herança de grandeza", você garantirá que o sempre presente Tao esteja conscientemente disponível. Sob uma perspectiva de grandeza, somente a grandeza poderá surgir de você; sob uma perspectiva interior de inferioridade, você somente atrairá eventos que se alinhem a essas crenças.

Sua grandeza não será encontrada na sala de aula; em um aprendizado; com um professor; ou em comentários lisonjeiros de parentes, amigos ou amantes bem-intencionados. Ela está dentro de você. É crucial que você se torne consciente da grandeza que flui constantemente através de você — para fazer isso, encontre-a em momentos reflexivos de gratidão, e pare de ser influenciado por pontos de vista contrários.

Em especial, observe e ouça os comentários críticos que têm origem em seu próprio diálogo interno. Quando esses pensamentos surgirem em sua mente, deixe que eles lhe digam o que querem. Se você permitir que essas ideias não tão grandiosas falem, sempre descobrirá que o que elas realmente querem é sentir-se bem. Dê a elas o tempo necessário para acreditar que não há recompensa para sua existência e elas se fundirão com satisfação na grandeza dentro de você. O acesso a essa qualidade permitirá que você participe do todo maior, no qual a força do Tao flui livre de autoavaliações terríveis. Mude a maneira como você vive ao utilizar essa grandeza e sua vida mudará literalmente.

A seguir estão as ideias que Lao-tzu faria você adotar quando escreveu esse verso do *Tao Te Ching* cerca de 25 séculos atrás:

Confie na própria grandeza.

Você não é esse corpo que ocupa, que é temporário e que está no caminho de volta para o lugar algum de onde veio. Você é pura grandeza... precisamente a mesmíssima grandeza que cria toda a vida. Mantenha esse pensamento sempre em mente e você atrairá para si mesmo essas mesmas forças de criação: as pessoas certas aparecerão. Os eventos exatos que você deseja acontecerão. O financiamento aparecerá. Isso porque a grandeza atrai mais de seu próprio ser para si mesma, exatamente como os pensamentos de carência atuam sobre uma crença que garante que a insuficiência se tornará sua realidade. Afirme o seguinte para si mesmo repetidamente até que se torne sua resposta interior automática para o mundo: *eu venho da grandeza. Eu atraio a grandeza. Eu* sou *a grandeza.*

Procure por crenças que possam contradizer seu status como um ser de grandeza.

Pegue-se no meio de qualquer declaração que reflita a crença de que você é mediano. Converse silenciosa e amistosamente com essa crença e pergunte o que ela deseja. Ela talvez pense que tem de protegê-lo de decepções ou dor, como ela provavelmente já o fez antes em sua existência. Mas, ao continuar aceitando atenção, o sentimento acabará sempre admitindo que ele quer se sentir grande. Então deixe-o! Você é bom o bastante para suportar a decepção passageira e a dor que afetam a vida neste planeta — mas tentar proteger-se acreditando que você não incorpora a grandeza é um grande exagero.

Procure por essas crenças errôneas e dê a elas a chance de se transformar no que elas (e você) realmente querem. Seja o que for que você deseje tornar-se ou atrair para si mesmo, faça uma mudança interna de *isso provavelmente não acontecerá a mim* para *já está a caminho!* Então comece o processo de procurar até por diminutas provas de que o que você deseja já está realmente chegando. É fundamental manter este antigo axioma em mente: *eu obtenho o que penso, quer o deseje ou não.* Então pense em quanta sorte você tem de ter a grandeza localizada dentro de si mesmo. Agora você pode viver o paradoxo final: pode ser a grandeza e ser ninguém, simultaneamente.

Pratique o Tao agora

Copie as seguintes palavras e aplique-as a si mesmo: *eu vim da grandeza. Eu devo ser igual àquilo de que vim. Nunca abandonarei minha crença em minha grandeza e na grandeza dos outros.* Leia essas palavras diariamente, talvez afixando-as em um lugar no qual possa vê-las. Elas servirão para lembrá-lo da verdade de sua própria grandeza. Medite por dez minutos hoje, focando em sua grandeza interior.

26º verso

O pesado é a raiz do leve.
O tranquilo é o mestre da inquietação.

Ao perceber isso,
a pessoa bem-sucedida é
equilibrada e centrada
no meio de todas as atividades;
embora cercada pela opulência,
ela não é perturbada.

Por que o senhor do país
se agita como um tolo?
Se você deixar-se levar para lá e para cá,
perderá a conexão com sua raiz.
Ser inquieto é perder o autodomínio.

Vivendo com tranquilidade

Nesse verso do *Tao Te Ching*, você está sendo aconselhado a manter um senso de serenidade independentemente do que possa estar vendo acontecer à sua volta. Além disso, você está sendo advertido para o fato de que o verdadeiro mestre sabe que a capacidade de permanecer calmo está sempre localizada no interior. Sob essa perspectiva, não há necessidade de atribuir responsabilidade a outros sobre como você se sente. Muito embora possa viver em um mundo no qual a culpa e a mania de criticar sejam endêmicas, você reconhecerá seus sentimentos e suas ações. Saberá que as circunstâncias não determinam seu estado de espírito, pois aquela força permanecerá com você. Quando mantiver uma postura interior pacífica, mesmo no meio do caos, mudará sua vida.

A sabedoria deste verso do *Tao Te Ching* o inspira a saber que você tem uma escolha. Você quer estar em um estado de confusão ou ter uma imagem interior tranquila? Só depende de você! Equipado com esse conhecimento, o mestre do Tao não permite que um evento externo seja uma perturbação. Lao-tzu lhe diz que atribuir culpas por sua falta de tranquilidade jamais o levará ao estado de existência que você está empenhado em alcançar. O autodomínio só florescerá quando você praticar a conscientização do que estiver sentindo e for responsável por isso.

Você provavelmente desejará mergulhar reiteradas vezes nessa parte especial do *Tao Te Ching*. Afinal, o que poderia ser melhor do que a liberdade de viver sem sentir que as pessoas e as circunstâncias o controlam sem a sua permissão? Você está deprimido? Irritado? Frustrado? Extasiadamente apaixonado? Qualquer que seja seu estado atual, se você acreditar que um quadro econômico diferente ou um conjunto de eventos ocorrendo à sua volta são responsáveis por ele — e se usar esses fatores externos para explicar seu estado de espírito interior —, será porque perdeu a conexão com a raiz. Por quê? Porque você estará permitindo a si mesmo ser "levado para lá e para cá" pelos diferentes ventos das circunstâncias.

A solução para uma vida de inquietação é escolher a serenidade. A calma do Tao não conhece qualquer agitação no mundo das dez mil coisas. Seja como o Tao, recomenda Lao-tzu: "O tranquilo é o mestre da inquietação." Você tem uma escolha a cada momento, então pode decidir ser o *hospedeiro* de Deus e carregar consigo a tranquilidade que é o Tao ou pode ser um *refém* de seu ego, que insiste que você não pode realmente deixar de se sentir perturbado quando está em circunstâncias que lembram um pandemônio.

Aqui está o que Lao-tzu oferece a você neste texto profundamente simples da vida profundamente simples que ele escolheu 2.500 anos antes da sua:

Prometa buscar uma resposta interior calma para as circunstâncias de sua vida.

No meio de qualquer tipo de inquietação — seja uma discussão, um congestionamento de trânsito, uma crise financeira ou qualquer outra coisa —, tome uma decisão imediata que você encontrará o centro calmo de si mesmo. Ao não pensar no que está acontecendo e, em vez disso, respirar profundamente por algumas vezes enquanto faz a opção de esvaziar sua mente de julgamentos, você tornará impossível "agitar-se com um tolo" mentalmente. Você tem a capacidade inata de escolher a tranquilidade frente a situações que levam os outros à loucura. Sua disposição de fazer isso, especialmente quando o caos e a raiva já foram suas escolhas anteriores, coloca-o em contato com o "mestre da inquietação". Houve uma época em que eu achava que isso era impossível. Agora eu sei que, mesmo no mais terrível dos momentos, minha reação é escolher a serenidade... o caminho do Tao.

Não perca a conexão com a raiz.

Com uma declaração por escrito ou uma imagem colocada estrategicamente em sua casa e em seu escritório, lembre-se de que ninguém pode fazer você perder conexão com a raiz sem seu consentimento. Afirme o seguinte com frequência: *tenho a capacidade de permanecer equilibrado e centrado, independentemente do que estiver ocorrendo diante de mim.* Em seguida, prometa pôr esse novo modo de ser em prática da próxima vez que uma situação de inquietação surgir. Faça o trabalho mental antecipadamente e você alcançará o autodomínio indicado por Lao-tzu neste verso. Mais importante: você estará em harmonia com o Tao, que é seu chamado supremo.

Pratique o Tao agora

Sente-se em um lugar tranquilo e imagine aquela pessoa com quem você tem algum tipo de conflito há muito tempo sentada bem à sua frente Agora, diga em voz alta diretamente para ela: "Eu a perdoo. Eu a cerco de amor e luz, e faço o mesmo pela minha própria pessoa." Isso colocará a mensagem do 26º verso do *Tao Te Ching* em funcionamento para você, ao produzir um sentido de calma.

27º verso

Um conhecedor da verdade
viaja sem deixar vestígios,
fala sem causar danos,
dá sem manter registro.
A porta que ele fecha, embora não tenha tranca,
não pode ser aberta.
O nó que ele dá, embora não use corda,
não pode ser desfeito.

Seja sensato e ajude a todos os seres imparcialmente,
sem abandonar ninguém.
Não desperdice oportunidades.
Isso é chamado de seguir a luz.

O que é um bom homem senão um professor do homem mau?
O que é um homem mau senão um trabalho do homem bom?
Se o professor não é respeitado
e o aluno não é cuidado,
a confusão surgirá, por mais que se seja inteligente.
Esse é o grande segredo.

Vivendo pela sua luz interior

Por apenas um momento, imagine seus bens mais valiosos, incluindo uma grande soma de dinheiro, sobre a mesa em seu quarto e à vista de qualquer um que possa entrar. Agora imagine que sua pilha de joias preciosas, dinheiro e documentos importantes está completamente protegida — não há necessidade de seguro e ninguém jamais poderá roubar seu tesouro. Esse estado de total confiança é possível? Penso que sim, especialmente quando ele é incentivado nesse 27º verso do *Tao Te Ching*: "A porta... embora não tenha tranca, não pode ser aberta."

O "conhecedor da verdade" vive por sua luz interior. Essa iluminação brilha sobre o fato de que roubar não é o caminho da verdade, então é desnecessário trancar tudo. Os bens estão seguros entre aqueles que vivem por uma luz interior, que reflete a perfeição do Tao. É a Fonte que você é estimulado a carregar sempre consigo e consultar quando sentir necessidade de ajuda ou direção.

Lao-tzu o aconselha a dar sem manter registro ou esperar algo em troca, pois essa é a natureza do Tao — e você é do Tao. Dar é sinônimo de receber quando você vive por meio dessa iluminação. Confie na luz interior para guiá-lo, pois ela é sua herança. Sua origem é mais do Tao do que dos pais, da cultura ou do país.

Também é importante que você viva mais espontaneamente — você não precisa arrematar caprichadamente cada detalhe de sua vida. Compreenda isso e você poderá viajar sem se apegar a um plano que cubra todos os cenários possíveis. Sua luz interior é mais confiável do que qualquer guia, e o orientará na direção mais benéfica para você e todos que você encontrar. Quando você desenvolver a confiança no Tao, mudará o modo como vê a vida. Você se maravilhará com a luminosidade e a clareza do que começar a ver: medo, ansiedade, estresse e inquietação simplesmente se tornarão aspectos de você mesmo vistos no brilho do Tao, como velas assinalando seu caminho e ajudando-o a amar a todos como parte de você mesmo.

Lao-tzu o aconselha a "ser sensato e ajudar a todos os seres imparcialmente, sem abandonar ninguém" — ou seja, você não precisa das regras de ninguém para ajudar os outros. Dar de si se torna sua resposta natural porque você está seguindo a luz interior do Tao. Você e o ato de dar são unos; você e o ato de receber são unos. Nesse tipo de organização, não há alguém que não seja você.

As linhas mais reveladoras deste verso lhe fazem lembrar que um homem bom é apenas o professor do homem mau, e que o homem mau é apenas o trabalho do homem bom. Esse é um modo extremamente libertador de ver a vida e eliminar o estresse e a raiva: se você perceber a si mesmo como uma pessoa "boa", então aqueles que você chama de "maus" — inclusive criminosos condenados ou inimigos do outro lado do mundo — serão o seu trabalho! Experimente a visão de que você está aqui para ensinar a si mesmo e a outros de algum modo, e que o trabalho é elevar a energia coletiva de nosso universo inteiro. Cultive a consciência da luz interior que está dentro de todos. *Seja* o Tao!

Basicamente, todas as traduções do *Tao Te Ching* que examinei referem-se a todos nós como sendo um, e nós todos precisando estar a postos uns para os outros. O grande segredo é este: não desperdice qualquer oportunidade, não abandone ninguém, respeite os professores e cuide dos alunos. Dois mil e quinhentos anos depois, o Tao continua de difícil compreensão para a maioria de nós por ser praticado com tão pouca frequência. Entretanto, ele tem de ser instilado em nós se quisermos um dia caminhar, verdadeiramente, na luminosidade do Grande Caminho.

27º *verso*

Torne-se um "conhecedor da verdade", como Lao-tzu aconselha, ao esquecer trancas, correntes, mapas e planos. Viaje sem deixar vestígios, confie na bondade que é a raiz de tudo e, em vez de amaldiçoar a escuridão que parece tão ameaçadora, estenda-se com aquela luz interior e deixe que ela brilhe sobre aqueles que não estão enxergando a própria herança no Tao.

Desse antigo trono espiritual, Lao-tzu está dizendo a você para aplicar esses novos modos:

Confie em si mesmo.

Desenvolva um código de conduta interior que se baseie exclusivamente em sua conexão irreversível com o Tao. Quando você confia nessa sabedoria que o criou, está confiando em si mesmo. Saiba que nada poderá jamais desviá-lo de seu código interno de honestidade, e viva sob esse padrão. Se você encontrar uma oportunidade fácil para trapacear, talvez ao ter recebido um troco a mais de um caixa apressado, tome a decisão de ser honesto até o último centavo. Além disso, confie em si mesmo para sair em viagem com uma quantidade mínima de planejamento. Permita-se confiar na energia do Tao para guiá-lo, em vez de se fiar em planos fixos organizados por outra pessoa.

Não faça julgamentos sobre si mesmo ou sobre os outros.

Não critique o comportamento ou a aparência daqueles que você avaliou como "pessoas más". Em vez disso, mude seus pensamentos para algo mais parecido com estas frases: *eu sou meu próprio aluno e tenho essa oportunidade de aprender que estou instruindo, em vez de julgando. Agora deixarei de criticar a mim mesmo ou qualquer outra pessoa, e ensinarei ao estar no Tao.* Se o mundo todo das dez mil coisas conhecesse a verdade simples que somos todos um, em minha opinião, as guerras, as hostilidades, a confusão e até as doenças cessariam de existir.

Por que não ser um indivíduo que escolhe respeitar a si mesmo e todos os outros como professores *e* como alunos? Quando você vir o mundo como pleno de oportunidades para ajudar, com um pensamento e uma ação de cada vez, você estará vivendo por sua luz interior.

Hafiz, o grande poeta Sufi, fala disso em seu poema "Sem mais despedida":

*Em
Algum momento
Sua relação
Com Deus
Irá
Tornar-se assim:
Da próxima vez que você O encontrar na floresta
Ou em uma rua cheia de gente*

Não haverá mais

"Despedida".

Ou seja,

*Deus subirá em
Seu bolso.*

Você levará apenas

A si mesmo

Consigo!

Pratique o Tao agora

Encontre uma pessoa rotulada de "má" e use essa oportunidade para fazer seu trabalho. Comporte-se como um professor ao ajudar e enviar uma mensagem amorosa a ela — talvez você lhe passe um livro, envie um e-mail ou uma carta ou dê um telefonema. Simplesmente faça algo como uma pessoa "boa" hoje, mesmo que seja para um estranho que viva em uma cela da prisão. Ele é sua tarefa nesse momento.

28º verso

Conheça a força do homem,
mas conserve o carinho de uma mulher!
Seja um vale sob o Céu;
se você fizer isso, a virtude constante
não esvanecerá.
A pessoa se tornará um criança novamente.

Conheça o branco,
conserve o negro,
e seja o padrão do mundo.
Ser o padrão do mundo é
mover-se constantemente no caminho da virtude
sem desviar-se um único passo,
e voltar novamente para o infinito.

Aquele que entende o esplendor
enquanto mantém a humildade
age de acordo com a força eterna.
Ser a fonte do mundo é
viver a vida abundante da virtude.

Quando o não formado é formado em objetos,
suas qualidades originais são perdidas.
Se você conservar suas qualidades originais,
poderá governar qualquer coisa.
De fato, o melhor governante governa o mínimo.

Vivendo virtuosamente

Nesse verso, a palavra *virtude* é sinônimo de "natureza" ou "o Tao". Ao ser uno com a natureza, o sábio está de acordo com o Tao e é uma pessoa virtuosa na vida diária. Aqui, Lao-tzu fala sobre seu caminho pessoal, e também de um modo de governar os outros orientado pelo Tao. Esses outros podem ser seus familiares, colegas de trabalho, parceiros de negócios, amigos e até o processo inteiro de governo se você estiver em uma posição política. Na verdade, muito do *Tao Te Ching* está focado em ensinar a todos nós como criar um governo que esteja de acordo com esses elevados princípios do Tao. É minha mais ardente intenção divulgar esses ensinamentos por todo o mundo, de modo que facilite a transformação de todos aqueles que se autodenominam "líderes" e estão destinados a posições de poder ou que já as estejam ocupando.

Cada pessoa tem a capacidade inata de inflamar mudanças maciças que podem levar a tranquilidade, harmonia e paz, que são nossa herança. Lao-tzu chama isso de preservar nossas "qualidades originais". Essas qualidades requerem o mínimo de governo, então parece natural ver que comandamos melhor ao permitirmos que nossa natureza do Tao, que governa o mínimo, floresça!

Viver virtuosamente é o que você faz quando permite que o Tao o guie. O conselho de Lao-tzu para agir assim está contido em quatro imagens distintas nesse verso:

1. "Seja um vale sob o Céu" é a primeira. Deixe o rio da vida fluir através de você. Como um vale sob o Céu, você é um lugar fértil de graça onde tudo é recebido e permitido. Você pode ver isso como a área mais baixa no espectro das dez mil coisas, ou como o ponto no qual você pode ver todas as coisas fluindo acima de você. Nesse lugar de humildade, a virtude constante do Tao nunca esvanecerá. Para mim, isso significa viver pela humildade radical. Então, abaixe-se (se você puder) até o nível dos olhos de uma criança pequena. Ao olhar para cima, veja se as "qualidades originais" estão mais visíveis. Seja como o vale sob o Céu, pronto para adotar e cuidar das sementes que sopram em sua direção.

2. "Seja o padrão do mundo" é a segunda imagem que o convida a viver virtuosamente. Veja a natureza não prejudicada pela cultura, como na perfeição de um bloco não talhado de madeira. O padrão do mundo, intocado por seres humanos, é o projeto do Tao. Então, em vez de insistir em mudar ou resistir, você é estimulado a tocar seu barco e sua vida suavemente rio abaixo. Confie na perfeição do Tao para levá-lo alegremente de volta a seu lugar perfeito de origem. Lao-tzu está basicamente dizendo para você se entregar e aceitar o Tao. Rejeite o ego, que você criou, e permita-se estar no mundo ao mudar como você olha para o mundo.

3. "[Aja] de acordo com a força eterna" é a terceira imagem para viver virtuosamente. Limite-se a completar por um momento a ideia de uma fonte no mundo, que nunca desaparece, nunca termina e que está lá além das idas e vindas das dez mil coisas. Esse tipo de força é aquela que cria e depois se retira, forma-se e depois se converte em informe. Está sempre lá, um gêiser interminável esguichando a abundante vida de virtude.

Você está de acordo com a força eterna quando suspende seu ego e torna-se consciente do Tao fluindo nessa fonte que é você. Imagine-se vertendo, não de suas ideias de autoimportância e de sua necessidade de poder externo sobre outros, mas de uma Fonte incessante de bondade e virtude que está em harmonia com sua natureza infinita. Mude a imagem de si mesmo para a de um ser que está em conformidade com a força eterna, e a vida virtuosa que deseja ficará visível.

4. "Conserve suas qualidades originais" é a quarta imagem de viver virtuosamente, e uma que adoro. Suas qualidades originais são aquelas que eram você antes de existir um você! Isso é o que Jesus quis dizer por "E agora, Pai, glorifica-me em ti com a glória que eu tinha contigo antes que o mundo existisse" (João 17,5). Imagine, se for possível, o que significa "antes de o mundo existir". As qualidades originais que Lao-tzu menciona são o amor, a bondade e a beleza que definiam sua essência antes que você fosse formado em uma partícula e depois em um ser humano. Em outras palavras, viver virtuosamente não tem nada a ver com obedecer às leis, ser um bom cidadão ou satisfazer alguma ideia exteriormente inspirada de quem você deva se tornar.

Este verso penetrante do *Tao Te Ching* lhe diz como viver virtuosamente. Seja um vale sob o Céu ao ser humilde e permitir que opostos aparentes fluam através de você. Seja o padrão do mundo ao *ver* o padrão de seu mundo e viver em harmonia sem impor o ego a outros. De acordo com a força eterna, seja uma fonte do planeta ao emitir, conscientemente, de um oceano infinito de bondade e virtude que é seu direito hereditário. Conserve suas qualidades originais ao recuperar e reinteirar-se da essência do Tao, que antecedeu seu nascimento em forma e é sua qualidade original.

Aqui está o que Lao-tzu lhe oferece de sua perspectiva de 2.500 anos neste 28º verso do *Tao Te Ching*:

Considere o exato oposto do que você foi condicionado a acreditar.

Em vez de lutar para ver a si mesmo como superior aos outros, talvez você escolha a autoimagem de um vale. Dessa posição aterrada, fértil e receptiva, esteja disposto a ouvir e receber. Ouça com atenção quando estiver inclinado a oferecer conselhos. Seja uma humilde fonte da terra, em vez de uma pessoa soberba inspirada pelo ego. Na última linha do 28º verso, Lao-tzu é claro a esse respeito: "De fato, o melhor governante governa o mínimo." Isso não é um conselho para diminuir sua opinião sobre si mesmo, mas para se perceber conectado tão fortemente com sua Fonte de existência que você sabe e confia que é uma parte dela.

Substitua toda a negatividade por amor.

Kahlil Gibran, o poeta espiritual libanês, certa vez recomendou que, "se você não pode trabalhar com amor, mas apenas com aversão, é melhor deixar seu trabalho e sentar-se no portão do templo, aceitando as esmolas daqueles que trabalham com alegria". Comece ativamente o processo de conservar suas qualidades originais ao ser um instrumento do Espírito, especialmente em lugares nos quais você considere fácil se esquecer de seu próprio ser virtuoso verdadeiro.

Pratique o Tao agora

Seja como uma criança pelo menos uma vez por dia. Selecione, de modo deliberado, uma situação tipicamente estressante e torne-se um vale do Céu. Brinque em vez de labutar, mesmo enquanto estiver em seu trabalho! Ria, em vez de manter um ar solene. Fique em um estado de admiração por um momento ou dois. Por exemplo, encontre uma teia de aranha e simplesmente veja o milagre diante de você: uma pequenina criatura tecendo uma rede perfeita maior do que ela para pegar insetos voadores para o jantar... uau!

29º verso

Você acha que pode assumir o comando do universo e melhorá-lo?
Eu não acredito que isso possa ser feito.

Tudo sob o Céu é um vaso sagrado e não pode ser controlado.
Tentar controlar leva à ruína.
Ao tentar dominar, perdemos.

Permita que sua vida se desenrole naturalmente.
Saiba que ela também é um vaso de perfeição.
Exatamente como você inspira e expira,
há um tempo para estar à frente
e um tempo para estar atrás;
um tempo para estar em movimento
e um tempo para estar em repouso;
um tempo para estar revigorado
e um tempo para estar extenuado;
um tempo para estar seguro
e um tempo para estar em perigo.

Para o sábio
toda a vida é um movimento em direção à perfeição,
então que necessidade tem ele
do excesso, do extravagante ou do extremo?

Vivendo pela lei natural

Esse verso fala de uma lei natural que não é afetada pelo ego. A mensagem? Você não está no comando — nunca esteve e nunca estará. Então você é aconselhado a abandonar quaisquer ideias que tenha sobre controlar a tudo e a todos, inclusive a si mesmo. É uma lição difícil para a maioria de nós. Como Lao-tzu diz no início deste verso: "Eu não acredito que possa ser feito."

Entretanto, aqui está um dos cérebros científicos mais famosos do mundo, Albert Einstein, comentando essa lei:

> O sentimento religioso [do cientista] assume a forma de uma surpresa extasiada ante a harmonia da lei natural, que revela uma inteligência de tal superioridade que, em comparação, todo raciocínio e toda ação sistemática dos seres humanos é um reflexo totalmente insignificante. Esse sentimento é o princípio orientador de sua vida e de seu trabalho...

É a esse sentimento que eu o incentivo a voltar enquanto coloca em prática a sabedoria do 29º verso do *Tao Te Ching*. A sintonia com esse sentimento extasiante de assombro ante a sagrada perfeição do mundo o ajuda a liberar seu desejo de controlar a tudo e a todos. Fazer isso lhe permitirá viver na "harmonia da lei natural", como Einstein a descreve.

Lao-tzu lembra que "tudo sob o Céu é um vaso sagrado", que não precisa de sua contribuição. Como você também é parte de tudo, talvez precise mudar o modo como olha sua vida e tudo que tem acontecido nela, bem como sua visão do futuro. Quer você concorde ou não, quer você goste ou não, tudo nela está fora do domínio de seu ego. Tudo está se desenrolando de acordo com a mesma lei natural que faz as estações seguirem-se uma às outras, a lua dar a impressão de subir e descer, as baleias percorrerem os mares, e os pássaros migrarem e retornarem sem a ajuda de um mapa ou sistema de orientação criado pelo homem. Quando você vir sua vida desse modo, começará a entendê-la evoluindo organicamente.

O Tao é a lei natural, não uma força controladora que o está manipulando. Em *O tao da filosofia*, Alan Watts nos lembra que Lao-tzu disse uma vez: "O Grande Tao flui em toda a parte, tanto para a esquerda quanto para a direita. Ele ama e nutre todas as coisas, mas não exerce domínio sobre elas." O Tao é o princípio diretivo de Deus, não o senhor e o mestre da natureza. Ele não é um controlador obsessivo com fome de poder e dominado pelo ego! Sentir-se superior é uma criação humana. O Tao não age como chefe, impondo-se a você ou a qualquer pessoa. Ele simplesmente permite que toda a criação revele-se a si mesma com um timing perfeito... e tudo que é revelado é sagrado porque é uma parte do Tao livre de ego.

Sugiro que você arranje um tempo tranquilo para reler este verso e refletir sobre a natureza sagrada de tudo em sua vida. Inclua as experiências passadas que você tenha responsabilizado por tê-lo impedido de ter a abundância, a saúde ou a felicidade que você queria e até esperava. Pense no conselho de que há um tempo para tudo: do mesmo modo que você precisa inspirar para expirar, pode vivenciar o que estiver adiante também como uma "experiência de estar atrás". Todas aquelas vezes em que você se sentiu traído, abandonado, maltratado, amedrontado, nervoso ou incompleto — todas elas aconteceram segundo uma lei natural que também levou você a se sentir cuidado, protegido, amado, confortado e pleno. Há um tempo para tudo, incluindo o que você está vivendo hoje.

29º verso

Comece a reconhecer que cada momento de sua vida está de acordo com o Divino Tao. Ao fazer isso, estará mudando de julgamento (e talvez de raiva) para gratidão por ser capaz de se sentir tanto cansado quanto descansado, tanto assustado quanto protegido, tanto desprezado quanto cuidado. Tudo isso é uma parte da lei natural. Sua "mente-ego" tenta protegê-lo da dor ao insistir que você pode aprender a eliminar alguns aspectos de sua vida. Entretanto, o sábio dentro de você deseja estar mais harmônico com a perfeição do Tao. Como você pode permitir isso? Lao-tzu o incentiva a evitar os extremos, os excessos e o extravagante, e saber que tudo está se desenrolando perfeitamente, mesmo que seus pensamentos lhe digam que está imperfeito. Esses pensamentos também precisam ter o próprio tempo, e no fluxo natural, eles serão substituídos pelos novos... que também surgirão no tempo certo.

Aqui está o que acredito que esse verso de Lao-tzu esteja lhe oferecendo de sua perspectiva de 2.500 anos:

Abandone a necessidade de controlar.

Comece um programa consciente de se entregar, e permitir que seu mundo e todos nele façam conforme estão destinados a fazer. Entregar-se é um processo mental: envolve uma fração de segundo para se interromper em seu modo de julgamento ou frustração e ter uma conversinha consigo mesmo imediatamente. Apenas lembre a si mesmo de recuar e ser uma testemunha, em vez de um protagonista, o que você pode fazer ao oferecer abrigo ao sentimento que estiver julgando. Convide a ordem natural divina para entrar simplesmente permitindo que aquilo que você está vivenciando prossiga sem crítica ou controle; desse modo, você avança para o centro. Pense na necessidade de controlar como um sinal para permitir que o Tao flua livremente em sua vida. A princípio, sua mente-ego talvez zombe enfaticamente da ideia de o Tao ser responsável pela evolução perfeita de tudo. Dependerá só de você reconhecer que sua crença de que o ego pode controlar a vida é uma ilusão.

Pratique reconhecer que há um tempo para tudo.

Quando você estiver no meio de um momento difícil, repita os versos oferecidos a você por Lao-tzu. Eu faço isso durante os exercícios de ioga, quando me sinto cansado ao manter uma posição pelo que parece ser um período longo demais. Lembro a mim mesmo: *há um tempo para estar extenuado, e há um tempo para estar revigorado.* Isso me liberta imediatamente de meu ego exigente, que está dizendo: *você não deveria estar sentindo-se tão cansado.* Você pode fazer o mesmo em qualquer momento de sua vida. Experiências de dor, perda, medo, raiva e até ódio parecerão evaporar quando você lembrar que isso é uma parte do perfeito florescer da lei natural; e logo haverá um tempo de conforto, paz e amor.

Aplique esse verso do *Tao Te Ching* ao criar sua afirmação personalizada quando observar fatos como crime, Aids, fome e guerra. Experimente algo como: *sim, parece haver um tempo para essas coisas, e eu escolho não ficar nos extremos de ressentimento e raiva. Mas há também meu desejo de fazer algo sobre essas circunstâncias — esse sentimento também é uma parte da lei natural se desenrolando. Eu escolho atuar sobre meu desejo interior de retificar essas condições. Ao permanecer internamente em paz e evitar os extremos, afetarei o mundo do mesmo modo amoroso que o Tao se manifesta eternamente no amor e na bondade.*

Não é o que você vê à sua volta que o mantém conectado ao Tao; é o entendimento de como esse fluxo eterno funciona. Como Ralph Waldo Emerson diz: "Por átomos, por ninharias, por bêbados, o Céu opera. O ponteiro não é nada, o magnetismo é tudo."

Pratique o Tao agora

Encontre um lugar no qual o controle seja totalmente envolvente e desista dele hoje. Reprima sua inclinação de interferir, lembrando a si mesmo, enquanto faz isso, que há um tempo para tudo e você estará se tornando mais apto a observar serenamente, em vez de assumir o comando.

29º verso

Afine este conselho de Naomi Long Madgett onde você possa lê-lo, e seja constantemente lembrado de seu desejo de viver naturalmente:

Eu não lisonjearia a planta se fosse você.
Essa criação atenta talvez faça mal a ela.
Deixe o solo descansar de tanta cavação
E espere até que esteja seco antes que o molhe.
A folha está inclinada a encontrar sua própria direção;
Dê a ela a chance de buscar a luz do sol por si mesma.
Muito crescimento é tolhido por excesso de estímulo,
Ternura ávida demais.
Precisamos aprender a deixar em paz as coisas que amamos.

30º verso

*Aquele que guia um líder de homens nos usos da vida
o avisa contra o uso de armas de conquista.
As armas geralmente se viram contra quem as empunha.*

*Onde os exércitos se instalam,
a natureza não oferece nada além de plantas pontiagudas e espinhos.
Após uma grande batalha ser lutada,
a terra é amaldiçoada, a colheita malogra,
o solo fica despojado de sua Maternidade.*

*Após você ter atingido seu objetivo,
precisa não alardear seu sucesso,
precisa não se gabar de sua capacidade,
precisa não se sentir orgulhoso;
você precisa, em vez disso, lamentar que não tenha sido
capaz de impedir a guerra.*

*Você precisa não pensar jamais em conquistar os outros pela força.
O que quer que se obtenha pela força
logo deteriora.
Não está afinado com o Caminho.
Não estando afinado com o Caminho,
seu fim vem logo em seguida.*

Vivendo sem uso da força

Se você fosse seguir explicitamente o conselho oferecido nesse 30º verso do *Tao Te Ching*, estaria na posição de ter uma existência livre de conflitos. Imagine isso! Se toda a nossa população global entendesse e vivesse as diretrizes deste verso do *Tao Te Ching*, finalmente estaríamos livres do estresse associado às batalhas, junto com os estragos que a guerra tem espalhado por nosso planeta desde que começamos a manter registros históricos. Como o 29º verso sabiamente instruiu, há um tempo para tudo — poderia *esse* ser o tempo para viver sem usar a força?

Aqui está minha opinião do que é oferecido a você neste verso: o uso da força cria uma força oposta e essa troca se repete até que uma guerra total esteja em andamento. Depois que a guerra começa, vêm a dizimação e a fome, porque a terra não consegue produzir as safras. Agora, quando você cria guerra em sua vida pessoal, ela produz uma privação de amor, bondade e alegria que o deixa e a todos à sua volta despojados da Maternidade Divina. Lao-tzu o está incentivando a procurar por uma alternativa ao uso da força para resolver as divergências. Se você não conseguir encontrar opção, então será incentivado a abandonar qualquer referência a si mesmo como vitorioso ou vencedor.

Força inclui qualquer uso de agressão física ou mental em que as armas de ódio e intolerância sejam empregadas. Sempre haverá uma força oposta e o que você escolheu fazer não estará "afinado com o Caminho". Isso significa que você acabará perdendo — especialmente quando considerar que Martin Luther King, Jr. uma vez observou que o único modo de transformar um inimigo em amigo é por meio do amor.

Infelizmente, sempre que a força é usada, o ressentimento e a vingança tornam-se os meios de resposta. Se pensarmos em termos de zona de guerra, a matança de um grande grupo de pessoas designadas como inimigas fará seus filhos e filhas crescerem sentindo ódio pelos conquistadores. No final, esses sobreviventes pegarão em armas para exigir vingança sobre os filhos daqueles que os derrotaram. O uso da força impele gerações inteiras de pessoas em uma continuação da guerra. Ou, como Lao-tzu diz: "As armas geralmente se voltam contra quem as empunha."

Pensar no alinhamento com o Tao aplica-se a qualquer conflito que você possa vivenciar. Enquanto você recorrer à força, as discussões com seu cônjuge, seus filhos, seus colegas de trabalho e até seus vizinhos continuarão a se intensificar. Isso porque o Grande Caminho do Tao é de cooperação, não competição.

A Fonte totalmente criativa está sempre provendo — não pede nada em troca e vem de um lugar que compartilha seu amor inerente. Ela sabe que tudo é parte das dez mil coisas, e elas devem cooperar entre si porque compartilham a mesma origem. Assim, sempre que você estiver em um modo que o empurre na direção de usar a força, terá perdido de vista sua conexão com o Tao. Além disso, qualquer grupo de pessoas (como comunidades ou países) que recorrer às armas para atingir seus objetivos estará fora de sintonia com o Tao. Isso deixará a terra e o coração das pessoas inabitáveis, exceto para "plantas pontiagudas e espinhos". Sua escolha em relação ao compromisso de praticar o Tao inclui recusar-se a participar de qualquer maneira, seja mental ou física, de qualquer coisa que viole seu entendimento do conselho oferecido nessa poderosa passagem do *Tao Te Ching*.

Talvez a lição mais fácil apresentada aqui seja o lembrete para evitar comportamentos de orgulho e arrogância por qualquer coisa alcançada pelo uso da força. Lembre-se de que o que quer que seja realizado desse modo criará uma força oposta que, no final, resultará na transformação de sua vitória em derrota. Se você, de algum modo, sentir que não tem escolha além de usar a violência para se proteger e proteger aqueles que você ama, recue imediatamente para uma posição que não dê espaço para se gabar e se autocongratular. Prometa trabalhar para restaurar o equilíbrio do amor onde antes existia o ódio e faça todo o possível para consertar quaisquer danos que tenham resultado do seu uso de força. Esse é o Caminho. Ele também tem sido chamado de *wu-wei*, ou "sem forçar", que significa adotar a linha da menor resistência em todas as ações e, ao fazer isso, criar mais força.

Aqui está o que creio que você pode aprender e praticar do conselho de Lao-tzu nesse 30º verso do *Tao Te Ching*:

Elimine o uso da força verbal e/ou física em todas as situações.

Examine os relacionamentos em que você vivencie conflitos. Tome a decisão harmoniosa de usar menos palavras ásperas e evitar totalmente o uso da força bruta para resolver qualquer briga. Pratique a interrupção de pensamentos de violência mudando no momento exato em que os perceber para uma atitude que permita ouvir. Morda sua língua! Contenha-se! Refreie absolutamente qualquer reação nesses momentos.

Esses são ótimos lembretes para você ficar sintonizado com o Caminho. Lembre-se: qualquer ato de força produzirá decididamente uma força oposta; assim, se você insistir em aumentar a devastação, suas armas se virarão contra você.

Recuse-se a participar de atos violentos de qualquer tipo.

Crie distância entre qualquer forma de violência e você. Isso inclui assistir a noticiários de televisão ou rádio, ou até ler com atenção artigos de jornal sobre os usos da força que estão acontecendo em toda parte do planeta. Veja se você está justificando seu ato de ouvir ou ler sobre atividades hostis como uma necessidade de estar "totalmente informado".

Depois que souber que a força está sendo aplicada em qualquer lugar em nome de subjugar os outros, você perceberá que a repetição constante dessas notícias o torna um participante da violência. Ao se recusar a permitir tal energia em sua vida, mesmo como um observador passivo, você se mantém sintonizado com o Caminho.

Finalmente, quando um número suficiente de nós não tiver disposição de tolerar esse comportamento em qualquer formato, estaremos mais próximos de dar um fim ao uso da força em nosso planeta. Lembre-se de que cada uso de força, mesmo o menor deles, cria uma força oposta.

Aqui está o que o grande poeta do século XVI, São João da Cruz, recomenda:

Você talvez acalme o mundo todo por um segundo
se orar.

E, se você amar, se realmente
amar,

nossas armas irão
definhar.

Pratique o Tao agora

Para alterar o modo como você vê o mundo, mude hoje todos os canais de televisão e estações de rádio que apresentarem uma imagem ou um áudio do uso da força ou violência. Em seguida, aumente essa política de "tolerância zero" para incluir filmes, vídeos e jogos que contenham cenas de surras, homicídios e perseguições.

31º verso

As armas são as ferramentas da violência;
todos os homens decentes as detestam.
Portanto, os seguidores do Tao jamais as usam.

As armas servem ao mal.
Elas são as ferramentas daqueles que se opõem ao governo sensato.
Use-as somente como último recurso.
Pois a paz e a tranquilidade são caras ao coração do homem decente,
e, para ele, mesmo a vitória não é motivo de regozijo.

Aquele que acha o triunfo bonito
é aquele com vontade de matar,
e aquele com vontade de matar
jamais deve prevalecer no mundo.
É um bom sinal quando a natureza superior do homem
aparece.
É um sinal ruim quando sua natureza inferior aparece.

Com o massacre de multidões,
temos pesar e sofrimento.
Cada vitória é um funeral;
quando você vence uma guerra,
celebra com pesar.

Vivendo sem armas

O 31º verso do *Tao Te Ching* afirma corretamente que apetrechos de violência servem ao mal. Lao-tzu sabia claramente que as armas destinadas a matar são ferramentas de futilidade que devem ser evitadas se você escolher viver de acordo com os fundamentos do Tao. Isso inclui a criação, produção, comercialização, distribuição e, claro, utilização de armas no negócio de matar. O Tao diz respeito à vida; as armas dizem respeito à morte. O Tao é uma força criativa; as armas são destrutivas. A humanidade deixou de aprender esse profundo ensinamento do *Tao Te Ching*, que foi escrito quando as armas consistiam principalmente em arcos e flechas, lanças, machadinhas e coisas do gênero.

De sua posição como observador e como um ser de sabedoria divina, Lao-tzu reconheceu que não há vitória em qualquer atividade em que ocorra matança. Por quê? Porque todas as pessoas, independentemente de sua localização geográfica ou de seu sistema de crenças, estão conectadas entre si por seu espírito originador. Nós todos viemos do Tao, continuamos nele e retornaremos a ele. Quando destruímos uns aos outros, estamos destruindo nossa oportunidade de permitir que o Tao nos informe e flua livremente através da forma em que estamos. O que parece para o nosso ego uma vitória a ser celebrada é realmente um funeral, um tempo de luto. Lao-tzu nos lembra que ter prazer em vencer uma batalha está alinhado à vontade do ego de matar. O Tao só tem uma vontade criativa, sustentadora e amorosa. Nesse plano material, nossa natureza superior expressa-se pelos preceitos do Tao, enquanto nossa natureza inferior expressa-se pelo envolvimento no negócio de matar.

A história registrada da humanidade envolve guerras tão antigas quanto ela, e nós medimos nossa suposta marcha em direção à civilização pela sofisticação de nossas armas. Progredimos das simples lanças usadas em combates individuais cara a cara para arcos e flechas que matam a uma curta distância, rifles e dispositivos explosivos que executam de muito longe, e armas que dizimam quando jogadas do ar. Atingimos um nível no qual temos de inventar termos como *megamorte* e *armas de destruição em massa* para descrever nossa atual capacidade de aniquilar milhões de pessoas e outras formas de vida com uma explosão nuclear.

O nível atual de sofisticação supostamente desenvolvido significa que temos a capacidade de destruir toda a vida em nosso planeta com as armas que acumulamos. Esse perigoso estado surgiu porque ignoramos o princípio básico do *Tao Te Ching*, especialmente como está acentuado na sabedoria infinita deste verso: "As armas servem ao mal. Elas são as ferramentas daqueles que se opõem ao governo sensato."

Acredito que Lao-tzu não só estava falando sobre as armas físicas, mas também sobre os comportamentos não físicos, que são do mesmo modo destrutivos e incluem palavras, gestos ou ameaças violentas, que não são parte da natureza superior da humanidade. Quando você mudar o modo como vê o mundo, terá de incluir a observação de sua linguagem e sua conduta. Você demonstra que é uma pessoa que valoriza a vida em todas as suas roupagens? Você é alguém que só adotaria algum tipo de arma — fosse ela material ou não — contra outra pessoa se tivesse esgotado todos os meios alternativos? E também, se fosse obrigado a ferir outra pessoa, seria capaz de sentir compaixão por seu suposto inimigo? As armas projetadas para matar são incongruentes com a própria essência do Tao. Assim, você precisa fazer todo o esforço para ser pacífico e estar em harmonia com a energia doadora de vida dele.

A proliferação maciça de armas de fogo em nossa sociedade contemporânea é um passo gigantesco para longe da natureza superior da humanidade. Então, troque a defesa do direito de possuir e usar armas pela conscientização do Tao. Busque, de preferência, aspirar a um tempo em que nossa energia humana coletiva estará elevada a tal ponto que mesmo a consideração de matar será impossível. Você pode começar a

31º verso

fazer isso mudando o modo como vê a necessidade de armas. Isso começa em cada um de nós, e podemos iniciar por prestar atenção ao que o *Tao Te Ching* nos ensina. Ao fazer desse verso seu chamado pessoal, você terá a possibilidade de salvar nosso planeta de se transformar em um planeta destituído de vida.

É isso que penso que Lao-tzu está dizendo a você pessoalmente de sua perspectiva de 2.500 anos:

Comece a ver o uso de armas materiais ou verbais como respostas indesejadas.

Mude sua necessidade de se defender para uma postura de perceber que isso é prova de que você está ignorando os ensinamentos de sua Fonte de existência. Recuse-se a considerar o uso de armas de violência em qualquer forma ao perceber sua linguagem e abolir o ódio de seu vocabulário. Substitua defender seu direito de possuir e usar armas por uma atitude no sentido de que todas as mortes causadas por esses instrumentos são sinais de afastamento da sabedoria do Tao. Quando um número suficiente de nós alcançar uma massa crítica em nosso pensamento para não tolerar a existência de armas, estaremos nos movendo na direção de nosso mundo. Não seremos mais capazes de avaliar o nível de civilização do planeta pela sofisticação de nossas armas; em vez disso, a medida será na escala do Tao, do quanto somos capazes de nos alimentar e amar bem. Então ser civilizado será autenticamente a palavra raiz encontrada em *civilização*.

Pare de celebrar a morte ou a violência em qualquer formato.

Distancie-se o máximo possível das imagens de morte, incluindo assistir a filmes ou programas de televisão que mostrem matanças como forma de diversão, juntamente com os noticiários que enfatizem a extinção da vida. Ensine a seus filhos e a todas as crianças que puder a santificarem a vida. Estimule-os a não sentir prazer na morte dos supostos inimigos, terroristas ou rebeldes — todos esses tipos de morte, sejam elas no campo de batalha ou nas ruas das cidades, são prova de nossa vontade coletiva de matar. Então, não demonstre ódio nem ultraje; em vez disso, ensine a si mesmo e aos outros que toda vitória conquistada com armas é um funeral que deve ser pranteado.

Aqui estão algumas linhas delicadas de São Tomás de Aquino, um homem santo que tentou nos ensinar o que Lao-tzu ofereceu neste verso do *Tao Te Ching*:

*Como eles vivem por éons em tal harmonia —
os bilhões de estrelas —*

*quando a maioria dos homens mal consegue passar um minuto
sem declarar guerra em sua mente contra alguém que eles
conhecem.*

*Há guerras em que ninguém marcha com uma bandeira,
embora isso não impeça que as baixas
se acumulem.*

*Nossos corações irrigam essa terra.
Nós somos campos uns diante
dos outros.*

*Como podemos viver em harmonia?
Primeiro precisamos
saber*

*que todos amamos loucamente
o mesmo
Deus.*

Pratique o Tao agora

Diga uma oração em particular hoje para cada pessoa que você soube ter sido vítima de morte por uma arma, não importa o quanto ela esteja distante.

32º verso

O eterno Tao não tem nome
Embora simples e sutil,
ninguém no mundo pode dominá-lo.

Se reis e senhores pudessem utilizá-lo,
as dez mil coisas naturalmente obedeceriam.
O Céu e a Terra se rejubilariam
com o gotejar do doce orvalho.
Todos viveriam em harmonia,
não por um decreto oficial,
mas por suas próprias bondades.

Depois que o todo é dividido, as partes precisam de nomes.
Já existem muitos nomes;
saiba quando parar.
Saiba quando a razão define limites
para evitar o perigo.

Rios e riachos nascem do oceano,
e toda a criação nasce do Tao.
Exatamente como toda água flui de volta para formar o oceano,
todas as criações fluem de volta para formar o Tao.

Vivendo a perfeita bondade do Tao

Nesse verso, Lao-tzu descreve o êxtase de estar verdadeiramente na mesma sintonia que sua Fonte. O que você poderia descrever como uma sinceridade ou alegria é o fluxo "simples e sutil" da energia do Tao, que é responsável por toda a vida... sem que nenhum esforço de sua parte seja necessário.

Lao-tzu abre este verso com um lembrete de que ninguém — nem você, nem eu, nem mesmo o rei ou ditador mais poderoso — pode controlar ou dominar essa força conhecida como o Tao. Se ela estivesse sob nosso controle, toda a natureza e suas dez mil coisas celebrariam, porque viveríamos em paz e harmonia. Quando formos capazes de viver e respirar a bondade perfeita que é o Tao, guerras, fome, conflitos e outras criações humanas negativas deixarão de existir. O desafio apresentado nesse 32º verso do *Tao Te Ching* é como viver em nosso mundo material em uníssono com o eterno Tao, que sempre molda e sempre cria.

Veja o que você deseja produzir em sua vida; depois, no contexto desse doce verso, sinta-se grato por tudo que encontrar. Expresse gratidão ao viajar no fluxo de sua existência e permitir que ele seja seu aliado. Você poderá conduzir ao mesmo tempo em que ainda desfruta dessa corrida gloriosa, mas, se decidir opor-se a ela, acabará sendo puxado para baixo pela correnteza. Isso é verdadeiro para todos os aspectos de sua vida. Quanto mais você pressioná-la, mais resistência criará.

Esteja ciente de tudo que o está conduzindo em direção às atividades que verdadeiramente inflamam sua paixão. Se os eventos parecerem estar levando você em uma nova direção em seu trabalho, por exemplo, ou sinais apontarem para mudanças em seu emprego ou lugar de residência, preste atenção! Não seja puxado para baixo recusando-se a mudar, continuando em uma frustrante rotina conhecida e depois justificando seu medo de mudança. Reconheça a energia do Tao correndo em sua vida e desista de brigar com seu chamado.

Observo meu filho em uma prancha de surfe todos os dias de verão, aqui em Maui. Ele adora a corrida empolgante enquanto acelera ao descer uma onda — ele não está tentando controlá-la prolongando-a ou obrigando-a a mover-se em uma direção diferente. Uso isso como uma metáfora para minha vida, pois escrevo no fluxo. Permito que pensamentos e ideias cheguem e movam-se para a página. Eu me permito ser transportado pela grande onda do Tao em todas as minhas decisões, o que me propicia paz. Isso porque confio na bondade perfeita do Tao para me guiar, me dirigir e me levar aonde ela quiser.

Você e eu somos como os rios e riachos que Lao-tzu menciona neste verso. Nascemos do Tao, nossa Fonte de existência, e estamos retornando ao Tao. A viagem de volta é inevitável — ela não pode ser evitada. Então, observe seu corpo enquanto ele passa por mudanças, percebendo que ele faz isso do mesmo modo que os rios se dirigem ao oceano para reaparecer e tornar-se unos com ele.

Lao-tzu o incentiva a saber quando parar de dirigir-se, aconselhando-o, em vez disso, a saltar para a unicidade e evitar toda a sorte de dificuldades que ele chama de seu "perigo". Flua com o Tao em tudo que fizer. Desista da necessidade de estar no controle, que é apenas seu ego trabalhando horas extras. Você não pode forçar o Tao... deixe que ele o transporte e relaxe nele com fé e confiança.

Enquanto você desce essa gloriosa onda do Tao, considere este conselho de Alan Watts em *Tao: The Watercourse Way*:

> Deixe seus ouvidos ouvirem o que quer que queiram ouvir; deixe seus olhos verem o que quer que queiram ver; deixe sua mente pensar o que quer que queira pensar; deixe seus pulmões respirarem no próprio ritmo. Não espere qualquer resultado especial, pois nesse estado sem palavras e sem ideias, como pode haver passado ou futuro, ou mesmo qualquer noção de propósito?

Pare, olhe e escute neste exato momento antes de continuar a ler. Sim, entre na bondade perfeita do Tao agora — em seus negócios, em seus relacionamentos, em sua carreira, em seu tudo! Pare, ouça sua paixão, e depois permita-se ser levado lá pela onda incessante de toda a criação, que continua, apesar das opiniões de seu ego.

Aqui está o que Lao-tzu parece estar dizendo, por meu intermédio, sobre implementar a ideia desse 32º verso do *Tao Te Ching*:

Preste atenção ao fluxo de sua vida.

Lembre-se de que você não precisa estar no controle — na verdade, é *impossível* para você estar no controle. A força inominável, que Lao-tzu chama de Tao, move tudo, então sua discussão contínua com ela somente causa insatisfação. A cada dia, pratique entregar-se e ver para onde está sendo conduzido. Preste atenção em quem aparecer e quando. Observe as "estranhas coincidências" que parecem colaborar com o destino e, de alguma forma, o conduzem a uma nova direção. Mantenha registro das situações que ocorrerem espontaneamente ou fora do seu controle.

Procure por um novo sentimento de alegria em você.

Enquanto você se move na direção de "soltar as rédeas", por assim dizer, estará aguçadamente ciente da alegria do Tao fluindo através de você. Comece a ver quais paixões são atiçadas enquanto você permite que a corrida seja dirigida por sua Fonte, em vez de seu ego. Esses sentimentos alegres são pistas de que você está começando a se harmonizar com o que Lao-tzu chama de "[sua] própria bondade". Sua receptividade interior entusiasmada é seu lembrete de que tudo é perfeito; então, confie nessa energia.

Pratique o Tao agora

Escolha um momento hoje, talvez entre o meio-dia e as 16 horas, para liberar conscientemente sua mente de tentar controlar os eventos de sua vida. Saia para uma caminhada e simplesmente deixe-se levar: deixe seus pés irem aonde eles quiserem ir. Observe tudo em sua linha de visão. Perceba sua respiração, os sons que escutar, o vento, as formações das nuvens, a umidade, a temperatura — tudo. Apenas deixe-se imergir e ser transportado, e perceba como é simplesmente deixar-se levar no fluxo. Agora, decida deixar a liberdade ser seu guia. Perceba o trânsito, as pessoas em sua vida, o mercado de ações, o clima, as marés... tudo isso está acontecendo em um ritmo próprio e de um modo próprio. Você pode se mover com o eterno e perfeito Tao também. *Seja ele...* agora.

33º verso

*Aquele que entende os outros tem conhecimento;
aquele que entende a si mesmo tem sabedoria.
O domínio dos outros requer coerção;
o domínio de si mesmo requer força.*

*Se você perceber que tem o suficiente,
você é verdadeiramente rico.*

*Aquele que se doa à própria posição
certamente vive muito.
Aquele que se doa ao Tao
certamente vive para sempre.*

Vivendo o autodomínio

Em nosso mundo contemporâneo, um indivíduo culto geralmente é considerado aquele que possui vários diplomas, que está em posição de discutir inteligentemente toda a sorte de assunto, em especial no campo acadêmico. Além de acumularem créditos acadêmicos, as pessoas muito instruídas geralmente entendem os outros e estendem a mão para ajudá-los. Na verdade, elas parecem ter a capacidade de efetivamente "ler" as outras pessoas. O poder e o status desses indivíduos tendem a aumentar em proporção ao número de homens e mulheres que eles supervisionam, assim como o presidente de uma universidade, o CEO de uma empresa ou um general de exército.

Nesse 33º verso do *Tao Te Ching*, Lao-tzu está pedindo que você mude o modo como olha para essas ideias gêmeas de *conhecimento* e *poder*. Você está convidado a avaliar seu nível de autodomínio ao voltar o olhar para seu interior e ver o mundo, e seu lugar nele, sob uma nova luz. Uma vida orientada pelo Tao foca no entendimento de si mesmo, e não nas ideias e nos comportamentos dos outros. Você substitui a aquisição de informações e a busca por símbolos de status pela compreensão e pelo controle de si mesmo em quaisquer e em todas as situações. O poder sobre os outros é substituído por uma força interior que o capacita para a se comportar a partir de uma sabedoria que é inerentemente o Tao.

À medida que você for modificando seus pensamentos, seu mundo passará por alterações dramáticas agradáveis. Por exemplo, quando você perceber que é responsável por suas reações em qualquer dado momento, os outros indivíduos deixarão de ter qualquer poder ou controle sobre você. Em vez de se preocupar com *Por que essa pessoa está se comportando dessa maneira e me causando tanta contrariedade?*, você poderá ver a situação como um convite para investigar a si mesmo sob uma nova atitude de autodomínio. Essa investigação interior lhe permitirá reconhecer o fluxo das respostas internas e examiná-las com tolerância em relação a si mesmo. Ao tentar descobrir *seu* fluxo contínuo de pensamentos e simplesmente segui-los, a conduta daquela outra pessoa perderá instantaneamente força. Você começará a ver seu mundo banhado pela harmonia do Tao eternamente (e *in*ternamente!) fluindo através de você.

Em qualquer situação — quer esteja sob o título de "família", "trabalho" ou "social", ou mesmo apenas assistindo às atrocidades relatadas no noticiário da noite —, você ficará ciente de que não há "aqueles" com poder sobre você. Ao se recusar a entregar o controle de sua vida a qualquer pessoa ou qualquer conjunto de circunstâncias, você estará exercendo um poder pessoal, e não fazendo uso da força. Você estará realmente vivenciando o autodomínio, e esse novo estado de controle interno surgiu porque você escolheu viver de acordo com o Tao. Você não precisa da aprovação de outras pessoas ou de mais uma aquisição para ser feliz — você precisa simplesmente entender a si mesmo como uma parte divina do eterno Tao, sempre conectado àquela essência infinita.

Lao-tzu equipara a capacidade de procurar internamente pela Fonte de iluminação e força à vida eterna. Ele lembra você de que, apesar de coisas externas como conhecimento e poder sobre os outros poderem propiciar uma vida longa, mudar para ter o controle de si mesmo oferece uma sabedoria perene e um bilhete de viagem para a imortalidade.

Aqui está o que esse grande mestre quer que você extraia deste verso do *Tao Te Ching* e aplique a seu mundo:

Foque no entendimento de si mesmo, em vez de culpar os outros.

Sempre que estiver nervoso, sofrendo ou até levemente contrariado com a conduta de outros, tire o foco daqueles que você está responsabilizando por seu sofrimento interior. Mude sua energia mental para permitir a si mesmo estar com o que quer que esteja sentido — deixe que o Tao flua livremente, sem culpar os outros por seus sentimentos. Também não se culpe! Simplesmente permita que o Tao se revele... Diga a si mesmo que ninguém tem o poder de fazer você ficar desconfortável sem seu consentimento, e que você não está disposto a conceder essa autoridade àquela pessoa naquele momento. Mas você *está* disposto a experienciar livremente suas emoções sem chamá-las de "erradas" ou sem precisar enxotá-las. Flua no Tao agora! Desse modo, com esse simples exercício no momento de seu desconforto, você faz uma mudança para o autodomínio.

É importante desviar-se da culpa e até de seu desejo de compreender a outra pessoa; em vez disso, foque no entendimento de *si mesmo*. Ao assumir a responsabilidade pela escolha do modo como você reage a qualquer coisa ou qualquer pessoa, você estará se alinhando ao Tao. Mude a escolha do modo como percebe o poder que os outros têm sobre você e verá um mundo totalmente novo de potencial ilimitado para si mesmo.

Cultive seu desejo de que os outros descubram o Tao em suas vidas.

Recuse qualquer desejo de ampliar o poder sobre os outros pela natureza poderosa de suas ações e sua personalidade. O ego acredita que os outros sejam incapazes de conduzir as próprias vidas e quer controlar com o uso da força, então demonstre sua força interior ao abandonar essas táticas. Perceba quando estiver prestes a dizer aos outros como eles "devem" ser. Use a oportunidade para a prática de permitir que eles aprendam as próprias lições sem interferência de sua parte. Observe a frequência com que tenta usar a força verbal para convencer os outros a ouvirem você. Lembre-se de permanecer calado e enviar energia amorosa. Pratique esse tipo de autodomínio, embora ele seja raro no mundo de hoje. Você é forte o bastante para confiar no Tao.

Quando seus julgamentos dominam, o fluxo do Tao diminui. Veja como o mundo realmente muda bem diante de seus olhos quando você deseja sinceramente que as outras pessoas sigam os caminhos de suas próprias vidas, o que as leva a perceber a grandeza do Tao. Todos aqueles que você percebia antes como necessitando de sua orientação sobre o que fazer ou como viver são também iguais a você na sabedoria e na força do Tao.

Pratique o Tao agora

Hoje, pratique vivenciar o desenrolar do Tao com alguém que normalmente lhe causa sofrimento. Inicie conscientemente uma conversa com aquele familiar de seu cônjuge, com seu ex-cônjuge, com o colega ou familiar agressivo, convidando o Tao a fluir livremente. Perceba como se sente, o que sente e onde você sente; permaneça calorosa e tolerantemente em conexão com as sensações dentro de seu corpo. Você entrou no espaço do autodomínio neste momento.

Aqui está o que *Um curso em milagres* oferece nesse verso do *Tao Te Ching*: "Essa é a única coisa que você precisa fazer para ter uma visão própria, felicidade, liberação da dor... Diga apenas isso, mas intencionalmente e sem reservas... *eu sou responsável pelo que vejo. Eu escolho os sentimentos que vivencio...*"

34º verso

O Grande Caminho é universal;
ele pode aplicar-se à esquerda ou à direita.
Todos os seres dependem dele para viver;
ainda assim, ele não se adona deles.

Ele realiza seu propósito,
mas não faz reivindicações para si mesmo.
Ele protege todas as criaturas como o Céu
mas não as domina.

Todas as coisas retornam a ele como para seu lar,
mas ele não é o senhor delas;
assim, ele pode ser chamado de "grande".

O sábio imita essa conduta:
Ao não reivindicar grandeza,
o sábio realiza a grandeza.

Vivendo o grande caminho

Neste verso, Lao-tzu pede que você reavalie sua percepção de grandeza. As definições típicas tendem a se centrar em torno da quantidade de fama e fortuna que o indivíduo acumula em sua vida. Como o verso anterior enfatiza, o poder de dominar e controlar os outros também pode ser usado como um parâmetro dessa qualidade: comandantes de grandes exércitos e chefes de estado que atraem a atenção mundial são considerados grandes. Ademais, grandes homens ou mulheres são geralmente considerados agentes decisivos para afetar o curso dos eventos humanos de forma positiva, tornando o mundo um lugar melhor em um nível local ou global. A grandeza, então, é uma reivindicação feita por ou para indivíduos que se destaquem da multidão.

O verso 34 do *Tao Te Ching* descreve a grandeza de um modo inteiramente diferente: essa qualidade é o Tao, que é tão abrangente que cada planta, criatura e ser humano tem origem e vive por causa dele, mas ele não busca dominar alguém ou alguma coisa. O Tao não clama por reconhecimento de qualquer tipo, pois ele não se interessa por fama nem por receber agradecimento por tudo que provê. É essa indiferença em relação à notoriedade que produz a verdadeira grandeza.

Quando você mudar o modo como pensa sobre essa qualidade, verá seu mundo de uma maneira inteiramente nova: você não estará mais medindo aparências e acúmulo de bens e não perceberá quanto poder você ou qualquer outra pessoa utiliza para exercer domínio ou controle sobre os outros. Em vez disso, seu novo modo de pensar lhe permitirá procurar a revelação do Tao em todos que encontrar. Talvez pela primeiríssima vez, você perceba a grandeza nos outros, bem como em si mesmo, em termos do Tao que inclui tudo. Você será capaz de olhar para o Céu e ver sua grandeza, que não exige absolutamente nada em troca.

À medida que você mudar sua visão aculturada da grandeza, começará a ver um mundo diferente. Você verá a importância de todos, inclusive daqueles indivíduos que tenha identificado anteriormente como difíceis ou injustos. Você começará a ver que a sacralidade que fermenta as galáxias está trabalhando em você, em mim e em todo o universo. Você começará a confiar que essa grandeza é a herança de cada pessoa. O Tao está em toda a parte; portanto, essa qualidade estará visível em todas as coisas e pessoas.

Aqui estão minhas sugestões para aplicar o 34º verso do *Tao Te Ching* em sua vida diária:

Pare de decidir o que todo mundo deve ou não fazer.

Evite pensamentos e atividades que envolvam dizer às pessoas que são perfeitamente capazes de fazer as próprias escolhas. Em sua família, lembre-se de que você não possui ninguém. O poeta Kahlil Gibran recorda:

Seus filhos não são seus filhos.
Eles são filhos e filhas da saudade que a Vida tem de si mesma.
Eles chegam através de você, mas não de você...

Isso é sempre verdade. Concretamente, descarte qualquer propensão de domínio em *todos* os seus relacionamentos. Ouça, em vez de expor. Preste atenção a si mesmo quando estiver emitindo opiniões cheias de julgamentos de juízo e veja onde essa autoatenção o leva. Quando você substituir uma mentalidade de posse por uma de permissão, começará a ver a verdadeira revelação do Tao em si mesmo e em outras pessoas. Desse momento em diante, você estará livre da frustração com aqueles que não se comportarem de acordo com as expectativas dominadas por seu ego.

Descubra uma nova definição de grandeza.

Ofereça a si mesmo uma definição que não adote quaisquer padrões de aparência ou medidas exteriores tradicionais de sucesso. Preste atenção naqueles que doam muito, gabam-se pouco, nutrem os outros e declinam de reconhecimento ou crédito, e os ponha em seu arquivo de grandeza. Estimule-se a praticar esses mesmos tipos de comportamento. Comece a perceber como o Tao está sempre fluindo de um modo totalmente provedor, sem vaidade, sem exigências, sem possessividade. Você pode ver como isso é verdadeiramente grande? Há muitas pessoas em sua vida cotidiana fazendo exatamente isso. Procure por elas e as reconheça, enquanto imita silenciosamente o que elas fazem. Lembre-se de que um grande sábio jamais reivindica posse da grandeza; desse modo, quando você mudar sua definição, verá essa qualidade revelando-se em toda parte, especialmente dentro de si mesmo.

Pratique o Tao agora

Tome a decisão de passar o dia procurando várias pessoas que se encaixem no modelo deste verso do *Tao Te Ching*. Silenciosamente, transmita a elas que você percebe sua grandeza como um desenrolar do Tao. Depois perceba como suas interações com elas diferem quando você não está fazendo julgamentos baseados em idade, sexo, títulos, condutas, maneiras de se vestir, altura, peso, cor da pele, filiações políticas ou crenças religiosas delas.

35º verso

Todos os homens irão a ele
que permanece como um.
Eles vão em bando a ele e não recebem ofensas,
pois nele eles encontram paz, segurança e felicidade.

Música e jantares são prazeres transitórios,
mas eles fazem as pessoas pararem.
Como são entediantes e insípidas as coisas desse mundo
quando comparadas ao Tao!

Quando você procura por ele, não há nada para ver.
Quando você escuta por ele, não há nada para escutar.
Quando você o usa, ele não pode ser esgotado.

Vivendo além dos prazeres mundanos

Pare por alguns minutos antes de ler este capítulo e faça a si mesmo as seguintes perguntas: *quando penso em prazer, quais atividades realmente vêm à minha mente? Como distingo entre o que acho agradável e o que não acho?*

Em geral, o prazer é descrito como algo experienciado pelos sentidos e disponível aqui no mundo da forma. Talvez você o experiencie em uma refeição suntuosa, em sua música favorita ou no campo de golfe, mas é muito certamente uma força propulsora agradável para você. Problemas podem ocorrer, contudo, quando esses interesses tornam-se o foco principal da vida. Em outras palavras, uma ênfase nos prazeres mundanos pode muito facilmente criar desequilíbrio em seu sistema, levando a mal-estar e doença. Obesidade, distúrbios alimentares, abuso de álcool e drogas, vícios de todos os tipos e preocupações com cirurgias plásticas são apenas alguns dos resultados indesejáveis.

A maior parte de tudo que é definido como prazeroso é temporária; então, se você precisa cada vez mais disso, isso tem domínio sobre você. O que você deseja tão fortemente se torna seu carcereiro, fazendo-o acreditar que isso lhe trará paz, segurança ou felicidade... mas isso nunca acontece. Os prazeres mundanos apenas o seduzem para se tornar dependente deles e eles sempre deixam você desejando por mais. É um anseio que jamais poderá ser satisfeito: você precisa de outra grande refeição para ter aquele prazer novamente porque ele desaparece quase imediatamente após o término da sobremesa. Você precisa continuar tocando a música porque, quando ela para, sua diversão também para. Todos os vícios expressam esta mensagem deprimente: "Você jamais obterá o bastante do que não quer."

Compare essa imagem triste de prazer, que Lao-tzu chama de "entediante e insípida", com o êxtase do Tao. Só por um momento, imagine-se com a perspectiva do Tao enquanto lê esse verso, e veja se você pode mudar o modo como vê essa ideia de prazer. Os benefícios de ter um conceito que se harmonize com o Tao estão resumidos nas primeiras linhas: todas as pessoas irão em bando até você e encontrarão paz, segurança e felicidade quando o fizerem. O motivo de elas descobrirem essas joias é porque *você* exalará essas qualidades. Sua ênfase estará no Tao — é quem você é e, portanto, o que você tem para distribuir.

Você agora está mudando o modo como vê as coisas, então sua ideia de prazer muda para além dos estímulos mundanos de seus sentidos. Você prova a comida, mas tem reverência pela magia que produziu as delícias que está comendo, bem como pela perfeição desse ciclo incrível que continua na eliminação e reutilização do que você consumiu. A constante por trás desse mundo sempre em mudança torna-se sua nova Fonte de prazer, expressada pela admiração e assombro que você sente. Sim, claro que você continuará a desfrutar de suas refeições, mas seu prazer estará em ser uno com o que permite que tudo seja conhecido.

Você sabe que não pode encontrar, ouvir, ver ou tocar a Fonte, mas ela está sempre disponível e jamais pode ser esgotada. A música que você ouve não é o Tao; o Tao é a energia invisível que preenche os espaços vazios que lhe dão tanta alegria. Essa felicidade que você sente é o eternamente disponível e ansiado prazer de transcender as limitações físicas do corpo humano. Entrar em contato com o Tao está muito além de qualquer prazer sensorial que, de alguma forma, acreditamos que satisfará aquele anseio de transcendência.

35º verso

Os vícios acabam se tornando impossíveis, porque você não tentará mais buscar atividades mundanas para satisfazê-los. É como perceber que você pode voar quando tem andado cada vez mais rápido, mas sem conseguir jamais atingir a velocidade ou a altitude suficiente — você continua tentando satisfazer um anseio natural de voar pelo prazer de andar rápido. Agora você observa o modo como a natureza flui: você vê claramente que ela nunca pede mais, nunca usa mais e absolutamente nunca exige que ela seja provida com mais do que o necessário para manter um equilíbrio perfeito. O reino de prazeres passageiros não é mais seu lugar central de autoidentificação. Você está em paz, sentindo-se seguro e feliz, porque mudou sua visão de mundo para incluir o Tao infinito... como os vícios conseguiriam de algum modo igualar-se a isso?

Imagine um viciado em heroína acreditando que a paz, a segurança e a felicidade estejam disponíveis em um suprimento inesgotável de opiáceos. Esse cenário é impossível porque o prazer que a droga traz dura apenas alguns segundos e, em seguida, o oposto de paz, segurança e felicidade se manifesta. O viciado continua a tentar voar ao correr mais rápido — no final, ele chega a desprezar a própria vida e a se destruir no processo. Esse é o destino daqueles que buscam os prazeres do mundo dos sentidos para satisfazer seus anseios e sua capacidade natural de transcender o plano físico.

Aqui está o que Lao-tzu oferece a você nesse profundo verso do *Tao Te Ching*:

Perceba a felicidade eterna que está sempre com você — mesmo quando as delícias estão fora de alcance!

Mude seu modo de pensar sobre si mesmo como um ser totalmente físico. Em vez disso, reconheça que os prazeres mundanos que tendem a ser repetidos em excesso são tentativas de transcender o material, que não vai acontecer sem utilizar sua natural conexão com o Tao. Deixe de igualar prazer sensorial à felicidade inspirada pelo Tao que está disponível para você. Desfrute de tudo que experienciar por meio dos sentidos: adore seu jantar delicioso, mergulhe nas melodias de sua música favorita e nutra reconhecimento pela empolgação da energia sexual. Mas perceba que tudo isso está vindo de seu ser sensorial, que é alegremente adaptável a esse mundo. Depois busque seu "ser Tao", que transcende o físico, e explore os prazeres *dele*.

Reexamine o que é o verdadeiro e duradouro deleite. Embora os efeitos do Tao possam inicialmente não atrair suas capacidades de ver, ouvir, tocar, provar e cheirar, eles satisfarão o anseio que você está tentando saciar com interesses mundanos. Quando você estiver em busca de algum prazer passageiro, comece a reconhecer seu valor no aqui e agora, mas pare de tentar obtê-lo para satisfazer um anseio maior.

Introduza o agradecimento transcendental em sua vida diária.

Torne uma prática diária agradecer pela presença do eterno Tao que está sempre com você. De um ponto de vista de gratidão, o mundo que você anteriormente desejava começará a parecer diferente. Na consciência grata do Tao, os sentimentos de estar incompleto quando os prazeres mundanos estiverem indisponíveis serão substituídos por uma gratidão transcendental. O que costumava ser uma necessidade por uma delícia mundana será substituído pela gratidão e pelo contentamento de estar consciente do aspecto de você que é o Tao, livre de limitações e confinamentos físicos e terrenos. Viver com apreço consciente pelo Tao atrairá mais pessoas e experiências, enriquecendo seu equilíbrio de conscientização mortal e eterna. Abra-se ao amor e à abundância ilimitada do Tao e você atrairá mais desse mesmo amor e abundância para si mesmo. Seu mundo mudou porque você vê o Tao onde antes apenas percebia seu ser mortal precisando de prazeres mundanos.

35º verso

Pratique o Tao agora

Faça um jejum de 24 horas. Quando sentir as dores da fome, mude seus pensamentos para gratidão pela força eterna que está sempre com você. Carinhosamente, deixe que seu ser físico saiba que ele será alimentado quando o jejum tiver terminado, depois mude para o ser Tao que não tem consciência da fome. Desfrute da natureza diferente do ser Tao ao se concentrar em localizar sua energia fluindo pelo seu corpo. Ela se revelará por si mesma — talvez como satisfeita, alegre ou feliz. Perceba a diferença dessa sensação comparada aos prazeres mundanos.

36º verso

*Caso deseje conter algo,
você precisa deliberadamente deixar que se expanda.
Caso deseje enfraquecer algo,
você precisa deliberadamente deixar que se fortaleça.
Caso deseje eliminar algo,
você precisa deliberadamente aceitar que floresça.
Caso deseje retirar algo,
você precisa deliberadamente conceder acesso a isso.*

*A lição aqui é chamada de
a sabedoria da obscuridade.
O gentil dura mais que o forte.
O obscuro dura mais que o óbvio.*

*O peixe não pode deixar as águas profundas,
e as armas de um país não devem ser exibidas.*

Vivendo na obscuridade

Uma grande parte das lições de vida que você recebeu enquanto crescia girava em torno das palavras *Olhe para mim!* Ensinaram a você que, quanto mais atenção recebesse, especialmente por ser uma "boa criança", mais status e aprovação obteria de seus pares (bem como dos adultos que conhecia). Torne-se o primeiro, diziam a você, ganhe a medalha de ouro, vença o campeonato, obtenha as melhores notas, torne-se o orador da classe, ganhe o agasalho com as iniciais de seu time ou faculdade por suas conquistas atléticas ou acadêmicas, colecione troféus e assim por diante. Essas lições todas diziam respeito a galgar o topo da turma e a se avaliar com base na comparação competitiva com todos à sua volta.

Quando você mudar o modo como pensa sobre seu lugar no grande plano geral das coisas, descobrirá que "a sabedoria da obscuridade" permite que você elimine a competição de sua vida e recolha-se na força silenciosa. Em outras palavras, Lao-tzu está pedindo que você tenha calma e baseie sua visão pessoal em critérios inteiramente novos. Quando fizer isso, seu mundo começará a refletir uma alma gentil e comedida que sobreviverá à daqueles que medem a força que têm pela condição social que ocupam em comparação com a de seus pares.

Este verso começa com a ideia de compreender a natureza dicotômica do mundo material e, em seguida, o estimula a se tornar o observador astuto de sua vida. Sentir-se depreciado significa que você deve saber o que significa ser importante; a ideia de ser fraco origina-se de ter sabido como é sentir-se forte. Como uma versão do *Tao Te Ching* (*The Way of Life According to Lao Tzu*, traduzida por Witter Bynner) nos lembra:

> *Aquele que se sente deprimido*
> *Precisa uma vez ter se sentido animado,*
> *Aquele que se sente desarmado*
> *Precisa ter portado armas,*
> *Aquele que se sente privado*
> *Precisa ter tido privilégios...*

Evite as ciladas de se sentir fraco, desimportante, estressado ou assustado ao transcender o pensamento que o levou até lá em primeiro lugar. Tenha em mente que, se você se sente fraco, precisa ter tido a percepção oposta de ter sido forte pelo menos uma vez. Se você experiencia estresse, tem uma ideia de como é ser desestressado. Ao se tornar independente da necessidade de se comparar e se encaixar, você escolhe o caminho que Lao-tzu chama de "a sabedoria da obscuridade" — ou seja, você libera sua necessidade de ser mais *qualquer coisa* aos olhos dos outros.

Lao-tzu conclui esse elegante verso com a metáfora dos peixes que deixam as águas profundas — quando eles tentam examinar a superfície e ver o "mundo grande" além dessas profundidades, os menores não resistem porque são capturados por uma rede. Disso, você extrai a grande lição desse 36º verso: fique abaixo do radar e sobreviverá a todos que lutam para ser reconhecidos. Quando você mudar para esse ponto de vista, seu desejo por obscuridade superará sua necessidade de ser visto como forte e superior a qualquer outra pessoa — e você não terminará totalmente sozinho em sua sala de troféus!

Aqui está o que Lao-tzu ofereceu a você 25 séculos atrás, quando ditou esse volume duradouro de sabedoria:

Esforce-se para conhecer a unicidade ao buscar a consciência dos opostos.

Faça um esforço para permanecer em um estado de unicidade em sua mente. Por exemplo, se você estiver cansado, lembre-se de que você sabe como é sentir-se descansado. Reconheça o sentimento oposto para que possa conhecer ambos simultaneamente. Faça isso com qualquer sensação: se estiver deprimido, fraco, ciumento, não amado — qualquer coisa —, a antítese do que você está passando está dentro de sua estrutura de experiências. Busque o sentimento oposto imediatamente e esteja unido a ele em sua mente, pois isso o suprirá com um senso equilibrado de estar em paz dentro de si mesmo. Isso é unicidade, onde você considera extremos e usa sua mente para ser como o Tao, que jamais divide nada. Como a unicidade pode ser separada? Ela não existiria mais se você pudesse dividi-la.

Retire-se de cena e aceite os outros.

Monitore sua propensão de se comparar com os outros ou de ficar dentro do "sistema". Um sistema é projetado para fazer você se comportar exatamente como todo mundo, pois ele trama para fazer que comparações determinem seu sucesso ou sua felicidade. O *Tao Te Ching* o incita a buscar a obscuridade: atraia pouca ou nenhuma atenção para si mesmo e não peça para ser reconhecido. Em vez disso, aceite, aceite, aceite.

Deixe outras pessoas florescerem, aumentando sua força e popularidade. Como Lao-tzu diz, você precisa deliberadamente conceder aos outros o direito de se aprofundar, mas aprender a própria lição dos peixes que sobrevivem e permanecem nas águas profundas de sua alma orientada pelo Tao.

Pratique o Tao agora

Atribua a si mesmo a tarefa de ficar o máximo possível em segundo plano durante um dia inteiro. Reprima as propensões de se comparar com qualquer outra pessoa ou de atrair atenção para si mesmo. Você pode conseguir isso ao assumir o compromisso de se interessar pelos outros hoje, substituindo o pronome *eu* por *você*. Então, em vez de dizer "Eu fiz esse tipo de trabalho durante anos; deixe-me dizer como você deve agir", comente "Você parece estar se saindo muito bem em seu novo negócio". Na linguagem do Tao, permaneça tranquilo e gentil e você sobreviverá.

37º verso

*O Tao não faz nada,
mas não deixa nada por fazer.*

*Se os homens poderosos
pudessem centrar-se nele,
o mundo todo seria transformado
por si mesmo, em seu ritmo natural.*

*Quando a vida é simples,
as pretensões diminuem;
nossas naturezas essenciais brilham completamente.*

*Sem desejos, há calma,
e o mundo se endireita.
Quando há silêncio,
a pessoa encontra a âncora do universo dentro de si mesma.*

Vivendo em simplicidade

Chamo esse verso de "Morda a língua, feche os lábios" do *Tao Te Ching*. O paradoxo inerente nas duas primeiras linhas me intrigam enormemente: "O Tao não faz nada, mas não deixa nada por fazer." Simplesmente imagine o que estão nos dizendo para considerar nesse verso — não faça nada e tudo será feito. Ele obviamente contradiz tudo que ensinaram a mim e a você. Fazer nada em nossa cultura sugere um indivíduo preguiçoso, malsucedido e possivelmente inútil. Então, por um momento, vamos modificar o modo como pensamos sobre viver simplesmente e não fazer nada.

De todos os problemas que são relatados na mídia — incluindo guerras, terrorismo, fome, ódio, crimes e doenças — quantos resultam da interferência no desenrolar natural da criação? Quanto da natureza essencial de nós mesmos e de nosso planeta é capaz de brilhar completamente? Como seria a Terra se os governos não interferissem na vida de todo mundo? E se ninguém pudesse ser percebido como um inimigo? Poderia haver um mundo no qual grupos de pessoas jamais se reunissem para dominar outras ou para invadir ou conquistar — e onde os mares, as montanhas, os recursos naturais, o ar, as plantas e os animais fossem respeitados e deixados em paz para florescer sem qualquer interferência? Suponha que esse lugar de simplicidade e falta de interferência existisse... ele estaria agindo exatamente como o Tao faz, fazendo nada e, ainda assim, deixando nada por fazer.

Agora saia desse cenário altamente imaginário e comece a reconsiderar o que significa nessa passagem o conceito de poderosos indivíduos transformando o mundo. Quando eles interferem nos ritmos naturais, acabam criando dificuldades que são incongruentes com o Tao. Tente visualizar grandes líderes que estejam, em vez disso, centrados no Tao — eles mordem as línguas e fecham os lábios, em vez de agir de um modo hostil, e se recusam a participar de atividades que causem danos a qualquer coisa no planeta. Sim, isso pode ser uma fantasia, mas não é uma impossibilidade quando você pensa como um sábio e está centrado no Tao.

O 37º verso do *Tao Te Ching* também pode ajudá-lo a mudar o modo como se vê. Digamos que você esteja acostumado a equiparar a ideia de sucesso a um tipo de pessoa que assume o comando. Você acredita que esse indivíduo distribui responsabilidades a outros porque ele é o líder que está disposto e é capaz de dizer aos outros o que fazer e como fazer. Bem, essa visão está completamente fora de harmonia com o Tao, que "faz nada" e "não deixa nada por fazer". À medida que você alterar o modo como olha para seu próprio poder e sucesso, começará a substituir fortes desejos por contentamento sereno. Quando começar a reconhecer sua verdadeira natureza — que é a âncora do universo — brilhando completamente, reconhecerá que o modo como olha para as coisas mudou totalmente.

Usei essa lição de simplicidade para lidar com todos os meus filhos. Quando intervenho e digo a eles "como fazer", crio resistência. Mas, quando mordo a língua, fecho meus lábios e me recolho ao silêncio, eles não só descobrem como fazer por si mesmos, mas uma energia calma substitui sua frustração. Aprendi que meus filhos sabem como ser: eles também têm a âncora do universo dentro de si. Eles também são centrados no Tao de fazer nada, fazer com que tudo seja feito. Eles também têm uma natureza essencial que estão ouvindo. À medida que vou me tornando mais apto a confiar nisso — não apenas para meus filhos, mas para todos que encontro — torno-me mais sereno. E adivinhe só? Mais, não menos, parece ser realizado — na hora certa e sem os problemas que costumavam aparecer por conta de minha interferência.

37º verso

Mude o modo como pensa sobre a ideia toda de sucesso e poder, pois isso não é o resultado de realizações obsessivas nem de seguir continuamente diretrizes. Comece a viver em um mundo que você sabe que funciona muito melhor com menos interferência. Você compreende que nem todos deixarão de instruir os outros e simplesmente permitir que o Tao se desenrole, mas *você* pode ser um observador, vendo os outros utilizarem o poder deles ao se centrarem.

Aqui está o que Lao-tzu sugere para você fazer desse verso sua realidade diária:

Cultive seu ser natural e único.

Pratique permitir que sua natureza essencial brilhe ao não impor julgamentos sobre si mesmo que foram impostos por outros. Lembre-se de que você não precisa fazer nada. Você não tem de ser melhor do que qualquer outra pessoa. Você não tem de vencer. Você não tem de estar em primeiro lugar ou no 27º lugar ou em qualquer outra posição. Dê a si mesmo permissão para simplesmente *ser*. Pare de interferir em seu ser natural único. Suavize a carga que carrega para ser produtivo, rico e bem-sucedido aos olhos dos outros; e substitua isso por uma afirmação interior que lhe permita acessar o Tao. Afirme: *estou centrado no Tao. Confio que sou capaz de me endireitar, e o mundo também. Eu me recolho no silêncio, sabendo que tudo está bem.*

Espere ver a natureza essencial de outros ao permanecer calado.

Morda sua língua e feche seus lábios deliberadamente no momento exato em que estiver tentado a se envolver na vida daqueles à sua volta. Torne-se ciente de sua propensão de dizer aos outros, especialmente a seus familiares, como eles devem conduzir a própria vida. Mesmo que você protele por alguns momentos a intromissão na vida de alguém, estará no caminho para permitir que aqueles à sua volta encontrem a âncora do universo dentro de si mesmos. Essa nova disciplina de resistir ao hábito de se envolver ao fazer uma pausa antes de interferir permitirá que você veja como todos são verdadeiramente capazes quando estão no campo de energia de alguém que *permite*, em vez de alguém que *dita*.

Pratique o Tao agora

Imprima ou copie as duas primeiras linhas deste 37º verso: "O Tao não faz nada, mas não deixa nada por fazer." Leia as palavras repetidamente até que as tenha decorado; depois saia para uma caminhada de trinta minutos e perceba a verdade contida nelas. O ar, o céu, as nuvens, a grama, o vento e as flores... nada natural que você vê está por fazer, mas nada está acontecendo para fazer com que tudo funcione. Tudo é realizado pela verdade dessas palavras.

Recordo-me de um poema do século XIII de Rumi, intitulado "Mordisque-me", que se aplica perfeitamente a essa seção do *Tao Te Ching*:

> *Mordisque-me.*
> *Não me engula.*
> *Com que frequência você tem um convidado em sua casa*
> *que pode consertar tudo?*

Deixe seu convidado totalmente sábio consertar a situação enquanto você vive naturalmente.

38º verso

Um homem verdadeiramente bom não está consciente de sua bondade
e, portanto, é bom.
Um homem tolo tenta ser bom
e, portanto, não é bom.

O mestre não faz nada
mas ele não deixa nada por fazer.
O homem comum está sempre fazendo coisas,
mas muitas outras são deixadas por fazer.

A virtude mais alta é agir sem um sentido de eu.
A bondade mais alta é dar sem condição.
A justiça mais alta é ver sem preferência.

Quando o Tao é perdido, há bondade.
Quando a bondade é perdida, há moralidade.
Quando a moralidade é perdida, há ritual.
O ritual é a casca da verdadeira fé,
o início do caos.

O grande mestre obedece à sua própria natureza,
e não às ciladas da vida.
Diz-se:
"Ele fica com a fruta, e não com a lanugem."
"Ele fica com o firme, e não com o frágil."
"Ele fica com o verdadeiro, e não com o falso."

Vivendo em sua própria natureza

Aqui está a mensagem por trás desse verso aparentemente paradoxal do *Tao Te Ching*: sua natureza é ser bom porque você veio do Tao, que é bondade. Mas, quando você está *tentando* ser bom, sua natureza essencial torna-se inoperante. Em seu esforço para ser bom, moral ou obediente, você perde contato com sua natureza do Tao.

Há uma frase nesse verso sobre a qual pensei durante dias antes de escrever esse breve texto: "Quando o Tao é perdido, há bondade." Fiquei aturdido porque parecia muito contraditório com o que o *Tao Te Ching* estava ensinando. Finalmente, em um momento de contemplação enquanto eu meditava sobre um desenho de Lao-tzu, ficou claro para mim: *a natureza é boa sem saber disso* foram as palavras exatas. Eu ouvi isso em minha meditação. Depois entendi o que Lao-tzu parecia querer que eu transmitisse sobre esse 38º verso algo confuso (para mim).

Viva por sua natureza essencial, o Tao, que é unicidade; ele não tem polaridade. Mas, no momento em que você sabe que é bom, introduz a polaridade de "bom" contra "mau", que faz com que perca sua conexão com o Tao. Então você introduz algo novo — imagina que, se você não conseguir ser bom, tentará ser moral. Mas o que é a moralidade além dos padrões de certo e errado que você *tenta* sustentar? Como Lao-tzu parece estar dizendo para mim: *o Tao é unicidade; ele não tem padrões para você seguir*. Em outras palavras, o Tao simplesmente *é*; ele não está fazendo nada, mas ele não deixa nada por fazer. Não há moralidade; só existe o Tao desapegado. Ele não é certo nem justo, mas ele *é* a natureza essencial, e você é estimulado a ser verdadeiro consigo mesmo.

Quando a moralidade é perdida, a ideia de ritual vem à tona, então você tenta viver de acordo com regras e costumes que definiram "seu povo" por séculos. Mas eu quase consigo ouvir Lao-tzu dizendo: *o Tao é infinito e não exclui ninguém*. Os rituais o mantêm desconectado do Tao e você os perde ao tentar. Então, fia-se nas leis, dividindo-se ainda mais e criando o caos para si mesmo Mais uma vez, o Tao é simplesmente a própria natureza verdadeira e essencial — ele não tem leis, rituais, moralidade ou bondade. Observe isso e viva dentro de sua natureza. Em outras palavras, aja sem estar preocupado com o próprio ego. Dê como o Tao faz, sem impor condições ou tentar ser bom, moral ou justo. Simplesmente dê a todos sem preferências, como Lao-tzu recomenda.

Admito que viver por esse 38º verso pode ser o oposto completo do que você aprendeu nesta vida. Isso certamente representa tanto um desafio intelectual quanto comportamental para mim às vezes. Você talvez aprecie saber que muitos dos estudiosos com quem pesquisei com relação a esse verso disseram que Lao-tzu escreveu esse (e o próximo) em resposta à sua oposição a Confúcio, seu contemporâneo que expôs decretos e códigos específicos de conduta para as pessoas. O que Lao-tzu parecia estar dizendo para mim pela meditação foi: *confie em sua própria natureza essencial. Abandone todas as polaridades e viva na unicidade indivisível que é o Tao*. As dicotomias de bom/mau, certo/errado, próprio/impróprio, legal/ilegal e outras podem ser difíceis — apenas tenha em mente que, quando elas vêm à tona, o Tao é perdido.

Aqui estão alguns outros conselhos para você, por intermédio de mim, de Lao-tzu:

Viva em sua natureza essencial ao rejeitar princípios artificiais.

Esses princípios em ordem decrescente são bondade, justiça, ritos e leis. A bondade artificial é uma tentativa de viver ao não ser "mau", então você permite que outros decidam onde você se encaixa em uma escala de bondade. Afirme: *eu sou do Tao, uma parte de Deus, e não preciso de dispositivos humanos para confirmá-lo. A bondade e Deus são um só, e eu confio em quem sou e agirei sob essa perspectiva. Permaneço com essa verdade, e não com o que é falso.* Além disso, veja que o Tao não está preocupado com justiça — dê de si mesmo sabendo que isso é um dispositivo artificial que não pode existir sob a perspectiva de unicidade. Você vem dessa unicidade e voltará a ela, não importa quais sejam suas opiniões a esse respeito. Então abra-se generosamente sem desejar ser tratado com justiça.

Abandone costumes culturais e familiares antiquados.

Abandone ritos que você se sente compelido a seguir simplesmente porque eles sempre existiram em sua vida, e especialmente em sua família. Afirme tranquilamente: *eu sou livre para viver, confiando no eterno Tao. Eu não preciso ser como meus antepassados foram. Eu desisto dos ritos antigos que não funcionam mais ou que perpetuam a separação ou inimizade.* Lembre a si mesmo que a bondade não é acessada ao se obedecer às leis; melhor, ela é o que ressoa com sua natureza essencial. Você não precisa de qualquer tipo de código para decidir o que é próprio, bom, moral, ético ou legal. Confie em si mesmo para ser um instrumento de amor ao se entregar à sua natureza mais elevada, em vez de ser seduzido por leis mortais.

Este poema do místico do século XVI São João da Cruz, intitulado "Um coelho percebeu minha condição", descreve lindamente tal atitude:

> *Eu estava triste um dia e saí para um passeio,*
> *eu me sentei no campo.*
>
> *Um coelho percebeu minha condição e se aproximou.*
>
> *Em geral, não é necessário mais do que isso para ajudar —*
>
> *simplesmente estar perto de criaturas que*
> *são tão cheias de conhecimento,*
> *tão cheias de amor*
> *que elas não*
> *conversam,*
>
> *elas apenas olham atentamente com*
> *seu entendimento maravilhoso.*

Pratique o Tao agora

Passe um dia escolhendo conscientemente perceber uma das criaturas de Deus, como um cachorro, uma borboleta, uma mariposa, uma aranha, uma formiga, um peixe, um gato, um cervo, ou o que quer que o atraia. Você pode aprender muito com eles acerca de confiar em sua natureza interior. Eles são, como o poeta diz, "tão cheios de conhecimento".

39º verso

Essas coisas de tempos antigos originam-se do um:
O céu está inteiro e claro.
A terra está inteira e firme.
O espírito está inteiro e cheio.
As dez mil coisas estão inteiras, e o país está no prumo.
Todas elas decorrem da totalidade.

Quando o homem interfere no Tao,
o Céu torna-se sujo,
a Terra torna-se esgotada,
o equilíbrio desmorona,
as criaturas tornam-se extintas.

Portanto, a nobreza está estabelecida na humildade;
a altivez se baseia na inferioridade.
É por isso que as pessoas nobres referem-se a si mesmas
como sozinhas, carentes e indignas.

As partes de uma carruagem são inúteis
a não ser que elas trabalhem de acordo com o todo.
A vida de um homem não traz coisa alguma,
a não ser que ele viva de acordo com o universo todo.
Representar seu papel
de acordo com o universo
é a verdadeira humildade.

Sinceramente, honra demais significa nenhuma honra.
Não é sensato brilhar como jade e
ressoar como sinetas de pedra.

Vivendo a totalidade

Normalmente pensamos em totalidade como algo que está completo. "O campo todo", por exemplo, sugere a distância completa. "Eu comi aquilo tudo" significa ter consumido algo totalmente. Lao-tzu, entretanto, parece ver o conceito de forma diferente: totalidade, ele escreve, tem raízes na humildade. Quando a humildade evoca nossa totalidade, vivemos a realidade de que somos partes do todo.

Com essa atitude, você deseja existir harmoniosamente com o universo inteiro — colaborando com o todo e sendo subjugado a outros aspectos do todo. Sequer consegue pensar em interferir em qualquer parte dele porque você está unido a ele. No momento em que você começa a se colocar em uma posição transcendente em relação aos outros, ou a seu mundo das dez mil coisas, está interferindo no Tao. Eu o incentivo a examinar seu conceito de totalidade baseado nesse 39º verso do *Tao Te Ching*. Posso garantir que o mundo parecerá ter mudado quando você enxergá-lo através dessas lentes.

Lao-tzu insiste que o universo é inteiro; ou seja, ele está em um estado de unicidade. Não existem partes que demandam separação desse estado. Céu, Terra, espírito e as dez mil coisas são todas partes do todo — e mais, essa é sua virtude! Porém, embora o céu e as árvores possam verdadeiramente estar em um estado unificado, seu ego insiste que *você é* separado, distinto e geralmente superior. Mas, se você puder modificar o ponto de vista de seu ego, sua vida mudará.

Quando você for cooperativo e estiver procurando por sinais de unicidade, começará a ver e sentir a interconexão em tudo. Por exemplo, seu corpo é uma analogia conveniente para um universo completo em si mesmo. Embora seja uma entidade, ele certamente tem trilhões de células individuais, embora interligadas. Apenas uma célula com um relacionamento arrogante com o todo faz *todas* as células sofrerem e, no final, tornarem-se extintas, muito como o indivíduo que interfere no Tao ao poluir o céu, esgotar a terra e romper o equilíbrio do todo. Uma célula cancerosa que se recusa a cooperar com as células adjacentes a ela acabará devorando-as e, se deixada sem controle, destruirá o todo. Por quê? Porque aquela célula cancerosa não tem um relacionamento com o todo. Ela destruirá a si mesma enquanto mata o hospedeiro do qual depende para sua própria sobrevivência. Você destruirá a si mesmo se participar da destruição do Tao, do qual você depende para *sua* sobrevivência.

Cada parte aparentemente individual do todo é potencialmente perigosa (e, em geral, inútil) se não funcionar em harmonia. O que é verdadeiro para a carruagem neste verso do *Tao Te Ching* é verdadeiro para você também. Sua vida precisa ter um relacionamento com o Tao e esse relacionamento é caracterizado por Lao-tzu como um vínculo formado pela humildade. Em outras palavras, totalidade e humildade são unas e iguais, então atualize o modo como você pensa sobre seu relacionamento com a vida e represente seu papel "de acordo com o todo".

Aqui está o que Lao-tzu parece estar instruindo enquanto leio e interpreto esse verso do antigo *Tao Te Ching*:

Cultive seu relacionamento com o planeta.

Viva no espírito da totalidade, sabendo que você tem um papel a cumprir como uma das partes do Tao. Lembre a si mesmo que você não pode interferir no Tao e tenha uma vida de grandeza. Isso significa respeitar o meio ambiente de todas as formas ao viver de um modo que favoreça a Terra como uma parte de sua unicidade. Torne-se um defensor da conservação. Encontre tempo para separar e reciclar o lixo. Dirija um carro ambientalmente adequado ou, melhor ainda, caminhe em paz para o máximo de lugares possível. A totalidade significa manter

39º verso

um senso de equilíbrio com o Tao totalmente provedor, gentil e não abusivo. Na humildade, você é capaz de sentir seu pequenino papel nessa grande peça orquestrada por sua Fonte. Você verá o que Lao-tzu quer dizer com: "A vida de um homem não traz coisa alguma, a não ser que ele viva de acordo com o universo todo."

Mude o modo de pensar no sentido de que você está separado para se ver em tudo que encontrar.

Quando você viver na totalidade, perceberá que começa a sentir uma conexão com toda a vida, em vez da separatividade que seu ego prefere. Veja a si mesmo em todos que encontrar, em cada criatura em nosso planeta, na floresta, nos oceanos e no céu — quanto mais você fizer isso, mais desejará permanecer em um estado de cooperação, em vez de competição. Você também se sentirá mais propenso a rejeitar o conceito de que existe um "eles". Pratique esse modo de ser e perceba que o tipo de felicidade que pode ter se esquivado de você por uma vida é parte da unicidade da qual você começa a desfrutar.

Aqui está como Rumi expressou esse sentimento:

Se você puser seu coração encostado à terra comigo, em servir
cada criatura, nosso Amado penetrará em você de nosso reino
sagrado
e nós seremos, nós seremos
tão felizes.

Pratique o Tao agora

Saia para uma caminhada hoje e pense em termos de totalidade com tudo que você encontrar durante um período de trinta minutos. Veja a si mesmo naqueles que poderia, de outra forma, ter julgado, inclusive os muito velhos, muito jovens, obesos, deficientes ou indigentes. Enquanto você olha para eles, lembre a si mesmo: *eu compartilho do mesmo espírito originador com cada uma dessas pessoas.* Isso o ajudará a se sentir completo ao mudar de seu ego para a virtude do Tao.

40º verso

*Retornar é o movimento do Tao.
Ceder é o modo do Tao.
As dez mil coisas nascem da existência.
O ser nasce da não existência.*

Vivendo ao retornar e ceder

Vejo um dos maiores ensinamentos do *Tao Te Ching* aqui na mais curta de suas 81 passagens. Se você puder dominar a sabedoria dessas quatro palavras, estará tão feliz, satisfeito e centrado no Tao quanto qualquer sábio.

Com a primeira palavra, *retornar*, você está sendo levado em direção à compreensão do princípio básico de sua existência. Sem que tenha de deixar seu corpo, pede que você morra enquanto vive. Você realiza isso ao perceber sua unidade com as dez mil coisas que apareceram no mundo da forma. O que Lao-tzu está expressando aqui no 40º verso é o que a física quântica moderna confirmou muitos séculos depois: as partículas não vêm das partículas de menores níveis subatômicos. Mais exatamente, quando grãos infinitamente pequenos colidem em um acelerador de partículas, não sobra nada além de ondas de energia "sem partículas". Para que você, um grão muito maior, tenha se formado, deve ter vindo de um espírito originador.

Embora Lao-tzu talvez não soubesse nada de física quântica no século VI a.C., ainda assim, ele estava ensinando uma verdade essencial: é o espírito que dá vida. Então, para viver realmente seu destino como uma parte do Tao originador, você precisa descartar seu ego e voltar ao espírito — ou pode esperar até que seu corpo morra e fazer a viagem de volta nessa época.

Seis séculos após Lao-tzu ter ditado os 81 versos do *Tao Te Ching*, o homem que escreveu grande parte do Novo Testamento também falou de onde viemos. Anteriormente chamado de Saul de Tarsus, ele ficou conhecido como São Paulo, um dos apóstolos de Jesus Cristo. Em sua carta ao povo de Éfeso, ele escreveu: "Vocês foram criados para ser como Deus, e assim devem satisfazê-lo e ser verdadeiramente sagrados" (Efésios 4,24). Esse é um convite para nós todos retornarmos àquilo do qual viemos, que é amoroso, bondoso e de modo algum excludente.

Como isso é alcançado, segundo São Paulo e Lao-tzu, que enfatiza esse ponto em muitos dos versos do *Tao Te Ching*? Você o consegue ao reconhecer seu ego, rendendo-se e sendo humilde. Para esse fim, São Paulo, em sua carta ao povo de Corinto, cita Jesus diretamente: "Minha graça basta a vocês, pois meu poder é aperfeiçoado na fraqueza." Paulo, em seguida, continua dizendo: "Por isso, eu me gabarei de boa vontade de minhas fraquezas para que o poder de Cristo repouse em mim. É por isso, pelo bem de Cristo, que eu me deleito nas fraquezas, nas injúrias, nas necessidades, nas perseguições, nas dificuldades. Pois, quando estou fraco, é quando estou forte" (2 Coríntios 12,9-10). Na verdade, ceder é o modo do Tao, bem como a chave para uma existência elevada, segundo praticamente todos os textos espirituais que sobreviveram pelos séculos.

Quando você realmente muda o modo de pensar sobre toda a vida, o mundo começa a parecer muito diferente. Você começa a ver todo mundo e tudo o mais como se eles tivessem passagens de ida e volta. Você sabe que todos chegaram do espírito e sabe que eles deverão voltar. Tudo que é composto também é decomposto, e o fato de alguém mais entender isso não é importante para você. Você descobre que a percepção de a vida na Terra ser uma sentença de morte é um ponto de vista libertador e divertido. Você está escolhendo viver cada dia, cada momento que você tem e tanto quanto possa, como o aspecto de não existência de si mesmo.

Como um ser do espírito, você decide usar sua "passagem de volta" enquanto ainda está na forma física ao se manter exatamente no mesmo estado amoroso que ocupava antes de entrar nesse mundo de limites. Quando você faz sua viagem de volta, não apenas consegue perder seu cartão de identificação com o ego, como ainda recebe o bônus extra de recuperar o poder de sua Fonte, que é a força totalmente criadora do universo. Você funde-se na unicidade de uma existência que dissolve as preocupações do ego, e o mundo que você vê agora é perfeito e infinito em natureza. Não existem mais preocupações, ansiedades nem identificações com seus bens — você é uma pessoa livre. Você é um ser espiritual no início, no final e sempre.

É isso que sinto que Lao-tzu está dizendo a você nesse breve ainda que profundo ensinamento do 40º verso do *Tao Te Ching*:

Monitore sua direção, enfatizando retornar e ceder.

Mentalmente, faça um esforço para avaliar cada passo que der em todos os aspectos de sua vida — incluindo sua carreira, seus relacionamentos e sua saúde — em termos de direcionamento. Ou seja, pergunte a si mesmo: *em que direção estou realmente indo? Estou me afastando de meu lugar de origem ou estou voltando para ele?* Enquanto faz essa avaliação, talvez sinta mais empenho em retornar ao Tao, em vez de se afastar dele. Uma decisão para fazer exercícios físicos ou consumir alimentos mais nutritivos é um passo que o leva de volta ao bem-estar do qual você se originou. A decisão de suspender seu ego e interessar-se pelas ideias de outra pessoa é um movimento de volta ao Tao. A determinação de ser generoso, em vez de armazenar, é uma escolha para estar no movimento de volta. Todas essas ações surgem ao você pensar primeiro na direção em que está se movimentando — *afastando-se* de seu espírito originador ou *voltando* a ele.

Renda-se!

Ceder trata-se disso. Reconheça que seu pequeno ego não faz nada e que o Tao cria tudo, inclusive você. Quando eu me sento para escrever estas palavras em meu espaço mágico de trabalho, sei que não possuo o que aparece misteriosamente no papel. Eu me rendo. Eu sei que Deus escreve todos os livros, compõe todas as músicas e constrói todos os edifícios. Eu me curvo a essa força totalmente criativa. Embora pareça que todas as dez mil coisas nascem do mundo da existência, penso um pouco mais a esse respeito, a própria existência veio da não existência. É a esse glorioso estado de espiritualidade da não existência, ou o Tao, que eu me rendo. Eu o incentivo a fazer o mesmo, e depois tranquilamente observar como tudo flui em um modo perfeito.

Pratique o Tao agora

Estrategicamente, ponha um desenho daquela placa de "Dê a preferência" (ou ceda a passagem), encontrada frequentemente como um dispositivo de sinalização de trânsito, em seu campo de visão. Cada vez que você olhar para essa placa, use-a como um lembrete para retornar ao Tao. Pelo menos uma vez por dia, em vez de continuar com uma discussão, ceda imediatamente. Enquanto estiver falando sobre as próprias realizações ou aquecendo-se à luz de seu ego, pare e transforme-se em um ouvinte instantâneo. Quanto mais ceder a cada dia, mais retornará para a paz e a harmonia do Tao.

41º verso

Um estudioso superior ouve do Tao
e começa uma prática aplicada.
Um estudioso mediano ouve do Tao
e retém alguma coisa e perde alguma coisa.
Um estudioso inferior ouve do Tao
e ri alto, depreciando.
Sem esse riso, ele não seria o Tao.

Então há ditados construtivos nisso:
o caminho da iluminação dá a impressão de sombrio,
o avanço dá a impressão de retirada,
o caminho fácil dá a impressão de difícil,
o verdadeiro poder dá a impressão de fraco,
a verdadeira pureza dá a impressão de maculada,
a verdadeira clareza dá a impressão de obscura,
a maior das artes dá a impressão de falta de sofisticação,
o maior dos amores dá a impressão de indiferença,
a maior das sabedorias dá a impressão de infantilidade.

O Tao é oculto e inominável;
o Tao, sozinho, nutre e traz tudo para a realização.

Vivendo além das aparências

Esse verso do *Tao Te Ching* influenciou minha escolha do título deste livro. Ao mudar suas ideias para que elas se harmonizem com o Tao, você vê que o que chamou de "realidade" é, na verdade, uma forma exterior, uma aparência apenas. No início, seu novo modo de considerar a unidade estará enevoado por velhos hábitos inspirados pelo ego. Aquilo a que você se acostumou ainda ressoa dentro de você como real, e seu mundo inspirado pelo Tao talvez não seja reconhecível regularmente. Mas você começará a ver além do que apenas *parece* ser sua verdade e a se mover na experiência direta do Tao, desembaraçado de suas visões anteriormente limitadas.

Releia a primeira parte desse 41º verso do *Tao Te Ching*, observando sua resposta. Pergunte a si mesmo se você é um estudioso superior, mediano ou inferior no que diz respeito a entender e aplicar a sabedoria do Tao. Por exemplo, posso proclamar sem embaraços que sou um estudioso superior após tantos anos passados estudando e escrevendo sobre ele. Quanto mais eu estudava, mais aplicadamente eu praticava. Eu me tornei altamente sintonizado com a infinita variedade de oportunidades diárias para empregar os princípios do Tao. Quando você examinar os próprios pensamentos, talvez descubra um aspecto de si mesmo que deseje aprender a forma de utilizar esses ensinamentos ancestrais.

Desse modo, você poderá progredir de uma posição em que sabia muito pouco sobre o Tao e talvez até de uma que o tenha ridicularizado no passado para a de um estudioso superior.

A aplicação do Tao todos os dias é o que determina a grandeza do estudioso, e não se ele compreende intelectualmente esses conceitos que soam paradoxais. Lao-tzu salienta que, sem o riso ridicularizador dos estudiosos inferiores, o Tao não poderia sequer existir. Falando de conceitos paradoxais!

Em *A Warrior Blends with Life: A Modern Tao*, Michael LaTorra comenta sobre esse 41º verso:

> O Caminho só é atraente para aqueles que já são sábios o suficiente para saber o quanto são tolos. Os risos sarcásticos de outros tolos que se acreditam sábios não impedem que o verdadeiramente sábio siga o Caminho. Ao seguirem o Caminho, eles não se tornam complicados, extraordinários e proeminentes. Em vez disso, eles se tornam simples, comuns e sutis.

Quando você escolher viver o Tao todos os dias, o que vivenciará em si mesmo e à sua volta será diferente daquilo que dá a impressão de ser. Você irá muito além das superfícies para o mundo bem-aventurado do Tao e é vital que você escolha permanecer nessa verdade independentemente da aparência de tudo. Outros poderão rir de você, mas lembre-se do paradoxo de que, sem esse riso ridicularizador, não seria o Tao.

Você estará vivenciando tempos de escuridão, mas sua nova visão acabará iluminando seu mundo interior. Quando parecer que você está regredindo, lembre-se de que "o Tao é oculto e inominável". Se estivesse batendo à sua porta, ou prontamente acessível como uma pílula para engolir, ele não seria o Tao. Então, quando a vida parecer difícil, pare e perceba que você está apenas a uma mudança de pensamento de distância de se sentir em paz. Você entenderá o que Lao-tzu quer dizer com o caminho fácil parecer difícil e o verdadeiro poder parecer fraqueza. Você não terá de lutar ou dominar os outros para se sentir forte.

A pessoa no Tao vê o mundo de forma bem diferente, sabendo que a paz interior é poder. Que menos esforço é realmente mais fácil — o trabalho é feito quando você se alegra internamente e deixa que seja movimentado pelo incessante Tao, em vez de sê-lo por objetivos definidos ou para atender a padrões definidos por outros. Aceite o Tao e veja a pureza e a clareza que surgem desse ponto vantajoso. A aparência exterior de qualquer um ou de qualquer coisa pode parecer maculada, mas a visão do Tao lembrará a você que a bondade essencial está sempre lá, embora oculta e inominável, então não fique obcecado em descobri-la e rotulá-la.

Desse modo, você se tornará um grande estudioso que trabalha aplicadamente para viver em harmonia com o Tao, embora ele permaneça obscuro. Aplique esse mesmo conhecimento nos momentos em que você sentir que não é amado. Quando você vir o que parece ser indiferença, saiba em seu coração que o amor está presente. O Tao não está preocupado em provar sua fidelidade. Ele parece não estar interessado, mas está, apesar disso, sempre presente, em toda parte. Quando seu pensamento mudar de uma posição ditada pelo ego para uma que o transcenda, você verá um mundo iluminado que é verdadeiramente convidativo. O ego o convenceu a ver um planeta frio e indiferente, enquanto o Tao que transcende o ego irradia amor puro para todos a quem você esteja ligado. Deixe que ele realize essa magia em sua vida.

É isso que Lao-tzu parece estar instruindo, quando me sento aqui perguntando como posso servir aqueles que lerem este livro:

Seja aplicado.

Você não é um estudioso inferior do Tao se está lendo estas palavras. Portanto, se você for um estudioso mediano que "retém alguma coisa e perde alguma coisa", desse nível de sabedoria, assuma o compromisso de trabalhar em direção à sua grandeza. Simplesmente pratique alguns desses ensinamentos a cada dia. Seja aplicado nisso — deixe de lado a propensão a ser confuso ou polêmico e permita-se a liberdade de ser um praticante persistente. Mesmo uma pequena coisa como uma afirmação ou uma releitura de um verso por dia o colocará no caminho de viver de acordo com o Grande Caminho. Lao-tzu simplesmente diz para viver isso ao praticar com dedicação esses conhecimentos.

Aqui estão algumas linhas de Walt Whitman para lembrar-lhe que você não é o que aparenta ser:

Oh, eu poderia cantar esses esplendores e glórias sobre você!
Você não sabe o que é,
você tem dormido em relação a si mesmo a vida toda,
Suas pálpebras têm estado como fechadas a maior parte do tempo...

Quem quer que seja!, reivindique sua posse a despeito de qualquer perigo!
Essas aparências de Oriente e Ocidente são mansas comparadas a você.
Esses imensos prados, esses rios intermináveis, você é imenso e interminável como eles...

A verdade do Tao é impossível de provar em termos físicos.

Abandone seu modo condicionado de precisar de provas no mundo físico antes de algo se tornar sua verdade. O Tao está oculto permanentemente e não pode ser nomeado, então aceite isso como um fato. Você não vai encontrá-lo na forma material; ele não tem limites e, no momento em que tenta nomeá-lo, você o perde. (Veja o primeiro verso.) Exatamente como os cientistas modernos precisam aceitar o fato de que as partículas quânticas têm origem em ondas de energia informe ou espírito, sem jamais terem visto aquele campo infinito totalmente criativo, assim também você pode abandonar sua necessidade de ver e tocar o Tao antes de poder acreditar nele. Ao mudar o modo como você vê o mundo, verá um reino além da aparência de escuridão, dificuldade, fraqueza, indiferença e morte.

Como o poeta Rainer Maria Rilke observou,

... atrás do mundo que nossos nomes contêm está
o inominável: nosso verdadeiro arquétipo e lar.

41º verso

Pratique o Tao agora

Passe uma hora com uma criança hoje, tomando nota de quanta sabedoria está incorporada no que parecem ser comportamentos e crenças imaturas. Perceba a fascinação dela diante de itens aparentemente insignificantes, ao repetir a mesma frase sem sentido, nas manhas ou nos risos. Anote suas impressões da sabedoria por trás desses supostos impulsos infantis e prometa ser uma criança novamente com tanta frequência quanto possível.

42º verso

O Tao deu origem ao um.
O um deu origem ao dois.
O dois deu origem ao três.
E o três gerou as dez mil coisas.
As dez mil coisas carregam em si yin e abraçam yang;
elas alcançam harmonia ao combinar essas forças.

As pessoas sofrem ao pensar em viver
sem os pais, sem alimentos ou sem valorização.
Mas esse é o modo exato como
os reis e senhores outrora se descreviam.
Pois o indivíduo ganha ao perder,
e perde ao ganhar.

O que outros ensinaram eu ensino.
O violento não morre uma morte natural.
Esse é meu ensinamento fundamental.

Vivendo ao se fundir na harmonia

O início desse verso reitera o que Lao-tzu tem dito em todas as 41 seções anteriores do *Tao Te Ching* — ou seja, que o Tao é a força oculta que traz para a existência todas as criaturas e substâncias que constituem as dez mil coisas, como também é o intangível que consideramos unicidade ou totalidade. Todos carregam e abraçam os opostos de yin e yang, ou os princípios de feminino e masculino. Este verso reforça a ideia de que fundir essas forças aparentemente opostas é o modo de alcançar a harmonia.

Lao-tzu lembra você das coisas que provavelmente considera que causam sofrimento e sugere que ser órfão, ter fome ou sentir-se desvalorizado estão no topo da lista. Mas depois ele diz que alcançar a harmonia em termos do Tao envolve ganhar ao perder. Ele quer dizer que, se você perder sua casa, seu pai e sua mãe, seus bens ou seu senso de autoestima, ganhará tudo de que precisa? *O quê?* Como isso é possível?

Seu ser infinito que teve origem e é animado pelo Tao não precisa de nada para se sustentar. Pais, posses e autoestima só são necessários para a existência de seu ser mortal. Lao-tzu quer que você reconheça essa diferença dentro da unicidade que você é. Ele ensina que você adquire consciência de sua natureza do Tao pela perda da ênfase nas condições físicas de sua vida. Em sua unicidade, você tende a perder a sensibilidade do Tao em proporção à ênfase que dá aos desejos mundanos.

Ao mesmo tempo, Lao-tzu enfatiza que a morte do ser mortal é influenciada pelo modo como você vive. *Você morrerá como vive* é o ensinamento fundamental para o ser mortal. Esse é o ato de equilíbrio necessário para verdadeiramente se fundir em harmonia com o Tao.

As várias linhas finais deste verso insistentemente atraíram minha atenção quando eu estava pesquisando, escrevendo e meditando sobre essa 42ª passagem. Estudei muitas traduções e passei inúmeras horas refletindo com Lao-tzu, olhando atentamente para sua imagem no ambiente em que escrevo. Descobri que este verso em particular sempre foi interpretado com o mesmo tipo de ênfase dramática. Todas diziam algo semelhante ao seguinte: "Adoto isso para ser o pai dos ensinamentos"; "Saiba que isso é a base de meus ensinamentos"; "Isso será a essência de meu ensinamento"; "Quem quer que diga isso é meu amado mestre"; e a que usei aqui, "Esse é meu ensinamento fundamental". Minha conclusão é que, quando você exerce violência de qualquer forma — inclusive em pensamentos, comportamentos, declarações e fidelidade a nações, governos ou causas —, está escolhendo morrer da mesma maneira. Claro, você tirará as próprias conclusões sobre o significado dessa instrução particularmente dramática do *Tao Te Ching*.

A insistência com a qual esse ensinamento apresentou-se a mim me levou a acreditar que Lao-tzu quer que eu enfatize que seu oposto também é verdadeiro. Ou seja, uma pessoa que adote o Tao e evite a violência e o ódio viverá e morrerá naturalmente... o que está em harmonia com a perfeição do Tao. Então convido você a mudar o modo como percebe o que o impede de se harmonizar com sua Fonte. O agente de origem de tudo também é seu lugar final de retorno quando você deixar seu corpo naquele momento chamado "morte". Você precisa estar disposto a abandonar seu apego a todas as formas de violência em sua vida se quiser fundir-se na harmonia.

Aqui estão sugestões de Lao-tzu, escritas por intermédio de mim, para abraçar esse ensinamento fundamental do *Tao Te Ching*:

Lembre-se de que a violência viola a harmonia de vida e morte.

Tome a decisão de viver harmonicamente com o Tao ao remover todas as associações que você tem com a violência. Pare de apoiar diversões que promovam qualquer tipo, por exemplo. Monitore seu vocabulário para se lembrar de remover palavras que dirijam ódio ou morte a qualquer criatura vivente. Explore canais para solucionar as divergências de maneira pacífica, e envolva-se com organizações que desencorajem a violência. Lembre-se de que o único princípio fundamental do *Tao Te Ching* é que, se você adotar a selvageria em qualquer formato, estará, desse modo, engajando-se em um final selvagem neste planeta. Isso inclui tanto sua atividade mental quanto os comportamentos, então busque pensamentos bons e magnânimos, em vez de vingança e ódio. Mude o modo como vê a vida para visualizar uma imagem livre de violência e que se funda na harmonia enquanto você vive e morre.

Examine seus apegos usando a ideia de que você ganha ao perder e perde ao ganhar.

Seu apego a objetos, status, sua cultura e até a outras pessoas o impede de ser livre no Grande Caminho do Tao. Quanto mais coisas se acumularem, mais você precisará tomar conta delas, fazer seguro delas, preocupar-se com elas, protegê-las, poli-las, distribuí-las e identificar-se com elas. Em outras palavras, você perderá harmonia enquanto estiver procurando ganhar. Pratique doar suas posses e perder sua necessidade de quem e do que você tem. Imagine fios presos a todos e a tudo que você sente que possui; então, simbolicamente corte esses fios e seja um observador, em vez de um proprietário. É assim que você se funde na harmonia com o Tao.

O poeta Hafiz aconselha:

> *Comece vendo tudo como Deus*
> *Mas mantenha isso em segredo.*

Pratique o Tao agora

Pense em uma pessoa que talvez tenha sido injusta com você em algum momento de sua vida: alguém que o abandonou ou maltratou, alguém que o roubou ou enganou, alguém que abusou de você ou espalhou boatos ruins a seu respeito. Passe um dia colocando todos os pensamentos de vingança de lado e, em vez disso, sinta perdão e amor por esse indivíduo. Perceba a diferença em seu corpo quando você não tem pensamentos violentos... esse é o ensinamento essencial do Tao.

43º verso

*A mais suave de todas as coisas
sobrepõe-se à mais dura de todas as coisas.
Aquilo sem substância entra onde não há espaço.
Por isso, eu sei o valor da não ação.*

*Ensinar sem palavras,
desempenhar sem ações —
poucos no mundo podem compreender isso —
que é o modo do mestre.
Raros realmente são aqueles
que obtêm a generosidade deste mundo.*

Vivendo suavemente

O *Tao Te Ching* está cheio de paralelos com a natureza e, na verdade, a pura essência dos ensinamentos parece ser para nos ajudar a virarmos sábios inspirados pelo Tao pela unicidade com o meio ambiente. As linhas iniciais desse 43º verso me fazem lembrar do jeito da água, de sua suavidade e capacidade de penetrar em toda parte, mesmo onde aparentemente não há espaço para fazer isso. A água é usada simbolicamente em muitas referências ao Taoísmo, como no título do notável trabalho contemporâneo de Alan Watts, *Tao: The Watercourse Way*. Viver suavemente é viver o modo do curso d'água.

Neste verso, Lao-tzu o convida a mudar o modo como você vê a dureza. Para você, o conceito é provavelmente equiparado com força. Você talvez se exercite porque, quanto mais firmes seus músculos, mais rijo você pensa que estará. Você considera os diamantes mais valiosos do que um mineral macio, como a cinza vulcânica, que esfarela em suas mãos? Talvez concorde com a ideia de que realizar uma tarefa difícil o torna uma pessoa melhor. Agora imagine imitar a água, esse elemento básico que é a corporificação da natureza (afinal, ela realmente abrange 75 por cento tanto da superfície do mundo quanto de nossa composição física). Pense sobre o modo como a água corre, fluindo para o lugar mais baixo, e como, para experienciá-la, você não pode simplesmente agarrar um punhado dela. Você precisa, em vez disso, relaxar, colocando suavemente seus dedos dentro dela.

Pense de que modo a água suave pode ser comparada com a pedra e o mármore sólidos que ela é capaz de esculpir. A água suave domina a dureza — profundos vales cercados por montanhas de granito foram esculpidos ao longo dos séculos pelo paciente e silencioso líquido em movimento. Imagine-se capaz de entrar onde não pareça haver espaço disponível, e mover-se lentamente, falando raramente e permitindo estar harmoniosamente intacto enquanto busca um lugar mais baixo, menos barulhento e perceptível... um lugar no qual todos os outros desejem vir até você. Esse é o modo do curso d'água.

Há valor na não ação de ser capaz de fluir como a água, naturalmente e sem esforço. Não posso deixar de pensar nisso quando entro no mar para nadar por uma hora mais ou menos. Quero acompanhar a correnteza, em vez de nadar contra ela; então minha primeira escolha envolve verificar a direção que a água está seguindo. Enquanto me movimento pelo mar, imitando sua naturalidade, confio em meu instinto e nado sem tentar conduzir os movimentos de meus braços e de minhas pernas. Penso nisso como executando, mas não interferindo — ou seja, estou permitindo que meu corpo se movimente pela água sem minha mente dizer a ele como se mover. Como mudei meus pensamentos sobre "duro" e "suave", não tenho de fazer nada exceto estar na água. Escolhi fazer de minha natação diária uma experiência suave, silenciosa e que exige muito pouca ação de minha parte. Então, meu mundo da natação mudou, tornou-se fácil, alegre e quase sem esforço. Aprendi "o valor da não ação", como Lao-tzu expressa neste verso. Estar desempenhando sem ação!

Aplique esse modo de ver a seu mundo: as tarefas serão simplificadas, seu nível de desempenho aumentará e a pressão para ser melhor do que os outros usando uma força superior endurecida deixará de ser um fator influente. Você incorporará naturalmente a sabedoria da harmonia pacífica que é encontrada nas artes marciais ao deixar os esforços dos outros se tornarem uma fonte de seu próprio poder. Sua suavidade dominará a dureza dos outros.

O princípio é claramente visto quando você observa os grandes campeões enquanto eles realizam suas atividades preferidas. Os melhores golfistas não fazem esforço para girar. Os jogadores de maior sucesso correm, pulam, jogam, agarram e chutam com uma suavidade que parece causar admiração na maioria dos observadores — eles não usam força, nem conseguem encontrar palavras para descrever como fazem isso. Os artistas mais talentosos dançam suavemente, sem esforço; pintam silenciosamente, sem força; e escrevem com facilidade, sem luta, ao permitir que as palavras venham até eles. Como Lao-tzu lembra, esses são seres raros que vivem do modo do mestre. Esses sábios "obtêm a generosidade deste mundo", que está disponível para você também.

Enquanto contemplo o conselho de Lao-tzu, ele me incita a oferecer a você estímulo para aplicar o espírito do modo do curso d'água que é encontrado nesse 43º verso do *Tao Te Ching*:

Introduza um estilo suave, de não ação, em sua vida.

Pratique o modo da não ação, ou de realizar sem esforço. Ao abrir mão de seu impulso interior de se esforçar mais, você verá que ironicamente se sai melhor do que quando tentava com tanto afinco. Em seu trabalho, seja mais tolerante em seu impulso de realizar ao suavizar sua atitude e seu comportamento. Você verá que clientes e oportunidades maiores serão atraídos até você. Por que isso é verdade? Porque você está permitindo o fluxo perfeito do Tao, como a grande garça cinza deixa que a maré recue para revelar o alimento que ela precisa para viver. Perceba como sua vida muda quando você muda o modo como olha para ela.

Pratique desempenhar sem esforço em outras áreas de sua vida também. Por exemplo, alguns corredores de maratonas dizem que aprenderam a relaxar e parar de se esforçar, deixando as pernas, os braços e os troncos simplesmente em paz, quando o corpo começa a sentir uma exaustão extrema faltando apenas alguns quilômetros para terminar a corrida. Eles relatam que, quando interrompem a interferência mental e as instruções, conseguem magicamente cruzar a linha de chegada. O suave sempre tem seu lugar, pois ele é o modo do curso d'água... o modo do Tao.

Incentive os desejos a fluírem livremente em sua imaginação.

Considere o que você quis ter nesta vida como se estivesse atrás de uma porta trancada. Examine o que você tem dito a si mesmo sobre prosperidade, ótima saúde, boa sorte, sucesso nos negócios ou relacionamentos maravilhosos que você tem desejado — que não importa o quanto tenha se esforçado, tudo acabou em nada. Então, imagine-se fluindo como água através da barreira daquele cômodo trancado. Faça isso suave, delicada e silenciosamente em sua mente. Em outras palavras, simplesmente passe algum tempo se acostumando a praticar o modo do curso d'água do Tao.

Quando você permitir que a suavidade seja parte do quadro de sua vida, o modo difícil suavizará. Comece a exercitar esse tipo de ausência de esforço em todas as áreas de seus desejos. Segundo Ralph Waldo Emerson: "É condição da Inspiração — case-se com a natureza, não a use para o prazer." Eu o incentivo a considerar esse tipo de casamento.

Pratique o Tao agora

Faça um dia de silêncio. Não fale alto com ninguém; em vez disso, simplesmente observe e veja se você pode estar em um estado de suavidade sem dizer a si mesmo ou a qualquer outra pessoa o que fazer. Delicadamente, considere as palavras poderosas de Herman Melville, que disse uma vez que a única voz de Deus é o silêncio.

44º verso

*O que é mais importante para você,
você ou sua reputação?
O que é mais importante para você,
você ou o que possui?
Eu digo que o que você ganha
é mais incômodo do que o que você perde.*

*O amor é o fruto do sacrifício.
A riqueza é o fruto da generosidade.*

*Um homem satisfeito jamais é decepcionado.
Aquele que sabe quando parar está resguardado do perigo,
somente assim você pode resistir por muito tempo.*

Vivendo ao saber quando parar

O 44º verso diz que mudar o modo de priorizar sua vida garante uma vida proveitosa. Eu a chamo de a seção "O suficiente é o bastante" do *Tao Te Ching*. Depois que você atualizar sua visão de quais são as coisas mais importantes de sua vida, o mundo à sua volta parecerá muito diferente. Lao-tzu o está incentivando a olhar dentro de seu coração e examinar o que é realmente importante.

Versos anteriores do *Tao Te Ching* aconselham que a missão essencial de sua vida é voltar à sua Fonte originadora antes da morte física (ou travar conhecimento com ela). Em outras palavras, você não precisa morrer para fazer a viagem de volta! Não só é possível, mas fundamental, sentir sua conexão com o Tao enquanto ainda está vivo.

Saber quando parar é parte do caminho que o levará a seu ser essencial, onde a necessidade por fama e posses não existe. Veja: não são as coisas ou mesmo o desejo por reconhecimento que o impedem de ter uma conexão em vida com o Tao — é seu *apego* a elas que atrapalha. Então mude a importância que dá ao sucesso ou aos bens, que obscurece sua conexão com o Tao. Comece a perceber o desatino de exigir mais, exaurindo-se na busca do que o mantém preso em um ciclo vicioso de "esforçar-se e jamais ter êxito" ou de tentar encontrar gratificação. Este verso implora que você reconheça o momento de parar.

Estou certo de que você pode ver facilmente pessoas em seu ambiente que passam a vida inteira buscando mais de tudo — mais bens, mais dinheiro, mais reconhecimento, mais prêmios, mais amigos, mais lugares para ir, mais substâncias, mais comida. Se você viver sob essa mesma filosofia, estará encaminhando-se para uma vida de frustrações e insatisfação, porque a própria busca se tornará sua carcereira. Então, é fácil de ver por que Lao-tzu recomenda que o que você ganha é muito mais incômodo do que o que você perde! Quando você priorizar sua vida, descobrirá que o amor e a sensação de abundância não serão apenas aquilo que você deseja, mas esses dois princípios estarão imediatamente disponíveis porque você mudou o modo de ver o mundo. Sob essa nova perspectiva, você se sentirá totalmente amado e rico em todos os sentidos.

Percebo que Lao-tzu está novamente falando por meio do que parecem ser palavras paradoxais. Mas ele está chegando até você porque mudou o modo como *ele* via as coisas e percebeu que o que ele via mudava. Ele passa então a ver amor e riqueza em toda parte — mas ele sabe intuitivamente que jamais poderá possuí-las ao ir ao encalço delas, visto que elas sempre permanecerão realmente fora de seu alcance. De fato, ele olha para o Tao e percebe que o Grande Caminho não conserva nada para si mesmo, está disposto a abrir mão de sua essência de doação de vida e está desejoso de compartilhar com todos. Quando *você* se doar sem pedir nada em troca e não tiver mais necessidade de reconhecimento, vivenciará mais satisfação. Os frutos da riqueza e do amor estarão visíveis exatamente à sua frente, quando você simplesmente interromper a caçada.

A beleza da sabedoria desse 44º verso é que você abandona o apego aos bens ou ao modo de viver, que é o que quero dizer por saber quando parar. Se a caçada estiver consumindo sua saúde, pare! Se a caçada estiver causando estragos em seus relacionamentos, pare! Se a caçada o estiver esgotando, pare! Se a caçada o estiver impedindo de aproveitar a vida, pare! Quando você souber quando parar e desistir, estará protegido de todos esses perigos, e poderá desfrutar de uma existência longa e feliz em conexão com o Tao.

A seguir, o que Lao-tzu me pediu para oferecer a você como um meio para implementar esse ensinamento:

Faça de seu relacionamento com o Tao sua prioridade principal.

Priorize sua vida ao fazer dessa a mais importante e vital de suas responsabilidades. Seu relacionamento principal precisa ser *consigo* mesmo, não com família, negócios, país, cultura ou etnia. Afirme: *a prioridade principal em minha vida é meu relacionamento com minha Fonte de existência.* Vá lá primeiro, antes de quaisquer outras considerações, e você interromperá automaticamente o pedido por mais de qualquer outra coisa. Você começará a imitar o céu vivente e sem esforço do Tao na Terra.

Pratique saber quando parar.

Esteja alerta para reconhecer quando for um bom momento de parar de exigir, buscar, falar, andar, trabalhar, dormir, brincar, comprar, reclamar, lutar e assim por diante. Ao praticar a cessação, você se moverá para priorizar o que é importante em sua vida naquele momento. Seus negócios estão indo bem? Deixe que ele pare de crescer. Seu estômago está satisfeito? Pare de comer imediatamente. Você tem dinheiro guardado suficiente? Dê algum dele, sem fazer deduções ou pedir o crédito por sua generosidade. Quanto mais apegado você for a necessitar, querer e possuir, mais perderá em seu relacionamento com o Tao. Mas, quando você reconhece o momento de parar, diz adeus aos problemas que aparecem para aqueles que sacrificam uma vida de luta pelo sucesso.

Pratique o Tao agora

Escolha uma área de sua vida para praticar a libertação de um apego ao decidir quando parar. Por exemplo, planeje sair do supermercado dez minutos antes do tempo que pensou ser necessário para concluir as compras ou abstenha-se de comprar algo que não esteja em sua lista. No trabalho, abstenha-se de tomar outra xícara de café ou de enviar mais um e-mail pessoal. Em um relacionamento, não diga mais nada em uma discussão que não esteja levando a lugar algum. Esses são exemplos de apego ao ser ou fazer.

    Você também pode praticar o desapego ao doar algo. Há pouco tempo, por exemplo, meu filho surpreendeu a nós dois ao fazer exatamente isso. Eu estava admirando uma nova camiseta que ele acabara de comprar e ele disse: "Aqui, papai, você gosta tanto dessa aqui, e, embora seja minha preferida, quero que você a tenha." Foi um abandono simples e espontâneo de um apego, e nós dois sentimos a riqueza que é o fruto da generosidade.

45º verso

A maior perfeição parece imperfeita,
e, ainda assim, seu uso é inesgotável.
O mais cheio parece vazio,
e, ainda assim, seu uso é interminável.

A grande retidão parece deturpada.
A grande inteligência parece estúpida.
A grande eloquência parece desajeitada.
A grande verdade parece falsa.
A grande discussão parece silenciosa.

A atividade conquista o frio;
a inatividade conquista o calor.
A serenidade e a tranquilidade põem as coisas em ordem
no universo.

Vivendo além das superficialidades

Esse verso pede sutilmente que você veja o mundo com novos olhos. Muito provavelmente, você foi condicionado a avaliar quase tudo com uma olhada superficial e rápida. Aqui, contudo, Lao-tzu está pedindo que você pare de ver através de sua cultura dominada pelo ego e, em vez disso, comece a perceber o espaço invisível, sereno e tranquilo dentro de tudo. Quando você vai além das superficialidades, torna-se ciente de que aquilo que parecia imperfeito, vazio, desajeitado ou até estúpido agora parece perfeito, cheio, eloquente e inteligente.

Seu modo anterior de pensar sobre o mundo lhe dizia que ele estava cheio de imperfeições — as pessoas em sua vida deveriam ser diferentes, os políticos deveriam estar alinhados a seus valores, o clima deveria ser mais constante e confiável, as multidões deveriam ser mais pacíficas, os jovens deveriam estudar mais e os mais velhos deveriam ser mais tolerantes. As avaliações são incansavelmente intermináveis, e estão todas baseadas nos ensinamentos que você adotou. Embora elas possam parecer sensatas e corretas, essas visões são simplesmente o resultado de ver apenas o que existe na superfície. "Pare um pouco", esse verso do *Tao Te Ching* parece dizer, "e experimente olhar para isso dessa forma. O que parece ser imperfeito tem perfeição, e o que parece vazio e falso tem uma profunda verdade espiritual amparando-o".

O paradoxo aqui é evidente: a fome realmente existe no mundo como um elemento da perfeição do Tao, e o desejo de ajudar aqueles que estão com fome também é parte dessa perfeição. Estão pedindo que você não rotule o que vê como imperfeito, estúpido ou vazio; de preferência, busque a serenidade e a tranquilidade em seu íntimo que você pode levar para essas aparências superficiais. Quando você se abstém de se ocupar de julgamentos baseados unicamente na aparência, torna-se paradoxalmente um instrumento de mudança.

Estude as linhas iniciais deste verso. O que parece imperfeito é inesgotável; o que parece vazio é interminável. Imagine uma jarra da qual você pudesse servir um chá gelado delicioso sem jamais precisar reabastecer. "Impossível", diz você, mas é precisamente isso que o Tao faz. Ele nunca, jamais acaba. Ele nunca acabou nem nunca acabará. Ele não pode ser esgotado. Pede-se que você seja como esse inesgotável e sempre cheio Tao — não faça julgamentos, seja sereno e, acima de tudo, tranquilo. Deixe que o mundo e todas as suas criações se revelem enquanto você permanece constante com a invisibilidade que permite que tudo aconteça. Deixe que o que quer que você sinta profundamente dentro de si naquele espaço silencioso e sereno o oriente na direção que é seu verdadeiro destino.

Recentemente, assisti a uma palestra de meu amigo, colega e mentor Ram Dass, o qual teve um derrame em 1997 que afetou sua fala. No momento em que escrevo, ele ainda passa a maior parte de seus momentos despertos em uma cadeira de rodas e sua palestra durou aproximadamente 45 minutos. O público o aplaudiu de pé no final e eu me senti pessoalmente muito abençoado e feliz por estar na plateia. Talvez existam alguns que possam ter visto apenas as superficialidades — para eles, a palestra pode ter parecido hesitante e lenta devido ao derrame, e julgada constrangedora ou mesmo deficiente do ponto de vista intelectual. Muito do tempo de meu querido amigo no palco foi silencioso, e certamente pareceu estar vacilante em comparação com suas palestras anteriores, que sempre foram dominadoras e eloquentes. Mas, enquanto me sento aqui escrevendo, só posso dizer que, como mudei o modo de olhar essa experiência, a coisa inteira mudou para mim de um modo muito radical.

Embora as palavras de Ram Dass fossem poucas, sua mensagem foi direta, lacônica e franca. O que talvez tenha parecido ininteligível para outros me atingiu como um brilhantismo disfarçado pelas circunstâncias.

45º verso

O que poderia ser visto como gaguejar era totalmente articulado e perfeito. Ouvi uma grande apresentação para um grande público amoroso e receptivo, que foi feita em grande parte entre longos períodos de silêncio delicioso. Durante toda a palestra, todas as pessoas da plateia e eu permanecemos imóveis e tranquilos. Como Lao-tzu conclui nesse 45º verso do *Tao Te Ching*, ele "põe as coisas em ordem no [nosso] universo".

Posso sentir a presença de Lao-tzu aqui nesta manhã enquanto olho atentamente para o desenho daquele bonito senhor sentado em um boi. Ele parece estar me incentivando a lhe contar como aplicar essa grande sabedoria, que vem de viver além da superficialidade:

Veja as imperfeições como perfeitas, mesmo que sua mente-ego não consiga compreender isso.

Torne-se ciente das respostas condicionadas que o levem a rotular pessoas, lugares e circunstâncias como menos que perfeitas. Veja a impecabilidade por trás dos supostos defeitos. Enquanto observava meus filhos crescerem, por exemplo, houve muitas vezes em que seu comportamento deficiente numa certa idade era realmente um tipo de brilhantismo. Por exemplo, eu os observava recusando-se a comer certos alimentos nutritivos, sabendo que eles precisavam passar por essas fases a fim de alcançar posições mais elevadas. Uma recusa inflexível em comer legumes não é um raciocínio estúpido ou deturpado — era perfeito e necessário para eles naquele momento. Você pode aplicar esse mesmo tipo de serenidade paciente a seu mundo. De centímetro em centímetro, evoluímos como pessoas em direção a uma união plena com o Tao.

Um dos grandes pensadores místicos da história, Meister Eckhart, disse isso de forma poética muitos séculos atrás:

Cada objeto, cada criatura, cada homem, mulher e criança
tem uma alma e é o destino de todos,

ver como Deus vê, saber como Deus sabe,
sentir como Deus sente, Ser
como Deus
É.

Dê permissão a si mesmo para ser perfeito, mesmo com todas as suas aparentes imperfeições.

Reconheça-se primeiro e principalmente como uma criação de Deus, que é sua perfeição. Isso não tem nada a ver com sua aparência ou com quaisquer supostos erros ou fracassos que você possa ter atraído para si mesmo, muito embora essas superficialidades continuem por toda a sua vida nesse corpo. A Fonte de seu ser material, o eterno Tao, é impecável, reta, cheia e uma expressão da verdade. Quando esses modos que lhe ensinaram como imperfeitos aparecerem e você perceber a dor que está causando a si mesmo ao não gostar deles ou julgá-los, convoque seu ser perfeito do Tao para cuidar das supostas falhas. Quando você cercá-las com amor, a impressão e a sensação superficiais de não ser amado se tornarão tranquilas.

O poeta místico do século XIII, Rumi, resume isso com perfeição nesta curta observação:

Você é a verdade
dos pés à cabeça. Então,
o que mais você gostaria de saber?

Pratique o Tao agora

Faça uma lista de dez coisas que você tenha rotulado como imperfeitas, deturpadas ou estúpidas. Em seguida, pegue uma de cada vez e evoque a sensação em seu corpo que está associada a esse item. Permita que a sensação seja observada e mantida em seus pensamentos sob uma perspectiva de permissão amorosa. Faça isso pelo tempo que se sentir confortável, permitindo que o "Tao agora!" esteja presente. Lembre-se, enquanto fizer esse exercício, de que o Tao não é julgador e que provê igualmente para todos. Você pode tomar sol e se aquecer nele ou pode se queimar até fritar. O Tao simplesmente existe, e ele não se importa!

46º verso

*Quando o mundo tem o Caminho,
cavalos de corrida são aposentados para lavrar os campos.
Quando o mundo não tem o Caminho,
cavalos de batalha são criados no interior.*

*Não há perda maior do que perder o Tao,
nem desgraça maior do que a avareza,
nem tragédia maior do que o descontentamento;
a pior das falhas é querer mais — sempre.*

*O contentamento sozinho é suficiente.
Na verdade, a bem-aventurança da eternidade
pode ser encontrada em seu contentamento.*

Vivendo em paz

Se você estiver atualmente avaliando seu nível de realização baseado em quanto acumulou, prepare-se para perceber uma importante mudança em seu estado de satisfação e contentamento pessoais. O verso de número 46 do *Tao Te Ching* o convida a descobrir uma forma mais pacífica e gratificante de conhecer o sucesso — e, à medida que sua determinação de adquirir mais começar a enfraquecer, suas novas visões mudarão o mundo que você tem conhecido. Você descobrirá que a experiência de paz interior se tornará sua verdadeira medida de sucesso.

Esse 46º verso começa com uma olhada no que acontece quando um planeta perde a conexão com o Caminho. Países começam a precisar conquistar mais território... e, em sua busca por mais terra, poder e domínio sobre outros, eles precisam constantemente se preparar para a guerra. Lao-tzu fala simbolicamente de cavalos aqui: quando conectado ao Tao, os animais fertilizam os campos; quando desconectados dele, as lindas criaturas são criadas para a guerra.

Em uma moderna tradução do *Tao Te Ching*, meu amigo Stephen Mitchell interpreta essa mensagem em termos atuais:

> *Quando um país está em harmonia com o Tao,*
> *as fábricas fazem caminhões e tratores.*
> *Quando um país vai contra o Tao,*
> *ogivas são estocadas fora das cidades.*

É dolorosamente óbvio que nosso mundo perdeu, em grande parte, a conexão com o Caminho, conforme descrito por Lao-tzu. Hoje em dia, muito de nossa energia é usado para criar cavalos de batalha à custa de empregar os recursos para fertilizar nossos campos para que possamos viver em paz. Os Estados Unidos estão entupidos de armas de destruição em massa e lá se legisla continuamente por mais fundos para a fabricação de armas tão ameaçadoras que poderão tornar nosso planeta inteiro inabitável. A "doença do mais" criou um ambiente que personifica a observação de Lao-tzu de que "não existe tragédia maior do que o descontentamento". Mas mesmo que muitos de nossos seres divinos pareçam estar envolvidos pelas chamas da inquietação, *você* pode começar o processo de pôr o conselho de Lao-tzu para funcionar.

Quando você realmente entender o que significa viver em paz, a satisfação começará a substituir seu desejo por mais. Seu mundo começará a se tornar calmo quando você mudar a própria vida e depois tocará a vida de sua família imediata, seus vizinhos, seus colegas de trabalho, e finalmente sua nação e o planeta inteiro. Comece por simplesmente pensar na linha de abertura da famosa Oração de São Francisco quando você perceber que está exigindo mais de alguma coisa.

Silenciosamente diga: *Senhor, faça-me o instrumento de Tua paz; onde houver ódio, deixe-me semear amor.* Como esse instrumento de paz, você irradiará tranquilidade para aqueles em suas cercanias imediatas e sentirá a palpitação de um novo e diferente sucesso no contentamento, talvez pela primeira vez na vida. Ao se recusar a perder o Tao, independentemente do quanto os outros estejam perdidos e do que os governos do mundo escolham fazer, você estará vivendo harmoniosamente. *Sua* conexão com o Tao fará a diferença, gradualmente afastando a Terra do precipício de descontentamento que Lao-tzu chamou de "tragédia maior".

O sublime Hafiz resume lindamente o tipo de sucesso a que estou me referindo em seu poema "Você acharia estranho?".

> *Você acharia estranho se Hafiz dissesse*
> *"Eu amo cada igreja*
> *E mesquita*
> *E templo*
> *E qualquer tipo de santuário*
> *Porque eu sei que é lá*
> *Que as pessoas dizem os diferentes nomes*
> *Do Único Deus."*

Voltando a Lao-tzu, aqui estão suas mensagens do poderoso 46º verso que hoje são aplicáveis à sua vida pessoal:

Pratique a gratidão e o contentamento todos os dias.

Quando seus pés pisarem o chão a cada manhã, sem exceção, diga "Obrigado pela oportunidade de viver em um estado de contentamento". Convide a energia mágica do Tao para fluir livremente através de você e informar suas respostas durante todo o dia. Você estará em harmonia com sua Fonte quando rogar por agradecimento e gratificação desse jeito.

Esteja unido com sua natureza.

Em um mundo que parece produzir cada vez mais violência, torne-se uma pessoa que escolhe ser um instrumento de paz. Deixe que sua natureza seja os "cavalos" que são criados para lavrar os campos, alimentar os que têm fome e oferecer conforto aos deficientes ou menos afortunados. Viva como se você e o Tao fossem um, que é claro que você é quando está em seu estado natural.

Quando um número suficiente de nós for capaz de fazer isso, alcançaremos uma massa crítica e, ao final, o Grande Caminho superará as demandas do ego. Eu verdadeiramente acredito, para usar uma analogia com o beisebol, que a natureza sempre "rebate por último".

Pratique o Tao agora

Destine um tempo para fazer um esforço consciente de enviar energia de paz para alguém ou algum grupo que você considere "o inimigo". Inclua um concorrente; um membro da família que seja desagradável; uma pessoa de outra crença religiosa; ou aqueles a quem você se opõe em um partido político ou em uma divergência. Depois literalmente envie algo para eles se isso parecer certo para você, como uma flor, um livro ou uma carta. Comece seu esforço consciente hoje, neste exato momento, para se render ao Tao e conhecer o sucesso autêntico, que não tem separação.

47º verso

*Sem sair porta afora,
conheça o mundo.
Sem olhar pela janela,
você pode ver o jeito do céu.*

*Quanto mais longe se vai,
menos se conhece.*

*Portanto, o sábio não se aventura adiante
e todavia sabe,
não olha
e todavia nomeia,
não se esforça
e todavia atinge a completude.*

Vivendo ao ser

Eu o incentivo a mudar sua crença de que o esforço e a luta são ferramentas necessárias para o sucesso. No verso 47, Lao-tzu sugere que esses são meios de viver que o impedem de vivenciar a harmonia e atingir a completude que é oferecida pelo Tao. Viver ao *ser*, em vez de *tentar*, é um ponto de vista diferente; como Lao-tzu declara, você pode ver e conquistar mais ao não olhar pela janela.

Como isso é possível? Vamos ver um exemplo para esclarecer esse enigma. Eu gostaria que você colocasse toda a sua atenção em uma das maiores criações de Deus. Estou me referindo a seu coração, aquele pedaço misterioso de artérias, vasos, músculo e sangue sempre batendo que você carrega consigo aonde quer que vá. Ele mantém continuamente seu *bum, bum, bum* sem você tentar fazê-lo bater, mesmo enquanto está dormindo. Você não o *faz* bater — mesmo sem sua atenção consciente, ele trabalha tão perfeitamente quanto o oceano o faz. Seu batimento contínuo até lembra as ondas na superfície do mar.

Seu coração é, na verdade, uma coisa admirável, pois proporciona a própria vida; é essencialmente você. Esse órgão em seu peito é um modelo para entender e aplicar a lição de viver ao existir. Seu coração alcança completude (sua vida) por não se aventurar adiante, não olhar além da cavidade torácica e não se esforçar. Enquanto você está sentado aqui lendo estas palavras neste momento, ele o está mantendo vivo simplesmente ao existir, e você nem mesmo o percebe.

Eu gostaria que você pensasse sobre seu ser inteiro como um coração que já sabe exatamente o que fazer em virtude de sua própria natureza. Ou seja, você não tem de ir a lugar algum para conhecer o mundo, porque você já *é* o mundo. No momento em que tentar controlar a batida de seu próprio coração, perceberá a futilidade desse esforço. Nenhuma quantidade de tentativas ou luta fará qualquer diferença, pois seu coração opera pela conexão natural dele com o Tao, que não faz nada, mas não deixa nada por fazer.

Michael LaTorra salienta isso em seu comentário sobre esse verso em *A Warrior Blends with Life*:

> Como o mais sagaz dos sábios sempre percebeu, a raiz do ser essencial está no coração, especialmente no mecanismo da batida do coração. Então, o brilho do ser essencial ascende em uma espiral para iluminar a cabeça. Esse mecanismo está além de qualquer tecnologia. Você já o habita... Através de profundos sentimentos (em vez de emoções superficiais), você pode se conectar com ele imediatamente... O ato final que ilumina não envolve ação alguma.

Então agora você sabe que o estado paradoxal que Lao-tzu descreve neste verso não é apenas possível, mas está realmente acontecendo em toda parte neste exato momento, em bilhões de corações humanos. A realidade adicional é que isso é verdadeiro para os corações de *todas* as criaturas, bem como o sistema de vida de cada árvore, flor, arbusto e até mineral da face da Terra. Esse é apenas um dos planetas em um universo que contém tantos corpos celestiais que contá-los está tão além de nossa capacidade e não conseguimos sequer projetar calculadoras para se incumbir dessa tarefa.

O século XXI é geralmente chamado de "a idade da informação": vivemos em uma época em que há mais informações disponíveis em minúsculos chips de computadores do que jamais tivemos antes na história inteira da humanidade. Também podemos ver com facilidade que nossos esforços realmente nos trazem mais fatos e coisas assim. Na verdade, você talvez seja um dos gênios da computação cujos grandes es-

47º verso

forços tornaram tudo isso possível. O que está em discussão aqui é o relacionamento das informações com o conhecimento e a sabedoria.

Vamos separar o próprio nome dessa era — informação — para explicar o que quero dizer. Quando você fica "in-forma" (em seu corpo e no mundo material), você é recompensado com informações. Mas vá *além* da forma (transforme para espírito) e você receberá inspiração. Desse modo, informação nem sempre é conhecimento e conhecimento nem sempre é sabedoria. A sabedoria conecta você com seu coração em seus momentos de vigília; é o Tao em serviço. Lao-tzu está pedindo que você reconheça a diferença entre lutar por mais fatos e estar no mundo que está completo como ele é. Quando você vive sob essa perspectiva de sabedoria ou conexão com o Tao, o mundo parece muitíssimo diferente.

Você é uma simples batida no único coração que é a humanidade. Você não precisa olhar pela janela ou aventurar-se adiante — tudo que você tem de fazer é simplesmente *existir* do mesmo modo que permite que seu coração exista. Esse conceito era difícil há 2.500 anos, e eu percebo que talvez ainda seja complicado de entender, mas você precisa fazer isso! Em um mundo louco por informações sem a graça divina de estar no Tao, você é um dos batimentos cardíacos que mantêm a sabedoria do Tao fluindo livremente... simplesmente ao existir.

Por meu intermédio, Lao-tzu o incentiva a trabalhar com essa nova consciência e experimentar essas sugestões:

Comece o processo de confiar em seu coração.

Ao ouvir seu batimento cardíaco, você pode claramente reconhecer o Tao praticando o paradoxo de fazer nada ao mesmo tempo em que não deixa nada por fazer. Seus sentimentos mais profundos são reflexos de seu "espaço do coração" falando com você. Você não tem de fazer nada para ativar essa profundidade interior; simplesmente deixe seu coração falar com você. Comece a notar e apreciar seu constante bater silencioso — e o que quer que forneça a energia para o batimento continuar, e deixe sua presença em seu peito ser um lembrete constante do Tao em serviço.

Confie em seu "senso de saber", que está sempre com você.

Um *saber* interno está lá independentemente de se aventurar adiante — está lá mesmo quando seus olhos estão fechados e você está sentado imóvel. Isso não significa necessariamente que você deva se transformar em um preguiçoso. Melhor: você precisa permitir a si mesmo ser guiado pela mesma Fonte que gira os planetas em torno do sol, e confiar que ela o conduzirá perfeitamente sem você precisar interferir. Vivencie sua criatividade inata enquanto é um observador, assistindo, admirando, a como tudo se encaixa perfeitamente. Do mesmo modo que a água em movimento jamais fica estagnada, você será movido pela força natural que busca estar completa dentro de você e sem necessidade de sua interferência. Você pode estar em contato com esse saber pela prática da meditação.

Pratique o Tao agora

Encontre ou faça um quadro de um coração e passe algum tempo hoje contemplando-o como um lembrete do Tao em serviço sem esforço dentro de sua cavidade peitoral. Em algum momento durante o dia, permita-se ser guiado pelo Tao para fazer algo criativo que venha de dentro, como uma pintura, escrever um poema, dar uma caminhada no parque, começar um projeto pessoal ou qualquer outra coisa. Simplesmente deixe-se ser guiado sem ter de se aventurar adiante de qualquer modo. Em seguida, adote essa mágica do Tao com mais frequência em todos os aspectos de sua vida.

48º verso

*Aprender consiste no acúmulo diário.
A prática do Tao consiste na diminuição diária;
reduzir e reduzir, até fazer nada.
Quando nada é feito, nada é deixado por fazer.*

*O verdadeiro domínio pode ser obtido
ao se deixar as coisas seguirem o próprio caminho.
Isso não pode ser obtido pela interferência.*

Vivendo pela redução

Vivemos em uma sociedade que parece dizer: "Quanto mais você acumular, mais valor terá como ser humano." Aqui, no 48º verso do *Tao Te Ching*, pedem que você mude o modo como vê essa ideia. Em vez de validar a si mesmo ao adquirir mais, você pode reverter essa ideia enraizada de *aumento* como o critério que domina a vida. O benefício de viver pela *redução* é ver seu mundo sob uma luz diferente — uma na qual, acredite se quiser, você experienciará um senso maior de completude.

Durante os anos de sua educação formal, você foi incentivado a acumular mais de tudo que estava sendo apresentado a você: mais fórmulas matemáticas; mais regras de gramática; mais conhecimento da história antiga e moderna; mais informações sobre o corpo humano, sobre as galáxias internas e externas, sobre religião, sobre os compostos químicos, e assim por diante — continuamente. Você acumulou uma série de históricos escolares, diplomas e títulos acadêmicos que resumem sua viagem para coletar, reunir e armazenar provas de seu aprendizado. Lao-tzu sugere reexaminar esse legado, pois aí então você poderá basear seu nível de sucesso em algo que parece ser o oposto exato do que buscou até agora.

O Tao lhe pede para liberar os indicadores e símbolos externos de seu status educacional. Embora aprender diga respeito a acumular informações e conhecimento, o Tao diz respeito à sabedoria, que envolve abrir mão da informação e do conhecimento, e viver em harmonia com sua Fonte. Para avivar sua experiência do Tao e viver por seus princípios, estão pedindo que você pratique reduzir a dependência que tem em seus bens.

Conforme já mencionei nestas páginas, tudo que você adiciona à sua vida traz consigo um elemento de aprisionamento: seus bens exigem que você faça um seguro deles e os proteja de possíveis ladrões ou desastres naturais; além disso, você precisa polir, pintar, limpar, guardar e embalar, bem como mudá-los de um lugar para outro. Há uma sabedoria infinita nas ideias que Lao-tzu expõe nesse verso do *Tao Te Ching*, especialmente na visão dele de que o verdadeiro domínio só pode ser obtido ao se liberar dos apegos aos bens e, na verdade, ao reduzir o que você já possui.

Quando você refletir seriamente sobre essa ideia e mudar o modo como vê a acumulação, perceberá que jamais poderá verdadeiramente possuir alguma coisa. Os nativos americanos outrora não tinham um termo para posse da terra; hoje, a compra de um lote de terra pelo indivíduo moderno envolve uma cascata interminável de manobras legais, inclusive pesquisas por direitos de propriedade, direitos de penhora, honorários jurídicos, hipotecas, impostos e assim por diante. Nós criamos obstáculos colossais para a compra e a posse de um terreno que só ocupamos realmente por um período temporário. Lao-tzu o estimula a pensar em si mesmo como um hóspede aqui, e não como um proprietário. Pare de interferir no mundo natural ao fazer o máximo possível para reduzir seu impacto sobre o meio ambiente. Ou seja, viva em harmonia com o estado de *coisa nenhuma* do qual você surgiu e para o qual você está destinado a voltar no final.

Lao-tzu diz que você precisa pensar sobre sua vida, seus "parênteses na eternidade", como uma oportunidade para estar em harmonia com o sempre redutor Tao ao pôr em prática as seguintes sugestões:

Veja o valor da subtração ou "diminuição diária".

Comece a conscientemente reduzir a necessidade de comprar mais coisas. Tenha em mente que o mundo da propaganda é projetado para convencê-lo de que sua felicidade está atrelada ao que quer que estejam divulgando — então, em vez de comprar mais, veja quantas de suas posses acumuladas você pode pôr em circulação novamente. Garanto que você notará uma sensação renovada de liberdade quando seu desejo diminuir e você abandonar a obsessão com os objetos materiais que amealhou. Como Lao-tzu poderia dizer, você chegou aqui com *coisa nenhuma* e vai embora com *coisa nenhuma*, então aproveite prazerosamente tudo que chegar em sua vida. Há prazer maior ainda a ser experimentado ao saber que sua capacidade de viver em paz e feliz não depende de quantas coisas você amealhou em sua vida. Viver pela redução é o modo do Tao.

Pratique ter alegria no mundo natural, em vez de buscar realização na propriedade.

Veja a tolice da propriedade em um universo que está eternamente se compondo e decompondo... exatamente como você está. Basicamente, Lao-tzu está dizendo que o que é real jamais muda porque isso não tem forma. Então, quanto mais você conseguir deixar que as coisas se desenrolem com naturalidade, mais harmonicamente estará vivendo o Tao. Desfrute das flores, das nuvens, do pôr do sol, das tempestades, das estrelas, das montanhas e de *todas* as pessoas que encontrar. Esteja *com* o mundo, nele e o adorando, mas sem necessitar possuí-lo. Esse é o modo da paz. Esse é o modo do Tao.

Por mais de quinhentos anos, Kabir tem sido um dos poetas venerados da Índia. Uma de suas observações mais populares resume esse 48º verso do *Tao Te Ching*:

> *O peixe na água que tem sede precisa*
> *de sério aconselhamento profissional.*

Pratique o Tao agora

Neste exato minuto, abandone cinco itens que você tem em sua posse, colocando-os em circulação para que outros possam encontrá-los. Depois, escolha algo que tenha algum valor especial para você e doe. É importante que seja algo que você realmente goste, pois, quanto mais apego você tiver por um item, maior será a alegria que sentirá quando abrir mão dele. Essa pode se tornar uma prática para levar uma vida de diminuição diária.

49º verso

O sábio não tem uma mente fixa;
ele está ciente das necessidades dos outros.

Aqueles que são bons, ele trata com bondade.
Aqueles que são maus, ele também trata com bondade
porque a natureza de seu ser é boa.

Ele é bom para os amáveis.
Ele também é bom para os que não são amáveis
porque a natureza de seu ser é amável.

Ele é fiel aos fiéis;
ele também é fiel aos infiéis.
O sábio vive em harmonia com todos sob o céu.
Ele vê tudo como seu próprio ser;
ele ama a todos como seus próprios filhos.

Todas as pessoas são atraídas até ele.
Ele se comporta como uma criancinha.

Vivendo além do julgamento

Neste delicadamente poderoso verso, somos incentivados a mudar o modo como vemos praticamente todos neste planeta. Lao-tzu viu o potencial de uma existência harmoniosa ao viver além dos julgamentos; assim, esse 49º verso do *Tao Te Ching* nos convida a explorar esse mundo pacífico. Ele está nos estimulando a substituir nossa ideia de criticá-*los* pelo reconhecimento de *nós* sem a crítica. Imagine as possibilidades para toda a humanidade se simplesmente eliminássemos os preconceitos e pudéssemos viver "em harmonia com todos sob o Céu".

Você pode começar a mudar sua visão de julgamento como uma atividade valiosa ou importante ao se tornar consciente quando estiver fazendo isso consigo mesmo. Então simplesmente comece a substituir *julgando* por *notando*; sob essa perspectiva, você perceberá rapidamente que prefere observar o que está fazendo ou sentindo a se criticar. Chamar seu comportamento de "ruim" ou "bom" só joga você contra si mesmo e outros ao usar a competição, o castigo ou a antipatia como seus marcadores motivacionais — ódio, raiva e ameaças tornam-se necessários porque não se pode confiar no amor, na aceitação e na bondade.

À medida que você se afastar do julgamento de si mesmo, não precisará ou desejará mais o que Lao-tzu chama de "mente fixa"; assim, a fidelidade a uma nação, a um governo ou a uma causa que o jogava contra as pessoas que você considerava como *eles* começará a desaparecer. As inúmeras categorias que o ajudaram a organizar seus rótulos se tornarão totalmente supérfluas e desinfluentes quando você mudar o modo como vê seu suposto valor. Apesar de ter sido condicionado pelo país que nasceu, pela religião que lhe atribuíram ao nascer, pela cultura em que foi inserido, ou até mesmo pela família que o criou, viver além dos julgamentos se transformará em sua preferência. Você existe em harmonia com o Tao, que não exclui ninguém e que não tem noção de divisões e fidelidades. A unicidade do Tao o afasta de qualquer crença de que os outros estão separados.

Essa é a solução básica para guerras e conflitos. Veja bem: quando você para de julgar e, em vez disso, começa a se ver nos outros, não pode deixar de amar a singularidade de todos como se eles fossem seus próprios filhos. Então, em vez de exclusões e fidelidades a nações ou causas, a unicidade do Tao favorece a todos, sem atrapalhar. Em vez de *Deus abençoe a América* (ou qualquer que seja o país em que você more), *Alá salve nosso povo* ou *Krishna abençoe os que creem em ti*, há *Deus abençoe a humanidade — permita-me fazer tudo que puder para tratar a todos, sem exceção, com bondade e amabilidade, como todos aqueles que reverenciamos como mestres espirituais nos ensinaram com seus exemplos.*

À medida que sua visão de mundo for mudando, você estenderá a bondade a todos que encontrar. Você descobrirá que pode sentir compaixão isenta de julgamentos pelos maltratados, mesmo quando o modo *deles* de ver as coisas cause dor a você e aos seus. Você pode enviar amabilidade não apenas em resposta à amabilidade, mas especialmente quando for o recebedor de crueldade. Por quê? Porque, como Lao-tzu o recorda nesse comovente verso, "A natureza de [seu] ser é amável". É impossível dar aos outros o que você não é, e você não julga. Você vê a si mesmo em todos, sem a necessidade de criticá-los ou criticar-se.

Mude seus pensamentos e viva além do julgamento — e não veja a *si mesmo* como "mau" quando você vacilar nessa visão ou como "santo" quando tiver êxito. Lembre-se de que você é um misto de abertura infinita e limitação finita, como todos nós somos. Então, às vezes, você só precisa se perceber julgando, sem julgar a si mesmo em seguida!

Aqui está o que sinto evocado por Lao-tzu para oferecer-lhe desse 49º verso do *Tao Te Ching*:

49º verso

Mude o modo como você se vê.

Se você se orgulha de ter uma mente fixa, perceba que isso se baseia em condicionamento que geralmente aparece como preconceito. Em vez disso, veja a si mesmo como flexível, visto que ser aberto é a virtude mais elevada. Orgulhe-se de estender sua bondade e amabilidade para todos os lados, mesmo quando eles forem contra seu aprendizado pré-programado. Comece a ver a si mesmo como uma pessoa que *nota*, em vez de alguém que *julga*. Evite assumir uma posição e permanecer nela não importando quais sejam as circunstâncias; em vez disso, esteja em harmonia com *todas* as pessoas, especialmente com aquelas cuja opinião seja conflitante com a sua! E lembre-se de se incluir quando distribuir bondade e ausência de julgamento.

Mude o modo como você olha para as outras pessoas.

Uma versão deste verso diz: "Confio nos homens de palavra e confio nos mentirosos. Se eu sou verdadeiro o bastante, sinto as pulsações dos outros acima das minhas." Quer você chame isso de "julgar" ou "rotular", perceba quando pensar sobre outros como maus, preguiçosos, desonestos, estúpidos ou feios. Depois afirme: *eu me vejo nessa pessoa e escolho estar em um espaço de bondade, em vez de um de julgamento*. Há uma palavra em sânscrito, *Namaste*, que pode ajudá-lo com isso. Quando usada como saudação, a tradução aproximada é: "Honro o lugar em você onde nós todos somos um." Então, silenciosa ou verbalmente, comece a dizer aos outros "namaste" para se lembrar de amar a todos como seus próprios filhos.

Pratique o Tao agora

Prometa passar o dia procurando por oportunidades para praticar a bondade em circunstâncias que normalmente provocariam julgamentos. Perceba o que você pensa ou diz sobre um mendigo, um familiar em relação ao qual sinta animosidade, ou até um político ou comentarista da TV falando em termos que o façam embarcar em uma saraivada de pensamentos críticos. Aproveite a oportunidade para se tornar um "notador", diminuindo a crítica enquanto aumenta a quantidade de cortesia e bondade em seu mundo.

50º verso

Entre o nascimento e a morte,
três em cada dez são seguidores da vida;
três em cada dez são seguidores da morte.
E homens simplesmente passando do nascimento à morte
também somam três em cada dez.

Por que isso é assim?
Porque eles se agarram à vida
e se prendem a esse mundo passageiro.

Mas existe um em dez, dizem, tão confiante da vida
que os tigres e os touros ferozes deixam livre.
As armas desviam-se dele nos campos de batalha,
os rinocerontes não encontram lugar para chifrá-lo,
os tigres não encontram lugar para cravar as presas,
e os soldados não encontram lugar para enfiar as espadas.

Por que isso é assim?
Porque ele reside naquele lugar
no qual a morte não pode entrar.

Perceba sua essência
e você testemunhará o fim sem final.

Vivendo como um imortal

Nessa passagem, Lao-tzu lhe pede para mudar o modo como você vê a própria mortalidade. O Tao ensina que a morte é um detalhe insignificante que não precisa ser conscientemente enfrentado ou temido. Como esse verso do *Tao Te Ching* lhe informa, há um "lugar no qual a morte não pode entrar". Fala de sua vida mudar quando você mudar suas ideias! Isso é o máximo, visto que o medo da morte está no topo da lista de angústias de praticamente todo mundo.

Se você se vir somente como um ser físico mortal, então fará parte de noventa por cento da população a que essa passagem se refere como "seguidores da vida", "seguidores da morte" ou "simplesmente passando do nascimento à morte". Aqui você está sendo incentivado a aspirar ser parte dos dez por cento restantes, para quem os pensamentos de mortalidade não invadem o espaço do coração ou a vida em geral. Ao alterar o modo como você vê a morte, estará naquele seleto grupo. Você experienciará a vida do lado ativo da eternidade, reconhecendo-se primeiro e principalmente como um ser espiritual que está passando por uma experiência humana temporária, e não o oposto.

Nesse domínio, você estará graciosamente apto a se mover livre do medo de eventos que ameacem a vida. Você terá um conhecimento de si mesmo e de sua conexão com o Tao que simplesmente permitirá que se mova com a vida como o destemido esquiador que está em união com a pista coberta de neve ao descer a montanha. Sem recorrer a julgamentos, você perceberá outros que são permanentemente vitimados por golpes, burocracias, indiferença, desastres naturais, atos criminosos ou familiares intrometidos.

Com uma consciência íntima de sua essência infinita que está centrada no Tao, você muito provavelmente escapará da vitimização e lidará com leveza em situações que outros tenderiam a empacar. Em outras palavras, quando você conhecer a própria natureza sem final e viver cada dia com essa consciência o dirigindo, simplesmente não haverá espaço em você para a mortalidade estar no comando. Se algum dia o mal fizer uma tentativa de infligir danos ou morte sobre você, ele não encontrará um lugar para enterrar o gancho.

Mude o modo como pensa sobre a morte ao ver sua existência espiritual essencial, e você será capaz de *apreciar* este mundo sem o temor causado por acreditar que você é *dele*. Quando conhecer sua imortalidade por meio do fluxo do Tao, não precisará sequer atribuir a isso um conceito mundano ou uma religião formal. Quando chegar a hora de retirar o revestimento gasto que você chama de corpo, Lao-tzu diz que "você testemunhará o fim sem final".

Contemple os ensinamentos do *Tao Te Ching* e perceba que você jamais poderá realmente ser morto ou mesmo ferido. Com essa visão da vida, você poderá limpar seu campo de batalha interior do exército de crenças que constantemente tentam marchar sobre seu ser essencial. Medo e temor são armas que não poderão feri-lo nem assustá-lo. Mesmo os elementos naturais simbolizados pelos chifres dos rinocerontes e as presas dos tigres não poderão infligir danos porque darão cabeçadas e morderão um espaço que não terá solidez para que possam infligir dor. Você reside em um lugar que é impenetrável para a morte — você não está mais se agarrando às dez mil coisas nem tratando a curta viagem do berço ao túmulo como sua única e derradeira experiência de vida. Agora você é o infinito Tao, vivendo sua essência real.

Embora Lao-tzu tenha vivido há 25 séculos, ele ainda está muito presente. Eu o sinto incentivando a prestar atenção aos seguintes pontos de sabedoria:

Crie afirmações.

Lembre a si mesmo: *ninguém morre, inclusive eu.* Afirme que jamais poderá ser ferido ou destruído, pois você não é seu corpo. Se você permanecer conectado com essa realidade, automaticamente desviará os perigos que talvez pudessem antes invadir seu espaço físico. Por exemplo, quando o santo indiano Muktananda jazia agonizante, dizem que seus devotos o rodearam, rogando "Por favor, não vá". Muktananda respondeu: "Não sejam tolos — para onde eu poderia ir?" O grande swami percebia sua verdadeira essência e sabia que ele estava no fim sem final.

Morra enquanto está vivo!

Em sua imaginação, contemple a morte de sua casca física: visualize-a jazendo lá sem vida, e observe como você, a testemunha, não está identificada com esse corpo. Agora traga essa mesma atenção para seu corpo enquanto ele se levanta e realiza seus afazeres diários. Nada poderia ferir sua forma humana enquanto ela estava morta, e nada poderá feri-lo agora, porque você não é aquele corpo — você é a essência invisível testemunhando. Permaneça nessa percepção, sabendo que experienciou a morte de seu recipiente terreno como sua principal fonte de identificação. Nessa nova consciência, você é impenetrável e livre. Aqui está como Leonardo da Vinci expressou a mensagem deste verso do *Tao Te Ching*: "Enquanto eu pensava que estava aprendendo a viver, eu estava aprendendo a morrer." Faça isso agora, enquanto ainda está vivo.

Pratique o Tao agora

Esse exercício do Tao é uma busca da visão interior na qual você se imagina imune aos danos. Crie a própria imagem mental dos perigos ou recorra ao 50º verso do *Tao Te Ching* para ameaças à sua vida. Tigres pulam sobre você e erram, espadas são lançadas em sua direção, mas não causam danos, bombas explodem mas você sai ileso... Mantenha essa imagem de si mesmo como alguém incapaz de ser ferido, independentemente do que aconteça com seu corpo. Em seguida, use essa visão de "testemunhar sua imortalidade" para ajudá-lo a ativar forças protetoras latentes que ajustarão você para realizar o que imaginou.

51º verso

O Caminho conecta todos os seres vivos à sua Fonte.
Ele surge na existência,
inconsciente, perfeito, livre;
adota um corpo físico;
deixa que as circunstâncias o completem.

Portanto, todos os seres honram o Caminho
e valorizam sua virtude.
Eles não foram ordenados a venerar o Tao
e prestar homenagens à virtude,
mas eles sempre fazem isso espontaneamente.

O Tao dá a eles vida.
A virtude nutre e cuida deles,
ampara-os, abriga e protege.
O Tao produz mas não possui;
o Tao dá sem expectativas;
o Tao promove o crescimento sem dominar.
Isso é chamado de virtude oculta.

Vivendo pela virtude oculta

Essa passagem o estimula a descobrir aquela qualidade em você que protege, nutre e abriga automaticamente "sem dominar". Viver conscientemente pela virtude oculta provavelmente significa mudar muitos dos modos como você vê seu papel no grande esquema das coisas. Um ponto de partida natural seria o modo como você explica o mistério de como a vida começou.

Se você tivesse de descrever sua criação, muito provavelmente diria que se originou de um ato de fusão entre seus pais biológicos. Se essa for a única explicação para sua existência, então isso excluirá a espontaneidade e o mistério que viver pela virtude oculta lhe oferece. Funcionar nesse novo modo ampliará e redefinirá sua concepção e seu nascimento, e o mundo mudará como resultado de seu ponto de vista modificado.

Viver pela virtude oculta permite que você obtenha o máximo da vida porque isso significa ver que é sua escolha e responsabilidade decidir como você vai vivê-la. *Não* viver pela virtude oculta, por outro lado, garante que seu papel na família ou na cultura é atribuído ao nascer (ou até na concepção), com expectativas predeterminadas sobre como você deve e irá funcionar. Seus dias tornam-se cheios de tentativas estressantes de agradar aqueles com quem você está relacionado biologicamente. Você sofre a autocrítica censuradora de que está decepcionando um de seus pais ou avós, junto com os desejos inquietos de se libertar da pressão exercida sobre seu sexo ou sua posição na família designada. Tentar funcionar nesse sistema de crenças pode consequentemente mantê-lo preso em um papel desagradável e intolerável de servidão e subserviência.

No 51º verso do *Tao Te Ching*, Lao-tzu pede que você amplie sua visão e comece a se ver como uma criação do Tao. Imagine que a diminuta sementinha que você foi não veio de outra partícula, mas sim de uma Fonte invisível. Essa Fonte que fez você brotar na existência, aqui chamada de "o Caminho", não tem doutrina preconcebida ditando o que você deveria fazer, quem você deveria ouvir, onde deveria viver ou como deveria venerar. A Fonte, sua grande Mãe, não tem envolvimento nas escolhas que você faz durante sua viagem individual — ela sabe que a sementinha que era você é perfeita e livre para se completar de qualquer modo que escolha. Essa Mãe, que é o Tao, não tem expectativas para você... não faz exigências, nem tem batalhas ou guerras para você lutar, nem história para viver de acordo com ela.

Os chineses referem-se a essa entidade oculta que trouxe você para a existência como *Te*. Estou me referindo aqui ao Te como "virtude" ou "caráter". A tradução do *Tao Te Ching* de Jonathan Star interpreta isso nesse verso do seguinte modo:

> *Embora o Tao dê vida a todas as coisas,*
> *o Te é o que as cultiva.*
> *Te é aquele poder mágico que*
> *as põe de pé e cria,*
> *que as completa e prepara,*
> *que as conforta e protege.*

Te, então, é a virtude que está em seu interior profundo e no de toda a criação. Isso não é uma força que garante que a casca física jamais morrerá; é mais uma característica que permite que você se movimente pelo mundo material em seu corpo, perfeitamente alinhado à força originadora criativa. Leia esse verso como um lembrete de que você está protegido e completado por sua Fonte originadora suprema, que não é a mesma coisa que garantir sua segurança neste mundo fenomenal. Helen Keller estava falando dessa mesma coisa quando declarou: "Segurança é principalmente uma superstição. Ela não existe na natureza ..."

O 51º verso é sobre aprender a confiar ao mudar sua visão de vida para incluir o Te, ou a virtude oculta. É sobre ver a si mesmo como um membro de uma família de unicidade, com os mesmos pais que todas as outras criaturas. É sobre sentir sua liberdade total — para produzir sem possuir e para evitar que você mesmo se torne uma posse. Então dê sem expectativas e não seja vitimizado pelas expectativas de outros.

Aqui estão sugestões oferecidas a você por Lao-tzu enquanto eu olho para a imagem desse grande mestre diante de mim e sinto como se fôssemos um.

Pratique sentir-se seguro e protegido.

Viva cada dia confiando na virtude oculta que tanto está *dentro* de você quanto o *originou*. Lembre-se de que a sensação de estar seguro, protegido e nutrido não virá de nada que você possa possuir. Mais exatamente, isso surgirá quando você souber que está em constante contato com uma força virtuosa que se encontra dentro de cada célula de seu ser. Essa força oculta é responsável por sua verdadeira presença.

Você surgiu na existência pela virtude do Tao; e, embora cada uma de suas respirações e ações não seja ordenada a fazer isso, elas, ainda assim, prestam homenagem à virtude interna que é sua vida. Essa força está em minha mão enquanto escrevo essas palavras e está em seus olhos quando eles leem essa página. Confie nela. Reverencie-a. Sinta-se seguro na força que permanece oculta. Isso é tudo que você precisa para se sentir completo.

Lembre-se de que o Tao produz — ele não possui.

Faça o mesmo e alcançará a sabedoria desse verso. Seja um cuidador, não um proprietário. Não tente controlar ninguém; em vez disso, estimule o crescimento sem dominar ou controlar. Quando você estiver em um papel de supervisão, permita que outros ativem suas virtudes ocultas tanto quanto possível. Exatamente como você deseja sentir-se protegido e confiar naquela força invisível que o anima, o mesmo desejam *todos* que você encontra. Enfatizo essa palavra porque não há exceções.

A tradução de Witter Bynner desse 51º verso do *Tao Te Ching* diz:

> *Todas as coisas criadas retribuem para a existência e boa forma*
> *da qual elas dependem...*
> *Faça você o mesmo:*
> *Seja um pai, não proprietário,*
> *Assistente, não mestre.*
> *Não se preocupe com a obediência, mas com o benefício,*
> *E você estará no centro da vida.*

Eu o incentivo a se lembrar da frase "Faça você o mesmo", e viver pela virtude oculta.

Pratique o Tao agora

Planeje um dia para abandonar o controle: abra mão de pensar e descubra a natureza totalmente abrangente da mente. Abra mão das noções e ideias preconcebidas e vivencie como as coisas realmente são. Abra mão da necessidade de controlar os outros e descubra como eles realmente são capazes. Destine um tempo para encontrar respostas à pergunta *O que pode realmente acontecer se eu relaxar?* Quando fizer esse exercício, você poderá se surpreender ao descobrir que acabará encontrando mais da virtude oculta em sua vida, que depois mudará o modo como você se vê.

52º verso

*Tudo sob o céu tem um início comum.
Esse início é a Mãe do mundo.
Tendo conhecido a Mãe,
podemos prosseguir para conhecer seus filhos.
Tendo conhecido os filhos,
devemos voltar e nos agarrar à Mãe.*

*Mantenha sua boca fechada,
proteja os sentidos,
e a vida será sempre plena.
Abra sua boca,
seja sempre ativo,
e a vida não terá esperança.*

*Ver o pequeno é chamado de clareza;
manter-se flexível é chamado de força.
Usando o brilho radiante,
você retorna novamente para a luz
e salva-se dos infortúnios.*

*Isso é chamado de
a prática da luz eterna.*

Vivendo pelo retorno à Mãe

Esse verso lhe diz que é valioso e importante perceber que sua vida é mais do que apenas uma experiência linear que ocorre no tempo e no espaço. Ou seja, você mais ou menos vê atualmente seu tempo na Terra como uma linha reta, da concepção ao nascimento — você avançará por estágios previsíveis de desenvolvimento, terminando com a morte, quando dará de cara com o mistério que o espera do Outro Lado. Lao-tzu está convidando você para ver que sua existência é uma viagem de volta para o lugar de onde todas as criações do planeta surgem. Ele quer que você perceba que tem a capacidade para usufruir desse misterioso *início* antes de seu *fim* físico. Esse mistério, que está em cada uma e em todas as dez mil coisas, é chamado por Lao-tzu de a "Mãe", ou o símbolo do que está além de tudo que parece começar e terminar.

Comece sua viagem de volta para a Mãe ao contemplar as primeiras duas linhas deste verso do *Tao Te Ching*: "Tudo sob o Céu tem um início comum. Esse início é a Mãe do mundo." Deixe esse pensamento infiltrar-se em seu ser físico e criar um estado de admiração sobre sua existência, que se originou do estado de *coisa nenhuma*. Saiba que essa Fonte invisível que dá origem a cada uma das coisas também deu início a você. Como a eletricidade correndo através de um conduíte, o estado de coisa nenhuma misterioso corre por toda a vida, inclusive você, e o sustenta. É uma força constante, invisível e inodora, que não está prontamente disponível para seu ser sensorial.

É vital que você passe alguns minutos a cada dia travando conhecimento com a sua (e a minha) Mãe eterna, o que você pode fazer ao simplesmente reconhecer sua presença e silenciosamente se comunicar com ela. Assim que decidir conhecê-la e honrá-la, mudará o modo como vê todos os filhos dela, inclusive a si mesmo. Verá todas as dez mil coisas como crias da Mãe e olhará além da transitoriedade de sua aparência para ver o Tao se revelando. É isso que Lao-tzu quer dizer quando pede que você conheça os filhos não como separados de sua Mãe, mas como a própria Mãe. Então, veja toda a criação como originária da Mãe e depois "volte e agarre-se" a ela.

Como embarcar nessa viagem de volta para a Mãe eterna? Lao-tzu recomenda que você feche a boca e vede os ouvidos para garantir que seu espírito não seja desperdiçado em atividades mundanas. Em outras palavras, passe algum tempo com a parte material de si mesmo e busque clareza ao notar o Tao no pequeno e no grande. Pratique abandonar a rigidez e, no lugar disso, cultive a elasticidade para melhorar a força. Lao-tzu conclui lhe dizendo que esse modo de ver o mundo é "a prática da luz eterna". Veja essa luz no menor dos insetos, e até na partícula invisível que forma a perna daquela criaturinha. É a mesma luz que faz seu coração bater e mantém o universo no lugar — então, permita-se não só sentir reverência pelo inseto, mas também *ser* aquele inseto. Desse modo, você encontrará clareza ao "ver o pequeno" e melhorará o poder de seu novo modo de ver através de seu ponto de vista flexível. Mude suas ideias lineares sobre sua presença aqui na Terra e comece a ver sua vida mudar exatamente diante de seus olhos!

Lao-tzu oferece o seguinte a você, por meu intermédio, para ajudá-lo na "prática da luz eterna" no mundo atual:

Boca aberta — o espírito escapa. Boca fechada — excelente conexão com o espírito!

Pense em sua boca como um portão que protege seu espírito: quando você falar com os outros, torne-se consciente da necessidade de fechar a porta e permitir que seu espírito esteja seguramente abrigado dentro de você. Faça a mesma mudança mental com seus ouvidos: mantenha-os vedados no que diz respeito a boatos e conversas maldosas. Use menos palavras; dedique-se a longos períodos de audição; e elimine os atos de dar conselhos, de se intrometer e de participar de fofocas.

Cultive sua força com a flexibilidade de conscientemente decidir quando envolver seus sentidos da fala e da audição. Quando você estiver inclinado a se meter na vida de outras pessoas, lembre-se de que a única voz de sua Mãe eterna é o silêncio. Faça o mesmo, e perceberá que está se agarrando a ela em liberdade e felicidade, retornando assim enquanto vive!

Ver o menor dos mistérios revela o maior dos mistérios.

Ao estar atento ao que é muito pequeno, você cultiva seu desejo de clareza. Notar a mesma centelha que o anima em criaturas microscópicas é um modo de explorar a vida como uma viagem de volta, em vez de um beco sem saída. O que parece ser o mais diminuto dos mistérios da vida leva a uma experiência do brilho radiante que vem com a apreciação por tudo que você encontra. Você e a Mãe que o originou e a tudo mais estão unidos. Ao ver o pequeno, você ganha essa clareza, que é a viagem de volta, a qual você é incentivado a fazer enquanto está vivo. Agora seu mundo começa a parecer muito diferente, pois você vê o espírito originador em toda a parte. Nada mais é visto como comum, inferior ou indesejado.

Pratique o Tao agora

Planeje um dia dedicado a examinar as menores formas de vida que puder encontrar. Torne-se testemunha de uma aranha criando uma teia, um siri andando apressado pela praia ou uma mosca voando perto da parede. Faça uma viagem imaginária interna por seu corpo, examinando as formas de vida que residem em seus intestinos, em sua corrente sanguínea ou no revestimento de seus olhos — todas criaturas que, para enxergar, você precisaria de um potente microscópio. Medite sobre a Mãe dando origem a essas minúsculas bactérias para que você exista. Perceba de que modo o afeta essa maneira de ver seu corpo através da vida infinitesimalmente pequena que é parte de você. Viver pelo retorno à Mãe lhe dará uma clareza que você jamais experimentou antes.

53º verso

Se eu tivesse ainda só um pouco de juízo,
eu deveria trilhar o Grande Caminho,
e meu único medo seria me extraviar.

O Grande Caminho é muito plano e reto,
mas as pessoas preferem trilhas tortuosas.
É por isso que a corte é corrupta,
os campos jazem abandonados,
os celeiros estão vazios.

Vestir-se magnificamente,
usar uma espada afiada,
encher-se de alimentos e bebidas,
acumular riqueza a ponto de não saber
o que fazer com ela,
é ser como um ladrão.

Eu digo que essa pompa à custa de outros
é como o orgulho dos ladrões após uma pilhagem.
Esse não é o Tao.

Vivendo honradamente

Imagine que você fosse capaz de ver o mundo de uma posição de completa honra e unidade: em toda parte que olhasse, veria o Grande Caminho... e veria todo ele como você. Sob essa perspectiva, cada pessoa que um dia existiu ou um dia existirá é uma parte de você, nascida da Fonte. Toda a vida — as criaturas, a terra, os oceanos e a vegetação — está ligada pelo Tao. Sob essa perspectiva, seu mundo mudaria drasticamente. Se uma massa crítica da humanidade tivesse esse mesmo ponto de vista, ver o globo todo como parte de nós mesmos seria transformado em ter o mesmo respeito que sentimos por nosso corpo individual em relação a cada forma de vida. Essa unidade criaria a cena que Lao-tzu está descrevendo nessa passagem impossível.

Apesar de todos os nossos avanços tecnológicos, as palavras que o grande mestre chinês escreveu há 2.500 anos ainda se aplicam. Infelizmente, estamos muito distantes de trilhar o Grande Caminho, pois continuamos a ver grandes divisões, em vez de termos um senso de unicidade. Como Lao-tzu adverte no final desse verso: "Esse não é o Tao."

Uma de minhas traduções favoritas desse 53º verso do *Tao Te Ching* foi escrita em 1944 por Witter Bynner. Ele expressa isso de forma perfeita:

Veja como são bonitos os palácios
E veja como são pobres os campos,
O quanto estão vazios os celeiros dos camponeses
Enquanto os bem-nascidos usam ornamentos
Ocultando armas afiadas.
E, quanto mais eles têm, mais eles tomam,
Como pode haver homens como esses
Que nunca têm fome, nunca têm sede,
E ainda assim comem e bebem até estourarem!

Você pode ver que essas condições ainda existem hoje: continentes inteiros de pessoas passam fome, enquanto poucos em posição de poder vivem em opulência e esplendor. Armas de destruição recebem fundos, enquanto milhões vivem na pobreza. Os líderes sentam-se para abundâncias excessivas, enquanto as massas reviram tudo à procura de meios para alimentar suas famílias e aquecer seus lares. Nós temos um longo caminho a percorrer antes de trilhar esse plano e reto Caminho do Tao, pois ainda pegamos "trilhas tortuosas" e constatamos os resultados extremamente dolorosos dessa escolha todos os dias.

Mas não estou escrevendo estas palavras para tentar mudar o mundo de um golpe só; melhor dizendo, estou fazendo isso para incentivá-lo a mudar o modo como você vê *seu* mundo. Se você fizer essa modificação, outros serão atraídos para viver honradamente também. Quando o bastante de nós fizer isso, alcançaremos uma massa crítica que eliminará "o orgulho dos ladrões após uma pilhagem".

Comece vendo a si mesmo como o ambiente, e não como um organismo nele. Eu até cunhei um termo para descrever quando formas de vida são inteiras, em vez de separadas: *ambientorganismos*. Entenda que você não pode sobreviver separado do que *parece* não ser parte de você — pois você decididamente é o ar, a água, as plantas, os animais e tudo o mais no planeta. Mude sua visão de mundo para uma que compreenda totalmente que, quando outra pessoa está morrendo por inanição ou está vivendo na miséria, você também está. Veja a si mesmo em todos os outros e descobrirá a compaixão, o amor e a boa vontade que substituirão sua crença em sua singularidade e diferença.

Lao-tzu obviamente foi atormentado pelas condições de insensibilidade e indiferença que observou na antiga China, então ele apelou a todos para viverem honradamente ao imitarem o Tao, em vez de viverem pela perspectiva do ego de separatividade. Agora ele pede a *você* para mudar o modo como vê os gritantes desequilíbrios em seu mundo, notando como seu mundo muda para se alinhar ao Tao quando você vive honradamente.

Aqui estão suas sugestões, que você pode aplicar à sua vida hoje:

Faça da compaixão a base fundamental de sua filosofia pessoal.

Sentir-se culpado sobre o que você acumulou ou mergulhar em tristeza sobre a terrível situação das pessoas com fome não mudará a situação, mas fazer da compaixão a base fundamental de sua filosofia, sim. Esse é um dos modos mais significativos para iniciar o crescimento de uma massa crítica. Quando essa massa crescer, corações e ações generosos realinharão nosso planeta: líderes com a mesma opinião surgirão e as flagrantes contradições serão reduzidas e acabarão eliminadas. Madre Teresa foi um exemplo notável de como o modo de ver o mundo de uma pessoa pode mudar o próprio mundo: "Em cada pessoa", disse ela, "eu vejo o rosto de Cristo em um de seus mais angustiantes disfarces".

"Trilhe o Grande Caminho" ao fazer trabalhos beneficentes ou apoiar candidatos para cargos públicos que personifiquem atos compassivos. Prometa também fazer a diferença em uma base diária por toda a sua vida, que pode ser tão simples como recusar-se a tomar parte na censura a outros ou a categorizá-los como "maus" ou "imperfeitos". Afinal, muitas das guerras que atualmente atacam violentamente nosso planeta têm raízes no ódio religioso que perpetua os desequilíbrios salientados nesse verso do *Tao Te Ching*.

No seguinte trecho do Corão, o grande profeta Maomé diz aos seguidores do Islã para praticarem a ação compassiva. Você pode usar esse ensinamento para fazer uma diferença diária na própria vida:

*Comporte-se caridosamente com respeito ao vizinho
que é um familiar e o vizinho que é
um desconhecido e o companheiro a seu lado.*

*Aquele que se comporta mal com respeito a seu vizinho não é
um crente, nem jamais poderá ser um.*

*Aquele que come seu alimento todo enquanto seu vizinho
tem fome a seu lado não é um crente.*

Pratique o Tao agora

Torne uma prática diária abrir seu coração em compaixão quando vir alguém menos afortunado do que você. Dirija a ele uma bênção silenciosa, em vez de um pensamento de desprezo, zombaria, censura ou indiferença. Faça o mesmo quando você souber quantos "deles" foram mortos em qualquer conflito — em vez de se rejubilar pelos inimigos mortos, diga uma prece silenciosa de amor e compaixão.

Viva honradamente; "só [precisa] de um pouco de juízo".

54º verso

Quem quer que esteja plantado no Tao
não será desenterrado.
Quem quer que adote o Tao
não decairá.

Gerações honram gerações incessantemente.
Cultivada no ser, a virtude é concretizada;
cultivada na família, a virtude transborda;
cultivada na comunidade, a virtude aumenta;
cultivada no estado, a virtude abunda.

O Tao está em toda parte;
ele tornou-se tudo.
Para verdadeiramente vê-lo, veja-o como ele é.
Em uma pessoa, veja-o como a pessoa;
em uma família, veja-o como a família;
em um país, veja-o como o país;
no mundo, veja-o como o mundo.

Como eu sei que isso é verdadeiro?
Olhando dentro de mim.

Vivendo como se sua vida fizesse diferença

Nesse verso do *Tao Te Ching*, você é convidado a ver seu papel na transformação do planeta. Em vez de se perceber como um indivíduo insignificante entre bilhões de pessoas, você é instado a se ver como o próprio Tao. "We Are the World" ("Nós somos o mundo") é a música-tema *do mundo inteiro*. Você *de fato* faz a diferença!

Quando você viver a alegre conscientização que potencialmente tem um efeito infinito sobre o universo, irradiará a consciência do Tao. Você será como uma onda de energia que ilumina uma sala — todos verão a luz e serão afetados. Aqueles que não estavam conscientes de suas próprias naturezas do Tao perceberão a diferença e aqueles que *estavam* cientes — mas não viviam como se sua vida tivesse importância — serão atraídos e começarão a mudar. Então reconheça e viva como parte do Grande Caminho, e ajude a trazer equilíbrio para o mundo.

Nessa 54ª passagem, Lao-tzu o está aconselhando a ver sua divindade e celebrar sua magnificência. Saiba que no espaço silencioso dentro de você, onde o Tao dá vida a cada alento e pensamento, sua vida faz diferença. A seguir está o que ele recomenda na linguagem do século XXI:

Escolha uma área para se concentrar em fazer diferença.

Não alimente dúvidas sobre seu impacto no mundo; em vez disso, desenvolva uma visão para a Terra e convença-se de que você é perfeitamente capaz de contribuir para essa visão, quer ela seja grandiosa ou pequena. Veja um mundo sem ódio, desrespeito ou violência; onde o meio ambiente seja respeitado e cuidado; e onde não existam mais câncer, Aids, fome, crianças maltratadas, armas de todos os tipos ou quaisquer outros cenários nocivos ou prejudiciais.

A antropóloga Margaret Mead abordou essa ideia na seguinte observação: "Nunca duvide de que pequenos grupos de cidadãos sensatos e dedicados podem mudar o mundo. Na verdade, são os únicos que já o fizeram."

Perceba o quanto sua vida é importante.

Diz-se que, quando uma borboleta bate as asas, essa energia percorre milhares de quilômetros de distância. Portanto, tudo que você pensa e faz estende-se externamente e multiplica-se. Viva sabendo que a diferença que você decidir fazer estará voltada à totalidade, não à destruição. Mesmo que ninguém o veja ou reconheça, um ato de crueldade contém uma energia que afeta nosso universo inteiro. Uma benção silenciosa ou um pensamento de amor voltado a outros contém uma vibração que será sentida por todo o cosmo.

A visão de William Blake expressa essa ideia:

> *Ver o mundo em um grão de areia*
> *E o Céu em uma flor silvestre,*
> *Segure a infinidade na palma de sua mão*
> *E a eternidade em uma hora.*

Esteja consciente do quanto você é importante para toda a criação.

Pratique o Tao agora

Dedique um dia para estender pensamentos e atos generosos à sua família, à sua comunidade, ao seu país e ao mundo. Em sua família, incentive alguém que esteja lutando com uma autoestima baixa. Em sua comunidade, recolha o lixo e recicle-o sem julgamentos. Em seu país, passe alguns momentos em prece silenciosa, enviando energia amorosa para aqueles que estão em posição de poder — depois faça o mesmo para o mundo, incluindo quaisquer supostos inimigos.

55º verso

*Aquele que está em harmonia com o Tao
é como um recém-nascido.
Insetos mortíferos não o picarão.
Feras selvagens não o atacarão.
Aves de rapina não o abaterão.
Os ossos são fracos, os músculos são moles,
mas o aperto de sua mão é forte.*

*Ele não experienciou a união do homem e da mulher,
mas é inteiro.
Sua humanidade é forte.
Ele grita o dia todo sem ficar rouco.
Isso é harmonia perfeita.*

*Conhecer a harmonia é conhecer o imutável;
conhecer o imutável é ter conhecimento.
Aquilo que está em harmonia com o Tao permanece;
aquilo que é imposto cresce por um tempo,
mas depois murcha.
Isso não é o Tao.
E o que quer que seja contra o Tao logo cessa de existir.*

Vivendo ao abandonar o controle

Talvez você tenha observado pessoas que parecem ter todas as oportunidades, dando a impressão de serem impermeáveis aos ataques violentos que trazem devastação para muitas vidas. Por exemplo, você conhece alguém que raramente ou que nunca fica doente, apesar de passar a época das gripes em contato com pessoas que estão tossindo e espirrando? E aqueles que saem ilesos em meio a uma explosão de crimes? Você talvez diga que esse poucos felizardos parecem ter anjos da guarda que os protegem das provocações dos simbólicos "insetos mortíferos", das "feras selvagens" e das "aves de rapina" mencionados nas primeiras linhas desta passagem. Mas Lao-tzu sabe que esses homens e mulheres estão simplesmente em harmonia com o Tao, exatamente como alguns indivíduos parecem fazer as pessoas certas aparecerem em sua vida no momento certo, enquanto outros parecem ter um jeito para fazer o dinheiro materializar-se exatamente quando precisam mais dele.

Lao-tzu diz que devemos ser como bebês, que não adotaram ainda a crença do ego de que estão separados de sua Fonte originária. Em consequência, eles possuem o que poderia ser considerado poderes "mágicos": podem gritar o dia todo e jamais perder a voz como um adulto que berrasse perderia. Mesmo com músculos não desenvolvidos, eles podem ter um aperto de mão firme. Além disso, os bebês são flexíveis e praticamente imunes a ferimentos por uma queda que quebraria os ossos de um adulto. Tudo isso é chamado de "harmonia perfeita" por Lao-tzu.

O verso 55 do *Tao Te Ching* o convida a perceber que o que você chama de sorte não é algo que acontece aleatoriamente — é seu por toda a vida quando você decide viver abandonando o controle. Você atrai a força cooperadora do Tao quando libera a necessidade de controlar sua vida. Portanto, mude seus pensamentos e veja como *sua* vida muda para uma variação muito afortunada de fato.

Abandone o controle e viva em harmonia com o Tao para desenvolver seu sistema imunológico e ter "sorte" para resistir a doenças e enfermidades. Eu sei que abandonar o controle por proteção parece algo paradoxal, e suponho que você poderia pensar nisso desse modo. Mas experimente ver isso como um modo de permitir que o ritmo natural da vida flua livremente através de você. Viver abandonando o controle significa liberar as preocupações, o estresse e os medos. Quando você sustenta sua sensação de bem-estar diante do que dá impressão de perigo para os outros, seu alinhamento com a Fonte o libera de sua pressão interna para agir de maneira imposta. Lao-tzu recorda que "aquilo que é imposto cresce por um tempo, mas depois murcha".

Alcance a natureza protetora aludida neste verso poderoso e concretize a constância com esses conhecimentos para o mundo em que você está vivendo hoje:

Visualize-se como indestrutível.

Ative uma imagem interna que o carregue através dos perigos percebidos. Nessa visualização, remova a imagem de seu corpo físico e, em vez disso, veja a parte de você que é tão constante como um espírito ou um pensamento. Essa é sua essência, e ela é incapaz de ser ferida de qualquer modo. Dessa perspectiva, você não é ameaçado por nada, de criminosos a câncer, de um resfriado comum a uma fera selvagem. Quando você viver em harmonia com a parte duradoura de si mesmo, ela contribuirá para uma sensação geral de ser indestrutível. Declare que você é aquela pessoa sortuda que passa pela vida ilesa ao se liberar de tentar controlar sua percepção dos perigos que surgirem.

55º verso

Mude o modo como você olha para seu potencial ao se tornar uma pessoa de sorte.

Em vez de dizer a si mesmo: *com minha sorte, as coisas não vão funcionar para mim*, afirme: *estou aberto a aceitar o que precisa acontecer. Confio na sorte para me orientar*. Essa mudança em seu pensamento será útil para orientá-lo a viver no fluxo com o Tao. A paz substituirá o estresse, a harmonia substituirá o esforço, a aceitação substituirá a interferência e a força e a boa sorte substituirão o medo. Você se tornará aquilo que imagina; assim, mesmo as coisas que antes acreditava que fossem provas de má sorte agora serão vistas como as que o ajudarão a avançar em direção a uma harmonia maior.

Viver ao abandonar o controle permitirá que você aprecie a estranha observação de Lin Yutang em *A importância de viver*: "Se você puder passar uma tarde perfeitamente inútil de um modo perfeitamente inútil, terá aprendido a viver."

Pratique o Tao agora

Dedique uma semana para registrar a ocorrência das "coisas funcionando" sem você precisar controlá-las ou "fazê-las" acontecer. Isso significa escolher conscientemente situações em que você reprima o impulso automático de controlar o resultado. Relaxe quando estiver ficando tenso, e confie no máximo de situações possível. No final da semana, perceba como mudar o modo como você pensa mudou sua vida.

56º verso

*Aqueles que sabem não falam.
Aqueles que falam não sabem.*

*Bloqueie todas as passagens!
Feche sua boca,
isole seus sentidos,
embote sua perspicácia,
desate seus nós,
suavize seu olhar,
assente sua poeira.
Essa é a união primal ou o abraço secreto.*

*Aquele que conhece esse segredo
não é movido por apego ou aversão,
dominado por lucro ou perda,
nem tocado pela honra ou desonra.
Ele está muito além das inquietações dos homens,
mas chega para ocupar o lugar mais querido em seus corações.*

Esse, portanto, é o estado mais elevado do homem.

Vivendo pelo saber silencioso

Esse é provavelmente o verso mais conhecido do *Tao Te Ching*. Na verdade, as duas primeiras linhas ("Aqueles que sabem não falam. Aqueles que falam não sabem.") são tão populares que elas quase se tornaram um clichê. Entretanto, a mensagem fundamental da passagem é pouco compreendida e raramente praticada.

Lao-tzu o está convidando para viver no estado mais elevado do saber silencioso, aquele lugar bem em seu íntimo que não pode ser transmitido a qualquer outra pessoa. Em consequência, você talvez queira mudar seu pensamento sobre quem considera sábio ou letrado. Oradores persuasivos com um bom domínio da linguagem, que são convincentes em suas declarações e confiantes de seu ponto de vista, são geralmente considerados como tendo conhecimento superior... mas Lao-tzu sugere que exatamente o oposto é verdadeiro. Aqueles que falam, ele diz, não estão vivendo do lugar do saber silencioso, então eles não sabem.

Quando você modificar o modo como olha para essa suposição, verá várias diferenças no modo como seu mundo se apresenta. Primeiro, você notará que aqueles que têm compulsão a pontificar e persuadir estão quase sempre presos a algum tipo de apego — talvez seja a um ponto de vista, a estar certo, a vencer ou a lucrar de alguma forma. E, quanto mais eles falam, mais parecem estar dominados por tais apegos.

A segunda coisa que notará surgirá dentro de você: você começará a notar *sua* inclinação e o desejo de persuadir e convencer os outros. Então começará a ouvir com mais atenção, descobrindo-se no "abraço secreto" da "união primal" que Lao-tzu descreve. Sua necessidade de ser culto ou dominante será substituída pela profunda compreensão de que tudo é irrelevante, e você perderá o interesse em buscar aprovação. Viver no saber silencioso se transformará no processo que revelará sua existência sob um ângulo diferente — você se sentirá menos impaciente e mais assentado, mais tranquilo e mais centrado.

Quando você mudar o modo como pensa sobre o significado de ser inteligente e sábio, entrará em contato com a ironia que resume essa seção maravilhosamente paradoxal do *Tao Te Ching*. Lao-tzu diz que o sábio que vive pelo Tao está "muito longe das inquietações dos homens", mas ocupa "o lugar mais querido" em seu coração. Eu resumiria isso assim: *aqueles que se importam menos com aprovação parecem recebê-la mais*. Como esses indivíduos não estão preocupados se serão percebidos de forma respeitosa ou desrespeitosa, eles não buscam elogios nem correm dele. Embora sua calma sabedoria possa fazer com que pareçam estar distantes, eles realmente acabam ganhando o respeito de todos.

Você conta com esse lugar de saber silencioso em seu interior neste momento. A seguir, está o que Lao-tzu sugere para adaptar a linguagem paradoxal desse verso do *Tao Te Ching* a seu mundo:

Bloqueie todas as passagens!

Seja honesto consigo mesmo sobre querer obter a aprovação de outros. Você não precisa provar nada a ninguém, e jamais terá sucesso com sua ladainha. Lembre-se de que "aqueles que falam não sabem" ou, como uma tradução desse verso simplesmente afirma: "Cale a boca." O silêncio é sua prova de conhecimento interior. Falar para convencer os outros realmente diz mais de sua necessidade de estar certo do que da necessidade deles de ouvirem o que você tem a dizer! Então, em vez de tentar persuadir os outros, fique calado... simplesmente desfrute dessa consciência interior profundamente gratificante.

56º verso

Use a sigla EDSA para se lembrar das quatro diretrizes deste verso.

— Embote sua perspicácia. Faça isso ao ouvir a si mesmo antes de deixar suas opiniões atacarem outra pessoa. Uma conduta melhor é simplesmente ouvir e depois, silenciosamente, oferecer compaixão amorosa tanto a si mesmo quanto à outra pessoa.

— Desate seus nós. Desapegue-se do que mantém você amarrado a padrões mundanos. Desamarre os nós que o prendem a uma vida que está dedicada a exibir lucros e demonstrar vitórias, e substitua-os por uma contemplação silenciosa do Tao no "abraço secreto".

— Suavize seu olhar. Perceba quando a necessidade de estar certo estiver evidentemente óbvia, e deixe que o suave lado oculto de seu ser substitua sua postura rígida. Seu impulso de olhar de forma ameaçadora para eventos externos o está avisando de que você perdeu a conexão com seu saber interior silencioso.

— Assente sua poeira. Para começar, não a levante! Perceba sua tendência de agitar a poeira quando sentir que está prestes a começar seu discurso enfadonho de como os outros deveriam se comportar. Interrompa-se no meio do ato quando for bater na mesa ou gritar irritado, e simplesmente se observe. Como suas emoções são como ondas no mar, aprenda a vê-las retornarem para a Fonte vasta e calma, que tudo sabe.

Pratique o Tao agora

Passe uma hora, um dia, uma semana ou um mês praticando não dar conselhos não solicitados. Interrompa-se por um instante e convoque seu saber silencioso. Faça uma pergunta, em vez de dar conselhos ou citar um exemplo de sua vida, e depois simplesmente ouça a si mesmo e a outra pessoa. Como Lao-tzu gostaria que você soubesse, esse é "o estado mais elevado do homem".

57º verso

*Se você deseja ser um grande líder,
precisa aprender a seguir o Tao.
Pare de tentar controlar.
Abandone planos e conceitos fixos,
e o mundo se governará sozinho.*

*Como eu sei que é assim?
Porque neste mundo,
quanto mais restrições e proibições,
mais pessoas serão empobrecidas;
mais avançadas as armas do estado;
mais sombria a nação;
mais ardiloso e astuto o plano,
mais estranho o resultado;
mais leis serão publicadas,
mais ladrões aparecerão.*

*Portanto, o sábio diz:
não tomo medidas e as pessoas são reformadas.
Eu desfruto da paz e as pessoas tornam-se honestas.
Eu não faço coisa alguma e as pessoas ficam ricas.
Se eu deixar de me impor às pessoas,
elas se tornarão autênticas.*

Vivendo sem autoritarismo

Nesse e em alguns dos próximos capítulos do *Tao Te Ching*, Lao-tzu aconselha os governantes de 2.500 anos atrás sobre como e por que buscar uma alta qualidade de liderança. Seu conselho é pertinente hoje, no século XXI, para *todas* as formas de liderança, inclusive governos, negócios e, em especial, educação dos filhos.

A mensagem fundamental contida nesse 57º verso é *permitir*, em vez de *interferir*. Mas eu não interpreto isso com o sentido de deixar um bebê engatinhar no meio do trânsito ou deixar uma criança sozinha perto de uma piscina — obviamente, você precisa ser sensato ao supervisionar aqueles que podem ferir-se ou ferir os outros. O que creio que Lao-tzu esteja transmitindo aqui é que permitir é muito frequentemente a forma mais elevada de liderança. Ele declara que "mais pessoas são empobrecidas" em sociedades com excesso de restrições e proibições; o mesmo pode ser verdadeiro em famílias com mandamentos que têm de ser obedecidos sem questionamento. Quanto mais autoritário for o sistema, mais foras da lei aparecerão.

Por outro lado, quando as crianças são estimuladas a explorar e exercitar sua curiosidade, elas são incentivadas a dar o melhor de si com pouca necessidade de controle regulamentador. Portanto, quando você mudar o modo como vê a necessidade de regras, os familiares tenderão a tomar decisões baseadas no que for melhor para todos, e não para si mesmos. Veja o que acontece, por exemplo, se você desistir de estipular um horário absoluto para seus filhos adolescentes chegarem em casa, pedindo que eles simplesmente tenham juízo sobre a hora de voltar para casa e avisarem você se forem chegar mais tarde do que o normal. Você talvez descubra que, como não se impôs sobre eles, eles acabarão chegando em casa ainda mais cedo do que quando tinham um horário rígido para chegar governando a conduta deles.

Examine as restrições que você impõe à sua família. Lembre-se de que pais eficazes não desejam que dependam deles; eles desejam tornar a dependência desnecessária. Afinal, você quer que seus filhos sejam responsáveis, saudáveis, bem-sucedidos e honestos — não exatamente porque você está lá para monitorá-los, mas porque está na natureza deles ser assim. Então dê o exemplo e deixe-os ver que é possível alguém ser autossuficiente e muitíssimo bem-sucedido. Permita que aprendam a confiar em sua natureza mais elevada, em vez de ter de folhear um livro de regras para decidir o que é certo.

Mude o modo como vê a necessidade de decretos, leis e proibições e veja a si mesmo como alguém que não precisa governar com mão de ferro. Depois aproveite para levar essa visão reformulada de suas habilidades de liderança para todas as áreas de sua vida em que você é considerado "o chefe".

A seguir, estão alguns conselhos do século XXI baseados nesse verso que foi escrito há 2.500 anos:

Pratique a arte da permissão consigo mesmo.

Comece permitindo-se ser mais espontâneo e menos controlador na vida diária: faça um passeio sem planejar primeiro. Vá aonde for instintivamente guiado a ir. Diga à sua parte autoritária para dar uma folga. Apresente um lado diferente a si mesmo e ao mundo, afirmando: *eu sou livre para ser eu mesmo. Não tenho que viver pelas regras de qualquer outra pessoa, e libero a necessidade de leis para regular meu comportamento.*

57º verso

Pratique a arte da permissão com os outros.

Pegue-se no ato quando estiver prestes a citar uma regra como motivo para dizer não a uma criança ou alguém que você supervisione e, em vez disso, considere as consequências de não dizer nada, e simplesmente observar. Quando você mudar o modo como vê seu papel de líder, descobrirá que são necessários muito poucos decretos para as pessoas conduzirem os afazeres de sua vida. Todo mundo tem um forte senso do que quer fazer, dos limites que tem e de como realizar seus sonhos. Seja como o Tao — permita aos outros e aproveite como sua liderança não autoritária os inspira para que sejam autênticos.

Pratique o Tao agora

Abra espaço para fazer algo que jamais fez — pode ser caminhar descalço na chuva, fazer uma aula de ioga, falar diante de um grupo em um clube de oradores, participar de um jogo de bola, pular de paraquedas de um avião ou qualquer outra coisa que sempre teve vontade de fazer. Reconheça que você criou restrições para si mesmo que o mantêm longe de novas e amplas experiências, e encontre tempo agora para fechar seu livro pessoal de regras e lançar-se em lugares nos quais jamais caminhou antes. Também abra espaço para dar àqueles sob sua responsabilidade a oportunidade de fazer o mesmo, apreciando o quanto eles realizam com o mínimo de, ou nenhuma, interferência de sua parte.

58º verso

Quando o governante conhece o próprio coração,
as pessoas são simples e puras.
Quando ele interfere em sua vida,
elas se tornam inquietas e perturbadas.

A má sorte é onde se apoia a boa sorte;
a boa sorte é onde a má sorte se esconde.
Quem conhece o final supremo desse processo?
Não existe norma do correto?
Porém, o que é normal logo vira anormal;
a confusão das pessoas existe realmente há muito tempo.

Assim o mestre se contenta em servir como exemplo
e não em impor sua vontade.
Ele mostra mas não se intromete;
ele endireita mas não destrói;
ele ilumina mas não deslumbra.

Vivendo imperturbável pela boa ou má sorte

O mundo das dez mil coisas também é chamado de "o mundo da mudança". Você pode ver isso em sua vida sempre mudando, mesmo quando gostaria que tudo fosse estável e previsível. Entretanto, todas as coisas em nosso planeta estão em constante movimento. Como Albert Einstein comentou certa vez: "Nada acontece até que algo se mova." Esse 58º verso do *Tao Te Ching* enfatiza que há outro modo de ver o mundo, um que praticamente garante que você ficará imperturbável ante a boa ou a má sorte. Em vez de apenas perceber o padrão da energia constantemente em movimento do mundo material, este verso o convida a se deixar concentrar no Tao imutável.

Como a maioria dos seres humanos, você provavelmente quer que seu ambiente seja permanente, estável, confiável, seguro e previsível. Entretanto, sua realidade indiscutivelmente insiste que você leve em conta o oposto e o imprevisível que estão presentes em cada experiência que tem. Afinal, mesmo a paisagem que o rodeia está longe de ser ordeira: as cordilheiras de montanhas sobem e depois descem para os vales. As árvores elevam-se sobre os arbustos, e as formações de nuvens são ameaçadoramente negras às vezes e brancas e fofinhas em outras. Em cada dia perfeitamente ensolarado, há uma tempestade se escondendo, e em cada chuvarada há uma seca esperando sua vez. Para cima e para baixo, os inesperados são a norma da natureza; morros e vales são o modo das dez mil coisas.

Mude o modo de ver os picos e vales de tudo na vida para uma atitude que permita que você descubra o que está oculto nas duas experiências. Comece a ver a *totalidade*, em vez de *boa* ou *má sorte*. Veja os opostos como partes da unicidade, em vez de surpresas destruidoras. Em um mundo de unidade taoísta pura, não há boa ou má sorte; ele é indivisível. O que você chama de "má" sorte tem "boa" simplesmente esperando para surgir porque é a outra metade.

O conselho de Lao-tzu para aplicar o verso 58 ao mundo de hoje provavelmente incluiria o seguinte:

Veja a totalidade no lugar de boa e má sorte.

Quando alguém estiver no meio de uma experiência que você creia ser feliz, como um bom relacionamento, sucesso financeiro, saúde excelente, um ótimo emprego com uma nova promoção ou filhos se destacando nos estudos, saiba que tudo está sujeito a mudanças. Riqueza acumulada tem pobreza oculta nela; popularidade também tem não reconhecimento camuflado nela. Além de isso ser verdadeiro durante os períodos geralmente considerados infelizes.

Sua própria vida é o lugar perfeito para personalizar a capacidade de viver imperturbável pela boa ou má sorte, pois você tem a oportunidade de perceber a totalidade em cada um de seus estágios. Então, em vez de chamar a juventude de um aspecto de "boa sorte" e a velhice como marca de "má sorte", saiba que o jovem que você foi é parte da totalidade de sua velhice. O indivíduo idoso que você talvez se torne é parte da totalidade de seu desenvolvimento pelos níveis de mudança que fazem parte de sua existência física. A vida tem a morte escondida em si. Então conheça seu coração e deixe sua conduta ser consistente com o Tao ao não impor sua vontade — mostre, seja direito e ilumine sem se intrometer, destruir ou deslumbrar.

58º verso

Quando a má sorte tornar-se tão perturbadora que o faça se sentir imobilizado, veja a boa sorte se apoiando nela.

Quando você se sentir esmagadoramente desanimado durante uma viagem pelo vale do infortúnio, poderá ter a impressão de que aquilo é tudo que existe. Se você for incapaz de ver uma circunstância ou situação como parte de um quadro maior, lembre-se de que a boa sorte está se apoiando nessa má sorte, do mesmo modo que a manhã segue-se à noite mais escura. Com a totalidade como pano de fundo, confie em seu conhecimento do dia após a noite nesses momentos. Lembre-se de que, quando você alcançar o solo do vale, a única direção que você poderá seguir será para cima. As coisas decididamente melhorarão; sua sorte deverá mudar; a escassez terá de virar abundância. Isso porque a boa sorte está lá, invisível, em todos os momentos de desespero, e você quer aprender a viver imperturbável por ambas.

Pratique o Tao agora

Passe um dia percebendo quais aspectos da vida se encaixam nas categorias de "feliz" ou "infeliz". Faça uma lista deles sob seus títulos no final do dia e depois explore cada um deles quando não puder ser interrompido. Permita a si mesmo sentir cada um deles fisicamente em seu corpo ou vê-los como uma imagem que se apresenta a você. Sem tentar mudá-los de modo algum, permita-se observar o assunto com os olhos fechados. Exatamente como se fosse um caleidoscópio (ou a própria vida), olhe-o atentamente e permita que ele flua através de você — do modo como as nuvens vagam pelo céu, como a noite vira dia, como a chuva evapora... e como a confusão vem e vai quando você está vivendo imperturbável pela boa e má sorte.

59º verso

*No governo de pessoas e no serviço à natureza,
nada supera a parcimônia e a moderação.*

*A restrição começa ao desistir de suas próprias ideias.
Isso depende de virtude acumulada no passado.
Se houver um bom suprimento de virtude, nada é impossível.
Se nada é impossível, então não existem limites.?
Se o homem não conhece limites, está apto a liderar.*

*Esse é o caminho para estar profundamente estabelecido e firmemente
assentado no Tao,
o segredo da vida longa e da visão duradoura.*

Vivendo pela parcimônia e moderação

Existem quatro palavras que afloram repetidamente em muitas das traduções dessa passagem do *Tao Te Ching*: *restrição, frugalidade, moderação* e *parcimônia*. Aqui, Lao-tzu está aconselhando você a examinar o modo como vê essas qualidades em relação a seus papéis de supervisor e de educador de filhos — ele não diz que você deva ficar inativo e não fazer nada, mas realmente recomenda que você pratique o autocontrole. Quando você cultiva um estilo de liderança que cria "um bom acúmulo de virtude, nada é impossível", pois não há limites.

Viver com parcimônia e moderação significa estar em harmonia com o mundo por intermédio de sua natureza generosa. Em vez de continuamente estimular, dirigir, dar ordens, definir regras e exigir obediência, é importante ser um líder que acumule um depósito cheio de virtude ao viver de acordo com o Tao. Quando for isso que você tiver para dar, naturalmente interferirá menos. Fique alegre ao saber que o exemplo que você apresenta está ajudando outros a tomarem as decisões certas, pois essa é a essência da liderança do Tao. Como Lao-tzu especificamente declara: "Se um homem não conhece limites, ele está apto a liderar."

Pessoas cuja vida é dirigida por regras, dogmas e medo só podem fazer o que mandam que elas façam... nada mais. As opções de autodireção são inexistentes para os cegamente obedientes, então pratique restrição, moderação, frugalidade e parcimônia quando der declarações sobre como os outros devem se comportar. As crianças criadas em famílias em que essa obediência cega é exigida exibem os níveis mais altos de preconceito ao se tornarem adultas. Por quê? Porque elas aprenderam a "prejulgar" o que é aceitável de acordo com alguém na posição de liderá-las. É por isso que é tão vital dar a seus filhos um exemplo de liderança que os estimule a fazer escolhas baseadas em padrões mais elevados.

Tenho um presente de minha filha Saje que coloquei em minha escrivaninha, e dei o título de NADA É IMPOSSÍVEL. É uma planta verde crescendo de uma pedra — não há terra ou barro, somente pedra dura, mas ela cresce, apesar de tudo que nós fomos ensinados a acreditar. Quando Saje me deu isso, observou que isso a fazia lembrar de mim, porque eu sempre disse que me recuso a acreditar que algo seja impossível. Minha planta ajuda a me lembrar que a natureza não conhece limites, e que eu sou tão parte da natureza quanto a pedra e a folhagem que cresce dentro daquela pedra dura.

Lao-tzu lembra que, "se nada é impossível, então não há limites". Então pratique viver sem limites ao acumular virtude e apresentá-la. Quando você o fizer, verá a "visão duradoura" naqueles que você foi selecionado para liderar de um modo ou de outro, e eles verão isso em você também. Ponha a sabedoria desse 59º verso para trabalhar para você ao adotar estas sugestões:

Reúna o máximo de virtude que puder.

Por anos pratiquei acumular virtude sem perceber. Enviei centenas de milhares de livros para indivíduos e organizações à minha própria expensa, adquirindo o hábito de iniciar cada dia com esse ato de amor. Passei muito tempo doando muito do que ganhava, quase tudo de forma anônima. Eu não percebia naquele momento, mas o que eu estava fazendo era acumular virtude, ou o que eu chamava de brincadeira de "pontos de Deus".

Depois descobri que nem toda a minha vida seria de picos e cumes de montanhas. Mas, quando conseguia sair de *baixo* do que parecia ser uma montanha, eu estava praticamente ileso. Isso porque estava tão profundamente estabelecido e firmemente assentado no Tao de que minha visão original consistia em ser resistente e impenetrável a circunstâncias externas.

Pratique moderar seu ego.

Mude o modo como você vê sua vida moderando seu ego. Veja a si mesmo como um ser que dá, em vez de cobrar, e viva com o que precisa, em vez de praticar um consumismo evidente. Você começará a ver que seu propósito tem mais a ver com a consciência do Tao do que com as diretrizes do ego. Quando moderar suas exigências e usar apenas o que você e sua família precisam, estará reunindo pontos de virtude ao servir, em vez de acumular. Lao-tzu lembra que esse é "o segredo de uma vida longa e uma visão duradoura".

William Shakespeare descreveu isso mais de dois mil anos após a morte de Lao-tzu em sua peça *A terceira parte de Henrique VI*:

> *Minha coroa está no meu coração, não em minha cabeça;*
> *Não adornada com diamantes e pedras da Índia,*
> *Nem para ser vista. Minha coroa é chamada contentamento;*
> *Uma coroa é aquilo que os reis raramente aproveitam.*

Pratique o Tao agora

Assuma o compromisso de reunir cinco pontos de Deus hoje. Imagine como a Fonte Divina de todas as dez mil coisas precisa estar operando para manter os ciclos de criação da vida, e faça cinco coisas que combinem com isso. Recolha o lixo de outra pessoa, que é um exemplo de excesso; anonimamente, dê um presente a alguém em necessidade; ou realize quaisquer outros atos que ajudem você a acumular virtude e permanecer profundamente implantado no Tao.

60º verso

*Governar um país grande
é como fritar um pequeno peixe.
Você o estragará se remexer demais.*

*Aborde o universo com o Tao
e o mal não terá poder.
Não que o mal não seja poderoso,
mas seu poder não será usado para ferir outros.
Não só ele não fará mal a outros,
mas o próprio sábio também estará protegido.*

*Se apenas o governante e seu povo
abstivessem-se de ferir um ao outro,
todos os benefícios da vida se acumulariam
no reino.*

Vivendo com imunidade ao mal

Sua tarefa neste verso do *Tao Te Ching* é mudar o modo como vê a presença do mal em seu mundo pessoal, bem como no planeta inteiro. Você pode fazer isso ao adquirir uma consciência interior de que o mal simplesmente não poderá afetá-lo se você estiver centrado dentro da rede protetora do Tao. Se você viver de acordo com o Grande Caminho, recusando-se a ter pensamentos prejudiciais dirigidos a si mesmo ou aos outros, os poderes da crueldade e da injustiça se tornarão impotentes.

O Tao não é sobre destruir ou impor danos a qualquer pessoa; melhor dizendo, ele dá energia de amparo a todos sem exceção. Quando as pessoas violam esse princípio, elas só têm êxito quando outros respondem na mesma moeda. É aí que a guerra é deflagrada e a desavença torna-se presente na família e na comunidade. A negatividade então gera mais negatividade, e o líder ou governante acaba sendo destruído quando o grupo maior cai no caos.

Atualize seu ponto de vista sobre a presença da maldade no mundo para uma que afirme enfaticamente: *meus entes queridos e eu não podemos e não seremos afetados pela presença do mal em lugar algum do mundo.* Seu cenário interior começará imediatamente a mudar também. Então, ao ver ou ouvir relatos de pensamentos e atos violentos, sua reação imediata deverá ser *isso não é sobre mim. Eu escolho não ter quaisquer pensamentos nocivos dirigidos a qualquer um por mim. Eu sou um ser de luz e amor e, portanto, os únicos pensamentos que podem surgir de mim estão em harmonia com o grande e amoroso Tao.* Em outras palavras, o que quer que venha a acontecer por causa de outras pessoas não invocará um plano de vingança e ódio. Isso porque você se tornou imune à negatividade ao estar centrado no Tao.

Agora você talvez pense que isso soa simplista demais, mas imagine se um grande número de pessoas começasse a pensar desse modo — e depois imagine se os governantes começassem a aparecer com esse tipo de consciência. Como Lao-tzu diz neste verso: "*Se apenas o governante e seu povo abstivessem-se de ferir um ao outro, todos os benefícios da vida se acumulariam no reino.*" No final, nosso mundo precisará viver por esse princípio ou a humanidade cessará de existir... e isso começa por você.

Conforme a consciência do Tao aumentar em uma pessoa, uma família, uma comunidade e um país de cada vez, as prioridades mudarão. Nossas energias construirão mais veículos e casas adequadas ao meio ambiente, em vez de instrumentos que reflitam a crença de que nós podemos fazer o que quer que desejemos ao planeta sem que haja consequências. Descobriremos maneiras de destruir as reservas das inconcebivelmente tenebrosas armas de destruição em massa. A cooperação substituirá o ódio e os pensamentos nocivos. Isso acontecerá, como declara Lao-tzu, quando os governantes e os povos mudarem o modo como pensam sobre ferir uns aos outros.

Enquanto você reexamina essa passagem do *Tao Te Ching*, veja como ela pode afetar sua vida diária. Quando a negatividade parecer dirigida exatamente a você, recolha-se para aquele lugar de bondade e amor interior, e desvie essa energia. Lembre-se: é impossível provocar uma briga com alguém que se recuse a brigar! Assim, a recusa em entrar na briga é sua arma mais potente contra o mal. Você pode mudar a tentativa de uma pessoa irritada de infligir danos ao se recusar a descer ao nível do pensamento violento dela. Desde o xingamento de um motorista enraivecido até as palavras rudes de um atendente desagradável ou de um membro da família zangado, essas explosões serão facilmente transformadas quando você permanecer centrado interiormente. Torne-se imune a esses pensamentos e atos nocivos ao saber que nada disso diz respeito a você.

Enquanto ditava esse 60º verso há cerca de 2.500 anos, Lao-tzu estava pensando em toda a humanidade. Ele sabia que comportamentos ofensivos podiam tornar-se impotentes se um número suficiente de pessoas estivesse disposto a viver de modo que estimulasse a cooperação e um espírito de amor, em vez de competição e vingança. Agora ele pede que você implemente a sabedoria deste verso ao fazer as seguintes mudanças no modo como pensa sobre o mal e no possível impacto dele sobre você e o mundo:

Reforce sua imunidade à negatividade ao se controlar no meio de pensamentos nocivos.

Surpreenda-se quando tiver pensamentos julgadores que possam ser considerados prejudiciais a si mesmo ou aos outros. Por exemplo, se você se considera indigno de respeito, esse é um pensamento prejudicial dirigido a você. Altere-o para a seguinte afirmação: *eu mereço e espero receber apenas amor divino. É isso que eu atraio.* Quando você for confrontado por quaisquer relatos de ódio e maldade em nosso planeta, suspenda suas fantasias de vingança contra os agressores. Mude a energia mental para algo como: *envio pensamentos de amor e bondade para todos e confio que esse amor os ajudará a perceber a insensatez de seu ódio.* Esteja consciente de todos os seus pensamentos, modificando-os no meio deles se necessário. Torne-se uma pessoa que traz os benefícios do Tao para nosso mundo.

Declare-se imune aos apelos nocivos.

Visualize um escudo protetor à sua volta, protegendo-o contra o que é percebido como mal no mundo. Seu escudo só é permeável à energia que se harmonize ao Tao. Amor, bondade e ajuda podem passar através dele — mas, se qualquer mal se aproximar de você, ele será repelido por seu escudo. Isso significa que você está criando um sentimento maior de fé no Tao. Com esse tipo de confiança interior, quando o mal vociferar perto de você, ele não conseguirá afetá-lo diretamente. Torne-se o sábio, o líder que governa sua vida e a vida daqueles à sua volta, e que não pode ser ferido. Declare isso, pratique isso em cada um de seus pensamentos e caminhe livremente no meio do perigo. Isso não é ter uma falsa sensação de segurança; mais exatamente, é uma conscientização de que você e o Tao são unos.

Pratique o Tao agora

Da próxima vez que você pensar que é o alvo de um pensamento nocivo de um estranho, um familiar ou um colega de trabalho, esforce-se para se lembrar de responder a partir de sua natureza interior, que é o Tao. Envie de volta uma resposta amorosa e bondosa, e depois recolha-se a um saber silencioso e pacífico de que você começou o processo de imunização contra o mal. Ao praticar mesmo com uma aparentemente inócua declaração, você testemunhará a eficácia desse comportamento. Aborde o universo com o Tao em seu coração, em vez de reagir defensivamente.

61º verso

*Um grande país é como a planície,
em direção à qual todos os rios fluem.
É o reservatório de todos sob o céu,
o feminino do mundo.
A mulher conquista o homem com serenidade,
sendo humilde por meio de seu silêncio.*

*Assim, se um grande país for humilde ante um pequeno,
ele ganha amizade e confiança.
E se o pequeno país puder ser humilde ante um grande,
ele vencerá aquele "grande" país.
Um ganha ao se curvar;
o outro, ao permanecer humilde.*

Vivendo ao permanecer humilde

A maioria de nós foi ensinada que é importante destacar-se de pessoas menos importantes em praticamente todas as iniciativas na vida. Disseram-nos para "chegar ao topo", "sobressair na multidão", "ser o melhor" e "honrar os campeões" que derrotam os desafiantes. Esperam que prestemos homenagens àqueles que ganham mais dinheiro, acumulam mais objetos importantes e evocam mais medo e obediência por conta de suas posições de poder; aqueles que se dignam a viver entre os "comuns" são os menos merecedores de nosso respeito. Essa passagem do *Tao Te Ching* nos convida a reavaliar essas crenças.

Veja o mar: é a força mais poderosa do planeta porque está em uma posição inferior à dos rios, que são necessária e inevitavelmente atraídos até ele. Como os rios fluem para baixo para se tornar unos com ele, o mar é capaz de ser o grande reservatório de todos sob o céu. É isso que Lao-tzu chama em todo o *Tao Te Ching* de "Grande Mãe" ou o "feminino do mundo". Essa energia feminina, ou yin, é o verdadeiro recipiente de tudo; ao permanecer calma e serena, ela acaba superando os esforços masculinos (yang) para subjugar e conquistar.

No 61º verso do *Tao Te Ching*, Lao-tzu fala das vantagens de liderar ao se manter humilde, usando países inteiros como exemplos. Ele dá os motivos para que as nações grandes e pequenas sejam como o grande oceano. Enquanto observava territórios em guerra tentando derrotar uns aos outros ao exercer sua força, ele viu que a paz e a harmonia só seriam possíveis se os territórios se comportassem de acordo com o Tao — ou seja, ao subjugar seus egos, e não seus vizinhos.

Lao-tzu estava dirigindo-se aos países e seus líderes políticos nesse capítulo, mas países são compostos de indivíduos dos sexos masculino e feminino. Precisamos nos tornar uma massa crítica de indivíduos que esteja disposta a modelar a sabedoria que o grande mestre chinês nos oferece. Todos nós precisamos aprender o valor de fazer uma mudança drástica no modo como pensamos sobre nós mesmos e sobre os outros. Sim, isso pode exigir uma inversão total de atitude de nossa parte, mas, se começarmos a reduzir os pensamentos dominados pelo ego, mais cedo ou mais tarde o mundo receberá a mensagem que Lao-tzu propôs em tempos remotos. As nações no mundo inteiro descobrirão que líderes com energia feminina yin são benéficos. Afinal, esse é o modo da natureza... é o Tao em serviço.

Você pode aplicar a sabedoria deste verso no mundo dos negócios ou com qualquer um que encontre ao atualizar a noção de que elevar-se acima de outros na abordagem yang da dominação masculina é o modo de estar na dianteira. Melhor dizendo: veja o valor de viver como se você pudesse conquistar a confiança e a amizade pela abordagem yin da receptividade e serenidade femininas.

Enquanto você experimenta essas novas atitudes e comportamentos, observe silenciosamente como a energia das seguintes sugestões começam a influenciar sua realidade:

Reavalie sua visão pessoal do que constitui força.

Você consegue enxergar o poder da humildade, da serenidade e em se manter discreto e fora de cena? Nas artes marciais, o vencedor mais poderoso é aquele que usa menos força e converte as investidas de seu oponente em sua própria força. Veja o histórico de violência em toda a história da humanidade: aqueles obcecados por posições de poder acabam recorrendo à brutalidade, e depois incorrem no mesmo tipo de violência sobre si mesmos. Assim também acontece em sua vida pessoal.

Ao permanecer calmo e sob controle, outros acabarão fluindo até você, juntando-se a você para criar amizade e confiança. Quando estiver nesse modo yin, feminino, da Mãe Divina, irradiará energia e força, conquistando outros... inclusive aqueles com aversão a mudanças. Pense em si mesmo como o oceano e permaneça baixo o suficiente para permitir que todos os outros fluam e desçam até você e criem um "grande país", onde quer que você escolha fundá-lo.

Imite aqueles com maior impacto sobre a humanidade que adotaram os métodos menos violentos.

Há muitos exemplos a serem encontrados para viver permanecendo humilde, reproduzindo o exemplo de serenidade e energia yin. Jesus Cristo, Buda, Maomé, Zoroastro, São Francisco de Assis, Gandhi, Madre Teresa e outros das mais elevadas crenças espirituais servem como modelos maravilhosos para nós. Ao demonstrar o oposto exato do que se tornou conhecido como poder pela força, eles mudaram o curso da história da humanidade. Além disso, eles são lembrados com a mais alta estima por todas as pessoas.

Você pode se tornar um líder semelhante ao do Tao em seu ambiente imediato, sorrindo interiormente enquanto se vê como aquele oceano baixo e paciente. Todos os que desejarem se elevar acima de você em vitórias acabarão descendo, fluindo até você.

Pratique o Tao agora

Todos os dias em que você lutar para saber como ser um líder eficaz em sua família, em seu país e no mundo, aplique o seguinte conselho de Sai Baba. Isso é o que ele aconselha que os leitores façam sempre que estiverem em dúvida sobre que ação tomar ou como pensar:

> *Quando os olhos de sua cabeça ficarem horrorizados*
> *pelas crueldades da vida...*
> *Quando sua boca estiver queimada*
> *e você quase não conseguir falar,*
> *O primeiro gole de água fresca*
> *Eu o estou aliviando.*
> *Pense em mim.*

Em um momento de crise, silenciosamente diga *Pense em mim* para sua imagem mental da pessoa que o venceu ao se curvar e permanecer humilde. Você imediatamente descobrirá seu caminho, como se aquele indivíduo o estivesse conduzindo para superar seus pensamentos de luta ou vício controlados pelo ego que parecem afastá-lo de sua natureza feminina do Tao.

62º verso

*O Tao é a casa do tesouro,
a verdadeira natureza,
a Fonte secreta de tudo.
É o tesouro do bom homem
e o refúgio do mau.*

*Se a pessoa parecer má,
não a rejeite.
Desperte-a com suas palavras,
eleve-a com suas ações,
retribua sua ofensa com bondade.
Não a rejeite;
rejeite sua maldade.*

*Assim, quando um novo líder for escolhido,
não ofereça para ajudá-lo
com sua riqueza ou experiência.
Ajude-o a meditar sobre o princípio;
ofereça-se para ensiná-lo sobre o Tao.*

*Por que os antigos davam tanta importância ao princípio?
Não era porque ele é a Fonte de todo o bem,
e o remédio para todo o mal?
É a coisa mais nobre no mundo.*

Vivendo na casa do tesouro do Tao

Imagine ter acesso a um lugar muito especial no qual pudéssemos nos abrigar e comungar com a sagrada Fonte de tudo. Ali encontraríamos "o tesouro do homem bom" e um lugar ao qual o homem mau iria para ser perdoado. Ali seria onde os grandes governantes e os mais sábios entre nós iriam meditar por orientação para cumprir impressionantes responsabilidades, onde receberíamos o segredo para expulsar toda a crueldade sem precisarmos pessoalmente expulsar nenhum de nós mesmos. Nesse lugar maravilhoso, conheceríamos totalmente a Fonte do bem, como também o remédio para o mal.

Enquanto eu estudava e contemplava essa passagem, comecei a chamá-la de verso "dê graças por sua boa sorte". Ele me lembra que posso acessar uma casa do tesouro sagrado lá no meu íntimo, como você também pode e todos os outros seres conscientes podem. Ele me lembra para mudar o modo como vejo o surgimento da escuridão em nosso mundo hoje. Ele me faz lembrar que, dentro de mim está a nascente extraordinária do Tao. Ele me faz lembrar de estar disposto a mudar o modo como me vejo e meu papel aqui como uma das dez mil coisas.

Você pode modificar a forma condicionada de ver a maioria das coisas olhando para tudo que se mostre sobrecarregado de ódio, crueldade e maldade. Segundo Lao-tzu, ninguém é mau ou cruel; melhor dizendo, aqueles que vivem em contradição com os ensinamentos do

Tao somente *parecem* ser assim. Em vez de colocá-los de lado, você precisa reconectá-los ao Grande Caminho. Então permaneça centrado ao pensar e comportar-se de um modo que se harmonize com o Tao totalmente amoroso e sábio, lembrando-se de que essa Fonte não inflige mal a ninguém, nem exclui ou julga ninguém — simplesmente dá vida.

Onde você perceber negatividade, altere sua visão para ver puro amor e bondade que estão equivocadamente sendo dirigidos para buscar um lugar sagrado no mundo material. Essa energia é poderosa e está afastando-se de sua Fonte em vez de voltar e reabastecer-se no ciclo espiritual que é seu ponto originador. Quando tiver sucesso em mudar como você percebe a suposta crueldade, convide outros para verem a diferença também. Graças a seu novo ponto de vista, você estará bastante confortável para discutir a diferença entre os prazeres do mundo material e as riquezas do Tao. Se for solicitado, você até será capaz de oferecer um mapa ou caminho para a casa sagrada do tesouro do Tao.

Em uma tradução do *Tao Te Ching* por Gia-Fu Feng e Jane English, o 62º verso termina com as seguintes palavras:

Por que todo mundo gosta tanto do Tao a princípio?
Não é porque você descobre o que busca e é perdoado quando peca?
Portanto, esse é o maior tesouro no universo.

Aqui está o que Lao-tzu lhe oferece nessa joia de verso "dê graças por sua boa sorte":

Pratique ver a porta da casa do tesouro se abrindo para você.

Veja a si mesmo como uma criação divina do eterno Tao, com a entrada para um lugar sagrado sempre disponível para você. Saiba que o que você aprendeu como negativo jamais poderá existir se ele for capaz de entrar no Tao cheio de tesouros. Visualize uma casa que esteja abrindo a porta da frente para você e o acolhendo para se aquecer no sagrado calor de seu interior, e imagine-se deixando toda a angústia e o medo para trás quando entrar. Faça dessa casa do Tao um retiro particular, no qual você tenha liberdade para entrar com essa técnica de visualização meditativa. Ela é a própria divindade, e ela pode ser seu santuário a qualquer hora.

62º verso

Pratique perdoar e evitar julgamentos quando vir modos censuráveis ou mal-intencionados.

Aceite o conselho de Lao-tzu para lidar com aqueles que parecem ser pessoas cruéis ao separar mentalmente os indivíduos de seus comportamentos tóxicos. Lembre-se que eles são criações Divinas do Tao que simplesmente acreditam que o ego deve controlar a vida. Em seus pensamentos, apague a vilania, os erros e os atos viciados ou prejudiciais; e permita que essas pessoas simplesmente existam separadas de seu comportamento malévolo. Veja o desenrolar do Tao nelas, e imagine-as como crianças inocentes que estão superestimuladas pela fortaleza temporária do ego. Em sua mente, perdoe a conduta má e faça todos os esforços para pôr os braços amorosamente em torno das crianças que você vir diante de você.

Lao-tzu insiste que você se trate de forma semelhante: expulse qualquer comportamento de que não goste em si mesmo, permita sentir sua dor e absolva-se. Com a remoção desses comportamentos, visualize que está se abraçando e perceba o radiante ser de luz que é você mesmo em sua imaginação. Pratique elevar-se com seus atos do Tao e distribuir bondade a outros, bem como a si mesmo. É assim que você aplica esse verso do Tao, que é realmente o remédio para todo o mal.

Pratique o Tao agora

Hoje, tome a decisão de ajudar outra pessoa, mesmo que só por alguns minutos, a meditar sobre o princípio desse verso. Mas faça isso sem mencionar o *Tao Te Ching* ou este livro. Poderá enviar uma expressão de amor para onde talvez você tivesse escolhido raiva. Ou mande pelo correio um cartão com um verso especialmente significativo do Tao para alguém que assumiu uma nova posição de liderança. O que quer que faça, sua motivação será ajudar aquele homem ou aquela mulher a destrancar a porta de sua casa do tesouro ao oferecer as chaves na forma de seus próprios pensamentos e comportamentos centrados no Tao.

63º verso

*Pratique a não ação.
Trabalhe sem fazer.
Prove o sem sabor.
Aumente o pequeno, multiplique os poucos.
Recompense a amargura com carinhos.
Veja a simplicidade no complicado.
Alcance a grandeza nas pequenas coisas.*

*Assuma as dificuldades enquanto elas ainda são fáceis;
faça grandes coisas enquanto elas ainda são pequenas.
O sábio não tenta nada muito grande,
e assim alcança a grandeza.*

*Se você aquiescer com muita facilidade, terão pouca confiança em você;
como o sábio sempre enfrenta as dificuldades,
ele jamais as vivencia.*

Vivendo sem dificuldades

Esse verso transmite muito com economia no uso das palavras. Todas as vezes que leio o que Lao-tzu está dizendo aqui, sinto que é impossível para mim vivenciar dificuldades em minha vida se estiver disposto a aceitar seu sábio conselho. Ele recomenda que aprendamos a pensar em termos de momentos, e não em termos de dias, semanas, meses, anos, décadas ou da vida toda. Tudo que sempre temos é este exato momento — e pronto. Então devemos evitar a tendência de aumentar pequeninos eventos ou preocuparmo-nos com um futuro que talvez nunca chegue. São as coisas pequenas que fazem toda a diferença em nosso mundo, e manter a vida simples substitui o caos. Como Lao-tzu nos lembra: "Veja simplicidade no complicado [...] faça grandes coisas enquanto elas ainda são pequenas."

Eu segui esse conselho enquanto trabalhava neste livro. Como você pode imaginar, escrever ensaios individuais sobre os 81 versos de um dos mais reverenciados e antigos textos espirituais foi uma tarefa assustadora! Um projeto desse tipo envolve pelo menos um ano de pesquisas, leituras, escritas e revisões diárias. Mas, em vez de focar nos desafios deste projeto, escolhi "ver simplicidade" e "assumir as dificuldades enquanto elas ainda são fáceis". Eu mergulhava em um único verso pela manhã, permitindo que as palavras fluíssem pelo meu coração e para a página. Sinto como se tivesse dominado a conclusão irônica dessa 63ª passagem, que diz que as dificuldades não são vivenciadas quando são enfrentadas.

Esta, então, é a sabedoria deste verso: não existe dificuldade quando você vive no momento presente, fazendo apenas o que pode naquele exato momento. Então examine seus pensamentos sobre o que você chama de problemas em sua vida. Você consegue mudar para pensar em cada empreendimento não só como administrável, mas também como fácil e pequeno? Afinal, de que modo você se empenha durante um curso de estudos difícil que levará vários anos para terminar? Ao não se projetar para o futuro e não usar os momentos presentes para se preocupar. Como você consegue passar pelo longo e difícil processo de dar à luz um filho? Um momento de cada vez. Eu observei minha mulher fazer exatamente isso durante os anos em que ela esteve grávida ou amamentando, dando à luz cinco filhos em oito anos. Como Lao-tzu ensina, se você não tentar nada grande, alcançará a grandeza.

Quase todas as manhãs, faço uma aula de noventa minutos de ioga quente com 26 posições e dois exercícios respiratórios. Agora uma hora e meia de intensa atividade em um cômodo que está a mais de 40°C pode parecer não só grande, mas muito difícil também. Aprendi a mudar o modo como penso sobre essa rotina diária da qual eu gosto tanto, e agora acho que isso é fácil. Quando o primeiro exercício de respiração começa, mantenho minha mente e meu corpo totalmente focados no que estou fazendo no momento inicial. Se minha mente quiser vagar para o que estarei fazendo dentro de uma hora, simplesmente eu a trago de volta para o presente. Olho no espelho e lembro a mim mesmo que esse exercício ou postura é pequeno e simples. *Bingo* — o difícil está fora do quadro!

Ao praticar no momento presente e treinar a mim mesmo para permanecer em um estado de simplicidade, faço da minha aula de ioga de noventa minutos uma moleza. Alcanço o que considero ser grandeza nos pequenos progressos e melhorias que evoluem naturalmente. É um trabalho sem fazer, é a não ação em ação porque enfrento o que talvez pudesse achar difícil. O resultado é que não vivencio dificuldades.

Lao-tzu insiste para você mudar o modo como vê seu mundo do século XXI ao fazer o seguinte:

63º verso

Procure pela simplicidade no que você chama de complicado ao ver que, naquele momento, não é difícil.

Mude sua preocupação com o amanhã, junto com todos os amanhãs que abrangem seu futuro. Minha amiga Byron Katie (cujo marido, Stephen Mitchell, criou uma maravilhosa tradução do *Tao Te Ching* que incorporei a este livro) deu-me minha definição predileta de *insanidade*: "Acreditar que você precisa do que não tem é insano." Eu acrescentaria: "Acreditar que você não pode estar satisfeito e feliz agora porque seu futuro lhe dá a impressão de que será difícil é outra forma de insanidade."

Olhe para o que tem e perceba que você está obviamente bem nesse momento! *Um curso em milagres* expressa essa ideia muito bem: "Você não tem problemas, embora pense que tem."

Pense pequeno.

Mude sua noção de "pensar grande" para "pensar pequeno e conseguir fazer grandes coisas". Examine seja lá o que for que pareça tão enorme que o apavore começar. Depois mude seu pensamento para ver o que pode ser feito hoje em seus preciosos momentos presentes, ignorando totalmente o quadro geral. Suas realizações aumentarão em grandeza quando você empreender o pequeno; ao fazer isso, você estará vendo paradoxalmente grandes resultados.

Pratique o Tao agora

Separe um tempo hoje para focar no maior desafio de sua vida. Divida o que quer que seja isso em uma única coisa que possa ser feita hoje, neste exato momento. Apague o quadro maior — simplesmente faça o que puder agora e deixe tudo mais desaparecer. Escreva o parágrafo inicial de seu romance. Desenhe a planta da casa que quer construir. Inscreva-se em um curso na instituição educacional local. Saia para uma corrida de dois minutos. *Esteja no agora.* Veja como a prática do Tao nesse exato momento traz grandes resultados ao paradoxalmente permanecer pequeno e simples.

64º verso

O que está em repouso é facilmente administrado.
O que não está ainda manifesto é facilmente evitado.
O frágil é facilmente despedaçado;
o pequeno é facilmente espalhado.

Aja antes de as coisas existirem;
administre-as antes que haja desordem.
Lembre-se:
uma árvore que preenche o abraço de um homem cresce de uma semente.
Uma torre de nove andares de altura começa com um tijolo.
Uma viagem de mil milhas começa com o primeiro passo.

Aja e destrua;
agarre e perca.
O sábio não age e assim não é derrotado.
Ele não agarra e portanto não perde.
As pessoas normalmente falham quando estão à beira do sucesso.
Portanto, tenha cuidado tanto no final quanto no começo,
assim não haverá fracasso.

O sábio não valoriza o que é difícil de alcançar.
Ele não coleciona coisas preciosas;
ele aprende a não se agarrar a ideias
Ele ajuda as dez mil coisas a encontrarem sua própria natureza
mas ele não se aventura a conduzi-las pelo nariz.

Vivendo ao estar no aqui e agora

"Uma viagem de mil milhas começa com o primeiro passo" é a frase mais famosa de todo o *Tao Te Ching*. Ela é citada com muita frequência porque nos incentiva a evitar a procrastinação e a simplesmente começar de onde estamos, aqui mesmo, agora mesmo. Uma pequenina semente plantada e nutrida dá origem a uma floresta, uma maratona começa ao se dar a primeira passada. Em minha opinião, o poeta e dramaturgo alemão Johann von Goethe resumiu esse antigo ensinamento lindamente nessas palavras:

Apenas ocupe-se, e então o pensamento ficará aquecido; comece, e então o trabalho será concluído.

A essência desse amplamente conhecido 64º verso do *Tao Te Ching* é a seguinte: cada objetivo é possível a partir daqui! Com a ênfase no *a partir daqui!* Isso é especialmente aplicável a problemas que pareçam avassaladores. Quando você mudar o modo como pensa sobre eles, sua nova e inédita perspectiva fará com que a enormidade das coisas diante de você diminua.

"O sábio não valoriza o que é difícil" porque ele o divide em etapas facilmente administráveis. Em vez de controlar os outros e dirigi-los ou tentar fazer tudo sozinho, o seguidor do Tao encontra uma forma de administrar os problemas *antes* que eles existam, e *antes de* a desordem se estabelecer. Lao-tzu está incentivando todos nós a fazermos o mesmo.

Reexamine como você vê os desafios que enfrenta, bem como os de sua família, comunidade e do seu país. Sinta em seu coração quantos deles poderiam ser facilmente evitáveis ao lidar com as coisas antes de elas existirem e ao se recusar a permanecer apegado às ideias que são, em grande parte, responsáveis por esses problemas.

Existem três etapas para a iluminação que a maioria das pessoas atravessa:

1. A primeira é pelo sofrimento. Ocorre quando os grandes problemas de sua vida tornam-se tão esmagadores que resultam em um longo período de infelicidade porque você "valoriza o que é difícil de alcançar". No final, você chega a um lugar de onde pode olhar para trás para aqueles enormes obstáculos — como doenças, acidentes, vícios, perdas financeiras, problemas com as crianças e divórcio — e ver em retrospecto que eles foram, na verdade, presentes disfarçados de problemas. Mas esse não é o modo do Tao; não é assim que um sábio conduz sua vida.

2. A segunda é ao estar no momento presente. Aqui você se aproxima mais do Tao ao se perguntar quando uma crise surgir: o que preciso aprender com essa experiência neste momento? Eu sei que há um presente oculto para mim nesse infortúnio e me concentrarei em procurar por ele. Embora esse seja um raciocínio centrado no Tao, ele não é tudo que Lao-tzu quer transmitir neste 64º verso.

3. A terceira é adiantar-se aos problemas. Isso significa que você age antes de as dificuldades ocorrerem, percebe a desordem se aproximando e a administra de antemão. Esse é o modo do Tao. "O pequeno é facilmente espalhado", diz Lao-tzu. Então aqui você é o observador perspicaz que está totalmente sintonizado com a natureza. Com presciência, você prevê uma briga, representa-a em sua mente numa fração de segundos e é capaz de neutralizar a energia negativa porque está à frente dela. Você respondeu ao não agir pelos modos antigos de produzir problemas e assim está harmonizado com o Tao. Nesse estágio, você evita as dificuldades, em vez de resolvê-las.

64º verso

Esse verso o convida a dominar o terceiro método ou o que está centrado no Tao. Aqui estão algumas sugestões para você fazer isso:

Lembrando-se do valor inerente em praticar a frase mais conhecida de todo o *Tao Te Ching*: "Uma viagem de mil milhas começa com o primeiro passo."

Esqueça o resultado final: quando você chegar ao ponto no qual pensa que queria estar, só começará uma nova viagem. Então aproveite cada passo do caminho e lembre-se de que todos os objetivos são possíveis a partir daqui. Simplesmente faça uma única coisa, um dia de cada vez.

Aqui está um exemplo disso da minha própria vida: há quase duas décadas tomei uma bebida alcoólica pela última vez. Se eu tivesse pensado em não beber por vinte anos, teria sido insuportável e realmente difícil — ainda assim, eu consegui, um dia de cada vez. Não posso falar sobre os próximos vinte anos, mas algo de que tenho absoluta certeza é que hoje e só hoje, eu não tomarei um drinque. Um passo... um momento... um dia de cada vez... é o Tao em ação.

Torne-se um antecipador mestre.

Decida que você é perfeitamente capaz de evitar que os problemas apareçam em sua vida muito antes de eles se manifestarem em seu mundo material. Adiante-se à sua própria saúde, por exemplo. Torne-se ciente da prevenção, em vez de esperar que os desafios se materializem. Ao cuidar para adotar um estilo de vida mais saudável do ponto de vista nutricional — tomando suplementos que removam as toxinas de seu corpo, limpando seu cólon, comendo mais frutas e legumes e menos produtos de origem animal, fazendo exercícios físicos e meditando —, você estará se adiantando aos grandes problemas. Você estará prevendo o que precisa fazer enquanto é capaz de espalhar o pequeno, administrando sua saúde em harmonia com o Tao muito antes de haver desordem. Descubra outras áreas em sua vida para praticar ser um antecipador mestre!

Pratique o Tao agora

Pegue um hábito seu que gostaria de ver suprimido de sua vida, como algo que você acredite constituir uma fraqueza ou talvez até um vício. Só por hoje, e sem promessas para amanhã ou para o futuro, dê um simples passo para transcender esse hábito. Não fume ou não beba cafeína, só hoje. Coma somente vegetais e frutas, só hoje. Fale cordialmente com vizinhos hostis, só hoje. Perceba no final deste único dia como você se sente. Depois, e só depois, decida se amanhã de manhã você deseja continuar a praticar a sabedoria do *Tao Te Ching*, ele mesmo tendo sido escrito uma palavra de cada vez em um dia de cada vez, e que vem resistindo há mais de 25 séculos.

65º verso

*Os antigos eram simples e sinceros
e se misturavam com as pessoas comuns.
Eles não irradiavam brilho;
eles não governavam com engenhosidade,
então a nação era abençoada.*

*Quando elas pensam que sabem as respostas,
as pessoas são difíceis de guiar.
Quando elas sabem que elas não sabem,
as pessoas podem encontrar o próprio caminho.*

*Não usar astúcia para governar um país
é uma sorte para o país.
O padrão mais simples é o mais claro.
Contente com uma vida comum,
você poderá mostrar a todas as pessoas o caminho
de volta para sua própria natureza verdadeira.*

Vivendo na simplicidade

Se atualmente você estiver na importante posição de governar um país, eu o incentivo a levar essa sabedoria particularmente a sério. Se você não estiver, sugiro que estude essa passagem do *Tao Te Ching* da perspectiva de sua vida pessoal, que muito provavelmente envolve liderar os outros.

Supervisionar pessoas ou criar filhos não deve significar impor regras burocráticas ou impressionar os outros com sua suposta inteligência e superioridade. Uma pessoa verdadeiramente influente não é astuciosa, não "irradia brilho", não "governa com astúcia" nem instila medo naqueles que ela foi designada para supervisionar. Como Lao-tzu explica: "Quando sabem que não sabem, as pessoas podem encontrar o próprio caminho." Em outras palavras, o líder eficaz guia os outros até a própria natureza deles.

A percepção que você está sendo convidado a considerar aqui é que seu trabalho envolve ajudar outros a saberem que eles *não* sabem! Se eles acreditarem que possuem de fato conhecimento, então jamais encontrarão seu caminho de volta até a natureza do Tao. Isso porque eles estarão se fiando nas informações do ego, que diz a eles que sua verdadeira essência é sua identificação com o mundo físico ou material. Aquele que vive de acordo com o Tao sabe que o ego é um mestre falso, que afasta as pessoas de conhecerem sua verdadeira natureza.

Implemente os ensinamentos desse verso ao se recusar a dar mostras de superioridade ou engenhosidade intelectual. Em vez disso, mostre aos outros como viver sob a perspectiva do Tao ao estar disposto a admitir que você não sabe o que é melhor para eles, nem sabe também com nenhum grau de certeza como sua própria vida deve ser. Deixe outras pessoas saberem que você está disposto a pedir orientação. Mostre a elas que você não está "no comando", nem delas nem do que acontece a você. Permitam que vejam um homem ou uma mulher que é humilde, vive em paz nos ciclos da vida e permanece simples e sincero.

Quando você mudar o modo como vê a liderança, entenderá que indivíduos que estão dispostos a entregar seus egos usufruem de uma conexão com sua energia Tao e tornam-se líderes simples. Sua única tarefa é ajudar todos em sua esfera de influência a perceber que eles também não sabem! Lao-tzu parece sorrir estranhamente quando o informa desse extraordinário paradoxo.

Misture-se com aqueles que você se sente impelido a supervisionar ao experimentar esses novos modos de pensar e ser:

Esteja disposto a dizer orgulhosamente para aqueles sob sua supervisão "Eu não sei".

Essa frase é um símbolo de força, e não de fraqueza; portanto, use-a à vontade. Quando ensinar os outros a fazerem o mesmo, eles começarão a permitir que seus seres mais elevados sejam guiados pelo Grande Caminho. Lembre-se de que a natureza nunca obriga nada a crescer, mas está silenciosa e invisivelmente sempre presente. Faça o mesmo da melhor forma que puder sem se impor nem impor suas ideias a ninguém (com precauções prudentes em relação aos jovens demais ou aos muito imaturos para assumirem responsabilidades adultas).

A simples verdade é que nem nós nem as outras pessoas realmente sabemos o que é ideal para nós mesmos ou para os outros. Há um destino silencioso sempre a serviço; há boa sorte e *má* sorte em todas as vidas, independentemente de nossas opiniões particulares.

65º verso

Pratique manter sua vida simples e descomplicada.

Use esse comportamento de exemplo para aqueles que você se sente na obrigação de liderar. Em vez de analisar uma situação sob todos os ângulos possíveis, tentando chegar à mais viável das soluções, confie em seu primeiro instinto e pegue a rota mais simples e menos problemática. Não "use uma vara para saltar sobre fezes de camundongo" — você pode se livrar do problema em menos tempo se, em vez de discutir todas as opções disponíveis, pegar simplesmente as fezes do roedor com um simples pedaço de papel e jogar no lixo! Aqui está um grande conselho para você, bem como para os líderes de países que estão geralmente tão emaranhados em papelada burocrática que ficam paralisados: *mantenha tudo simples.*

Pratique o Tao agora

De tantas maneiras quanto possível, demonstre seu entendimento do que Lao-tzu quer dizer quando ele pede aos líderes para ficarem "contentes com uma vida comum". Passe um dia sem o rótulo de "pai", "supervisor" ou "chefe", e ponha-se em pé de igualdade com aqueles que normalmente contam com você para orientação. Considere-se um daqueles que você lidera — na verdade, finja que você é ele ou ela por um dia. Isso lhe dará conhecimento suficiente para colocar o Tao em funcionamento de imediato.

Descobri que, quando pratico isso com meus filhos, eles respondem de acordo com sua melhor natureza verdadeira. Por exemplo, quando simplesmente digo minha filha adolescente "Eu sei que você é perfeitamente capaz de ser responsável e sensata, embora eu esteja fora da cidade, e adoro isso em você", retiro o rótulo de "pai autoritário" e a trato do modo como gosto de ser tratado. Quando isso se torna a norma, é óbvio que Lao-tzu está certo: "O padrão mais simples é o mais claro."

66º verso

Por que o mar é o rei de uma centena de rios?
Porque ele se situa abaixo deles.
A humildade dá a ele seu poder.

Portanto, aqueles que desejam uma posição
acima de outros devem falar humildemente
Aqueles que desejam liderar devem seguir.

Assim é que quando um sábio se levanta acima das pessoas,
elas não sentem a carga de seu peso;
e quando ele se levanta na frente das pessoas,
elas não se sentem magoadas.

O sábio permanece humilde
assim o mundo nunca se cansa de enaltecê-lo.
Ele permanece um criado,
assim o mundo nunca se cansa de fazê-lo seu rei.

Vivendo ao imitar o mar

Ao contrário da percepção de Deus como um velho homem branco que criou um universo no qual seu comportamento pode fazer você ser condenado à maldição eterna, o Tao é percebido como uma energia natural. A Fonte da vida não é vista como uma divindade que monitora terráqueos como um rei ou ditador, visto que ela não distribui castigos nem nega recompensas. Lao-tzu ensinou que o Tao somente pede que você viva em harmonia com a natureza.

Para Lao-tzu, o grande símbolo da natureza é a água, e ele se refere a isso em muitas das 81 passagens. Quando você imitar esse elemento, começará a ver que julgamento e exclusão não têm lugar no Tao. Seja como o mar, recomenda Lao-tzu, e o mundo nunca se cansará de enaltecê-lo. A mensagem essencial apresentada neste verso e em muitos outros do *Tao Te Ching* é que o mar é o rei de tudo porque ele sabe permanecer em um nível baixo. Todos os rios devem acabar correndo para o mar, e no processo, ele se torna um criado de todos. Os ensinamentos aqui são claros: seja humilde. Nunca se coloque acima de outros ou veja a si mesmo como superior a ninguém. O poder mais alto é um vale disposto a ceder. Torne-se um criado; não um dominador.

Quando mesmo os menores canais são abandonados, eles abrem um caminho que excepcionalmente os leva até o mar. Mas o grande oceano nunca se dá ares de grandeza e poder sobre os rios e riachos: ele não sobe acima deles nem exige devoção, nem ameaça com castigos ou extinção se eles se recusarem a cooperar. O mar sabe instintivamente que os riachos e rios serão naturalmente atraídos para o que permanecer baixo.

Usando essa metáfora por todo o *Tao Te Ching*, Lao-tzu lembra você de que as pessoas também tendem a ser instintivamente atraídas para aqueles com uma majestade intrínseca que surge da humildade e permanecem baixos. Essa posição é exclusivamente ocupada pelo grande mestre. Pedro, um servo e apóstolo de Jesus Cristo, oferece uma mensagem quase idêntica no Novo Testamento, séculos após a morte de Lao-tzu:

> Sejam cordeiros do rebanho de Deus que está sob seus cuidados, servindo como supervisores — não porque vocês devem, mas porque vocês estão fazendo de bom grado, como Deus quer que vocês sejam; não por ganância pelo dinheiro, mas como exemplos para o rebanho (1 Pedro 5,2-3).

Mude o modo como pensa sobre si mesmo e os outros como líderes exemplares ao olhar para o imenso mar doador de vida, que é paciente, aceitador e mais baixo do que os rios que correm até ele. Em seguida, imite essa força d'água você mesmo ao suspender seu ego e liberar a necessidade de se dar ares de qualquer coisa sobre qualquer um. As pessoas que você está encarregado de liderar serão atraídas por você e pelo jeito do curso d'água do fluxo natural do Tao.

Você é aconselhado a aprender o modo como a água se comporta e imitá-la tanto quanto possível em sua vida. Aqui estão maneiras de aplicar a sabedoria de imitar o mar em sua vida hoje:

Nunca presuma que você sabe o que é melhor.

Mesmo que você seja mais velho, mais sábio e mais rico do que outros e tenha mais influência e poder do que eles, nunca presuma que você sabe o que é melhor para ninguém. Em vez disso, imagine-se como o grande oceano que aceita e estimula as correntes menores a virem até

66º verso

você. Mantenha-se baixo, fale baixo e permaneça humilde — e deixe que outros estejam no controle de sua vida tanto quanto seja humanamente possível. Ao ver a si mesmo como o mar que a todos recebe, você remove seu ego da imagem e assim torna-se como um dos líderes aludidos nesse verso do *Tao Te Ching*. Ninguém deve sentir o peso de suas ordens nem ser magoado por suas instruções.

Uma situação que me permitiu implementar esse conselho ocorreu no dia em que escrevi esse ensaio. Eu vivo em Maui e minha mãe de 90 anos está na Flórida, onde minha filha Saje também mora. Minha mãe estava sofrendo de dor de estômago e náuseas devido a um remédio forte que tomara, então telefonei para minha filha para ver se ela tinha alguma sugestão para conseguir um iogurte para ela. A resposta imediata de Saje foi: "Temos iogurte aqui mesmo — vou levar até a casa da vovó." Em vez de dar a ela uma ordem e dizer-lhe para atender a avó, permiti que minha filha fosse útil enquanto eu ficava no lugar mais baixo possível.

Permaneça um criado.

Veja a si mesmo como alguém que está neste planeta para ajudar os outros. Procure por oportunidades de ser útil, especialmente para aqueles que precisam de sua liderança. Lembre-se de que o grande mar serve a todos ao ser um recipiente sustentador de vida para todos que desejem tomar parte em sua generosidade; então pratique imitá-lo ao expressar o Tao.

Pratique o Tao agora

Dedique um dia a liderar por servir, em vez de dar ordens. Encontre ocasiões para abafar seu hábito adquirido de interferir e dizer aos outros o que fazer, e permita que eles fluam até você. Dedique-se a esse princípio ainda mais ao estimular alguém a tomar a decisão, em vez de obedecer às suas ordens.

67º verso

O mundo inteiro fala sobre o meu Tao
com tanta familiaridade —
que insensatez!
O Tao não é algo encontrado no mercado
ou passado de pai para filho.
Não é algo obtido pelo saber
ou perdido ao esquecer.
Se o Tao fosse assim,
ele teria sido perdido e esquecido há muito tempo.

Eu possuo três tesouros, que seguro firmemente
e vigio de perto.
O primeiro é a misericórdia.
O segundo é a frugalidade.
O terceiro é a humildade.

Da misericórdia, vem a coragem.
Da frugalidade, vem a generosidade.
Da humildade, vem a liderança.
Agora, se alguém fosse arrojado mas não tivesse misericórdia,
se alguém fosse liberal mas não fosse frugal,
se alguém avançasse sem humildade,
esse alguém morreria.

O amor conquista todos os agressores,
ele é inexpugnável na defesa.
Quando o céu quer proteger alguém,
ele envia um exército?
Não, ele protege com amor.

Vivendo pelos três tesouros

Você está sendo convidado a mudar sua vida ao vê-la pelo prisma desse antigo verso do *Tao Te Ching*, que o instrui sobre as três coisas que você precisa para ter uma vida de sucesso ao estilo do Tao:

— Misericórdia é o nome usado aqui para o primeiro tesouro, mas termos adicionais como compaixão, bom coração, amor, bondade e caridade foram empregados em outras traduções. Você muito provavelmente foi acostumado na infância a um modelo de sucesso que é medido por acúmulos, realizações e conquista de poder e influência sobre os outros. Normalmente, considera-se que as pessoas bem-sucedidas são rigorosamente focadas nos próprios objetivos, sem dar atenção a qualquer outra coisa que não seja chegar ao topo, e implacáveis para impedir que qualquer outra pessoa obtenha o que elas estão buscando.

Lao-tzu, contudo, diz que o tesouro principal e mais importante é aquilo de onde se origina a coragem verdadeira, não de uma atitude sem coração e insensível. Ele até lhe diz que arrojo sem misericórdia é uma receita para a morte! Então você é estimulado a pensar em outros primeiro, ao estar disposto a servir e mostrar bondade e amor, mesmo em relação a seus inimigos, em vez de buscar indicadores externos para provar que você é bem-sucedido.

Shakespeare fala do primeiro tesouro em *O mercador de Veneza*:

A qualidade da misericórdia não é forçada,
Ela pinga como a chuva delicada do céu...

Mas misericórdia está acima desse cetro empunhado,
Ela está entronizada no coração de reis...

O grande dramaturgo depois nos lembra com os próximos versos por que Lao-tzu fez da misericórdia a prioridade principal dos três tesouros:

Ela é um atributo do próprio Deus;
E o poder terreno realmente então se mostra como o de Deus
Quando a misericórdia amadurece a justiça.

Misericórdia, compaixão e bondade são todos atributos de Deus e do Tao. Lao-tzu viu essa verdade muitos séculos antes de Shakespeare vê-la.

— O segundo tesouro é *frugalidade*, ou o que foi chamado em outras traduções de *economia, moderação, parcimônia* ou *simplicidade*. Agora frugalidade e moderação em geral não vêm à mente quando aqueles no pináculo do sucesso são descritos; entretanto, segundo Lao-tzu, estar satisfeito com menos resulta em maior generosidade. Então esteja disposto a pegar somente o que você precisa, e não acumule nem entesoure. Quanto menos apegado você for às suas coisas, mais fácil será ser generoso; quanto mais você se prender a algo, quanto mais você sentir que precisa, menos preocupado estará com o bem-estar de outros.

— O terceiro tesouro necessário para uma vida bem-sucedida é humildade, que outras traduções chamam de "não presumir que está acima da natureza", "não se arriscar para estar na frente de outros" e "nem sempre tentar ser o primeiro". Dessa qualidade, Lao-tzu nos lembra, vem a verdadeira liderança que irradia a energia do Tao.

Geralmente nossa percepção de força, poder e triunfo é influenciada pelas qualidades masculinas yang de arrogância, altivez e autoimportância. Então quando você mudar o modo como pensa sobre liderança iluminada, poderá descobrir o que as pessoas genuinamente bem-sucedidas aprenderam antes de você — ou seja, que todos nós somos instrumentos do Tao ou Deus ou seja lá o nome que dê à energia que escreve os livros, faz os discursos, faz as descobertas que salvam vidas, e assim por diante. A humildade está relacionada a se entregar a uma força maior do que seu ego, dar crédito a essa Fonte e ser grato por qualquer sabedoria e influência que sejam dadas a você por aquela força. Seja humilde; permaneça baixo; e seja um líder generoso e agradecido.

Aqui estão algumas formas de aplicar esses três tesouros em sua vida diária:

Viva em harmonia com a infinidade de manifestações do Tao.

A chave para viver em harmonia é compaixão e misericórdia. Você não está em competição com ninguém, então não pense como se precisasse derrotar outra pessoa ou comparar-se em qualquer nível. Estenda a misericórdia e a compaixão a todas as formas de vida, inclusive a si mesmo! Quando você irradiar amor e respeito por tudo, estará alinhado ao Tao, que o protegerá como se fosse um bebê nos braços de uma mãe amorosa.

Veja as forças ocultas de simplicidade e humildade naqueles que talvez você tenha anteriormente julgado como líderes fracos ou ineficazes.

Aqueles que praticam a frugalidade e recusam-se a entesourar e guardar ou a se envolver em consumo conspícuo merecem ser vistos como fortes exemplos de como guiar outros — enquanto aqueles que falam e agem convincentemente á medida que vão acumulando cada vez mais bens não estão em harmonia com o Tao. Além disso, as ações desses indivíduos tendem a contribuir para mais desavença, como Lao-tzu nos lembra aqui, aqueles que avançam com arrojo e sem deferência morrerão (e, eu me apresso a acrescentar, liderarão outros para suas mortes também). Enquanto você percebe exemplos de simplicidade e humildade naqueles que estão em posições de liderança, faça um esforço para imitar essas mesmas qualidades em suas próprias interações diárias.

Pratique o Tao agora

Escolha uma conversa na qual você possa praticar os três tesouros ao usar a economia de palavras. Enquanto estiver insistindo em algo na conversa, por exemplo, interrompa-se após um momento e use o tempo que falaria para ouvir. Você estará empregando todos os três tesouros de Lao-tzu ao mesmo tempo: terá *misericórdia* pela pessoa com quem está conversando ao ser *frugal* com suas palavras e *humildemente* recusando-se a estar à frente ou acima de seu interlocutor.

68º verso

Um bom soldado não é violento.
Um bom lutador não é zangado.
Bons vencedores não disputam.
Bons empregadores servem a seus empregados.
O melhor líder segue a vontade do povo.

Todos eles personificam a virtude da não competição.
Isso é chamado da virtude da não disputa.
Isso é chamado de empregar as forças dos outros.

Isso é conhecido desde os tempos antigos
como a suprema união com o céu.

Vivendo pela cooperação

Esse verso do *Tao Te Ching* pede que você reconsidere o que pensa que tem de fazer para ser um vencedor. No mundo ocidental, ganhar a dianteira muito frequentemente implica ter de estar em um estado de disputa e competição — basicamente, você precisa derrotar o outro cara para conseguir o que quer antes que ele o faça. Lao-tzu pede que você mude esse tipo de pensamento ao personificar "a virtude da não competição", que pode funcionar para você, mesmo em uma sociedade em que conquistar e ser o primeiro são tão altamente valorizados.

O *Tao Te Ching* ensina que todas as dez mil coisas surgem do mesmo estado de não existência. Aqui há somente a unidade, que implica total colaboração, não competição. Quem poderia existir para ser derrotado se você vê a si mesmo em todo mundo? Você estaria se metendo em uma briga consigo mesmo! Lao-tzu pede que você siga seu conselho e escolha viver pela cooperação.

Acredite ou não, isso pode realmente funcionar a seu favor em competições atléticas. Em vez de pensar no oponente como o inimigo e empregar raiva e violência mental e física, lembre-se das palavras de Lao-tzu no início deste verso: "Um bom soldado não é violento. Um bom lutador não é zangado. Bons vencedores não disputam." Em vez disso, esses indivíduos veem seus oponentes como uma parte de si mesmos e como membros cruciais dessa dança da vida. Então, em vez de ficar zangado e cheio de raiva em relação aos oponentes em um jogo de tênis ou de futebol, veja-os como a parte de você que está trabalhando para ajudá-lo a atingir a excelência. Sem eles, você não poderia melhorar, fazer um bom exercício físico ou tornar-se vitorioso.

Faça como Lao-tzu aconselha e "[empregue] as forças de outros" para se elevar ao status de vencedor. Isso é, coopere com seus oponentes ao querer que eles joguem em um alto nível — o melhor que eles forem capazes de fazer. Tire o foco de se sentir zangado ou censurar-se e o leve para a tarefa prestes a acontecer. Veja a bola, mova a bola ou permaneça vertical e equilibrado em uma competição de artes marciais. Quando a raiva não for mais um componente, seu jogo atingirá um novo nível. Isso também é verdadeiro fora do campo atlético: aquilo com o que você luta o enfraquece; aquilo com o que você coopera o fortalece. Portanto, mude seu pensamento de competir para cooperar em todas as áreas de sua vida, inclusive seu trabalho.

Eu pratico esse conceito ao pensar em todas as pessoas cujo propósito consiste em ajudar a melhorar a qualidade de vida de nosso planeta como minhas parceiras, integrantes do meu "time". Não posso imaginar que exista alguém por aí com quem eu esteja competindo por algum tipo de prêmio externo. Se eles vendem mais livros do que eu, bato palmas para sua boa sorte; na verdade, eu direi ao máximo de pessoas que puder para comprar seus produtos. Se eles ganham mais dinheiro, obtêm mais publicidade ou atingem mais pessoas, eu festejo pensando *meu colega de time me ajudou em minha missão.*

Quando jogo uma partida final de tênis, silenciosamente envio meu amor e estímulo a meu oponente. Quando estou menos estressado, menos zangado e menos violento em meu pensamento, estou vivendo o momento que Lao-tzu chama de "a suprema unidade com o céu". Meu nível de excelência se eleva, independentemente do resultado do placar.

Isso é o que Lao-tzu recomenda a você de sua perspectiva de 2.500 anos:

Declare que você não vai lutar.

Não lute com resfriados, enfermidades ou até doenças sérias. Não lute com familiares ou opiniões políticas. Não lute contra vícios e, mais importante, não lute contra si mesmo. Em vez disso, faça uma mudança para viver pela cooperação. Se você tiver células de câncer ou de artrite em seu corpo, converse com elas desta perspectiva: "Se vocês insistem em viver em meu corpo, desejo viver em harmonia, paz e em total saúde com vocês; do contrário, eu as convido a buscar moradia em outro lugar qualquer." Isso pode parecer estranho, mas põe você de volta em harmonia com o Tao, que não é violento, cheio de ódio ou zangado.

Também no que diz respeito a seus filhos e outros familiares, veja a si mesmo como aliado deles, praticando diariamente a "virtude da não competição".

Pratique ver a si mesmo em todo mundo.

Se alguém que ama está sofrendo, você experiencia sua dor. Portanto, sempre que fizer ou disser algo que seja prejudicial a alguém que você ama, estará fazendo algo para ferir a *si mesmo*. Estenda essa consciência para toda a humanidade — afinal, você compartilha o mesmo espírito originador ou Tao com cada ser vivente no universo. Quando você vir o próprio espírito em um abraço cooperativo com todos os outros, saberá o que Lao-tzu quer dizer com "a suprema unidade com o céu".

Aqui estão algumas palavras maravilhosas de Pablo Casals que expressam esse pensamento:

> Quando ensinaremos a nossas crianças o que elas são?
> Devemos dizer a cada uma delas: você sabe o que você é? Você é uma maravilha. Você é única. Em todos os anos que já passaram, jamais existiu outra criança como você. Suas pernas, seus braços, seus dedos habilidosos, o jeito como se move.
> Você pode se tornar um Shakespeare, um Michelangelo, um Beethoven. Você tem a capacidade para qualquer coisa. Sim, você é uma maravilha. Portanto, quando você crescer, conseguirá ferir outro ser que é, como você, uma maravilha?

Pratique o Tao agora

Afirme que você pensará em seu oponente como uma extensão de si mesmo no próximo encontro competitivo. Prometa enviar mentalmente àquela pessoa amor, cercá-la em luz e orar para que ela se desempenhe no nível mais alto possível. Depois perceba como seu próprio desempenho melhora e o leva a um novo nível de excelência.

69º verso

Existe um ditado entre os soldados:
eu não ouso fazer o primeiro gesto
e prefiro representar o convidado;
eu não ouso avançar uma polegada
e prefiro recuar um pé.

Isso é chamado
ir adiante sem avançar,
repelir sem usar armas.

Não existe infortúnio maior
do que sentir "eu tenho um inimigo";
pois quando "eu" e "inimigo" existem juntos,
não sobra espaço para meu tesouro.

Assim, quando dois oponentes se encontram,
aquele sem inimigo
certamente triunfará.

Quando os exércitos são uniformemente equivalentes,
aquele que tem compaixão vence.

Vivendo sem inimigos

Imagine um mundo com uma herança comum que ligasse todos os seres do planeta — um mundo que não conhecesse a palavra *inimigo*, em que todos alegremente concordassem que somos todos um único povo, originário da mesma Fonte de não existência. Imagine um mundo que compreendesse que ferir a qualquer um seria análogo a ferir-se a si mesmo. Infelizmente, embora jamais tenha existido tal estado de coisa entre os homens durante toda a história registrada da civilização, essa é a visão de Lao-tzu no 69º verso do *Tao Te Ching*. Também é a *minha* visão para o que é possível quando trabalhamos para ser pessoas centradas no Tao, com lideranças centradas no Tao.

Essa visão grandiosa começa aqui mesmo, agora mesmo, com você! Remova o conceito de "inimigo" de sua vida e ofereça esse comportamento de exemplo para aqueles à sua volta. No final, o efeito de onda conduzirá todos em toda a parte do globo em direção a um mundo "sem inimigos".

Recentemente, um homem enlouquecido armado com revólveres e munição entrincheirou-se em uma escola Amish no condado de Lancaster, na Pensilvânia, de onde começou a matar várias meninas. Enquanto os membros cristãos, pacíficos e centrados no Tao dessa comunidade fechada e intimamente unida choravam suas perdas indizivelmente chocantes, convidaram a família do assassino para a missa fúnebre em memória das meninas e rezaram também pelo assassino.

Como disse o líder Amish: "Nós não temos inimigos; somos todos filhos de Deus, e o perdão está no próprio centro de nossa fé cristã. Se não pudéssemos perdoar aqueles que estão perdidos e que podem nos ferir, então nossa fé não teria sentido." Essas lindas palavras são semelhantes em sentimento ao que Lao-tzu escreveu nesse verso: "Não existe infortúnio maior do que sentir 'eu tenho um inimigo' e 'quando dois oponentes se encontram, aquele sem inimigos certamente triunfará'."

Assim, como você pode ter um oponente sem um inimigo? Em seu livro iluminado *The Tao of Inner Peace*, Diane Dreher oferece uma resposta a essa questão. Lembre-se disso enquanto você aplica o 69º verso do *Tao Te Ching* à sua vida: "A antiga percepção de conflito como combate apenas estreita nossa visão, limita nossas escolhas, cansa-nos em intermináveis lutas entre polaridades opostas." Em seguida, acrescenta: "Fazer inimigos leva embora nossa força, impede-nos de assumir responsabilidade por nossa vida. Em vez de resolver o conflito, focamos nossa atenção em temer, odiar e atacar os 'inimigos' percebidos."

A lição do brilhante livro de Diane, bem como desse verso do *Tao Te Ching* e da declaração do líder da comunidade Amish, é que o *conflito* não tem de significar *combate*. Em outras palavras, alguém com um ponto de vista contrário não precisa ser o inimigo. Imagine se cada general seguisse essas palavras do *Tao Te Ching* com grande interesse e as praticasse: "Eu não ouso fazer o primeiro gesto..." Não haveria possibilidade de existir guerra.

Lao-tzu recomendou que, se a guerra um dia se tornasse inevitável, a pessoa deveria praticar a defesa em vez do ataque. A pessoa nunca deveria iniciar as hostilidades, mas reconhecer no calor da batalha que a própria batalha é algo para se lamentar. Sem um conceito de "inimigo", e com um coração que esteja cheio de compaixão, a pessoa permanece harmonizada com o Tao. A presença do combate, quer verbal ou físico, é uma indicação de que a conexão com o Tao foi perdida. Não deve haver celebração, e cada guerra e cada conflito no campo de batalha devem ser tratados como um funeral, com a compaixão dominando o dia.

Enquanto sento aqui contemplando o rosto de Lao-tzu, parece que ele diz que um mundo livre de adversários não é tão impossível quanto você talvez acredite. É assim que você pode pôr essa sabedoria para funcionar para si mesmo agora:

Recuse-se a pensar em qualquer pessoa como seu adversário.

Releia a linha mais importante desse verso: "Quando 'eu' e 'inimigo' existem juntos, não sobra espaço para meu tesouro." Seu tesouro é sua paz de espírito e sua conexão com o Tao, então seus concorrentes nos negócios, seus oponentes em uma prova atlética e os membros de um partido político concorrente não são seus adversários. Essas pessoas que o governo declara que são seus inimigos não o são muito seguramente.

Afirme: *eu não tenho inimigos. Há pessoas com quem tenho fortes divergências. Posso até precisar defender a mim mesmo e meu estilo de vida, mas não pensarei neles como adversários.* Recorde-se da declaração de Lao-tzu de que a pessoa "sem um inimigo certamente triunfará". Seja esse indivíduo agora mesmo.

Prometa jamais iniciar uma briga.

Fique do lado defensivo das disputas, alinhando-se ao conselho de Lao-tzu de "representar o convidado", em vez de fazer o primeiro gesto. Veja *colegas* onde antes via *combatentes* ao se descobrir neles. Transmita compaixão e zelo em relação a seus adversários percebidos, que estão, na verdade, representando uma parte de você. Recuse-se a começar uma briga, lembrando a si mesmo que você estaria lutando consigo mesmo. Descubra um modo de ver unicidade em um encontro sagrado, visto que todos nós somos do Tao.

Pratique o Tao agora

Reproduza estas palavras encontradas no diário de Anne Frank, escritas enquanto ela estava sendo perseguida pelos nazistas: "... apesar de tudo, eu ainda acredito que as pessoas são boas no íntimo [...] Posso sentir os sofrimentos de milhões e, ainda assim, se eu procurar nos céus, penso que tudo dará certo."

Ponha isso em um lugar que todos de sua família possam ver.

70º verso

Meus ensinamentos são muito fáceis de entender
e muito fáceis de praticar;
não obstante, muito poucos neste mundo entendem
e muito poucos são capazes de praticar.

Minhas palavras têm um antepassado;
minhas ações têm um senhor.
As pessoas não têm conhecimento disso,
portanto elas não têm conhecimento de mim.

É por isso que o sábio veste-se com simplicidade,
embora seu interior esteja repleto
de pedras preciosas de grande valor.

Vivendo uma vida da realização de Deus

Refleti sobre esse 70º verso do *Tao Te Ching* por uma semana, lendo e relendo mais de cinquenta interpretações dele. Fui particularmente atraído por essa frase de *The Essential Tao*, a tradução de Thomas Cleary:

Aqueles que me conhecem são raros;
aqueles que me imitam são nobres.

Também pedi orientação a Lao-tzu, tentando determinar qual seria sua mensagem para o século XXI. Eu sabia que o mestre jamais falaria por conta de uma necessidade de ter seu ego massageado. Ele era, afinal de contas, o mestre do Tao original, desfrutando de uma vida centrada no Grande Caminho, e não no ego, e estimulando todos a fazerem o mesmo.

Experimente imaginar como deve ter sido para esse Divino avatar andar entre seu povo na antiga China: ele incredulamente reparando nos comportamentos belicosos dos indivíduos, mantendo o tempo todo a consciência interna do que seria possível para todos os seus companheiros da raça humana, se eles pudessem mudar o modo de ver sua vida. Liberdade, paz de espírito, satisfação e praticamente todos os outros princípios que descrevi nestes 81 ensaios estariam apenas a um pensamento de distância. Posso imaginar que cerca de uns quinhentos anos depois, Jesus de Nazaré talvez tenha tido o mesmo sentimento que Lao-tzu expressou aqui no verso 70, algo com o sentido de: *isso é tão fácil, tão simples de entender e praticar, porém tão poucos estão dispostos ou conseguem entender a essência do Céu na Terra.*

Quase consigo sentir a frustração que Lao-tzu está expressando nessas linhas quando insiste para vivermos uma existência centrada no Tao, em vez de uma centrada no ego. Intitulei esse breve ensaio "Vivendo uma vida da realização de Deus" porque é o que acredito que ele esteja pedindo que você faça em todas as 81 passagens e, especialmente, aqui na de número 70. "Minhas palavras têm um antepassado; minhas ações têm um senhor", diz ele, e depois imediatamente segue com a ideia que as pessoas simplesmente não compreendem, então elas nitidamente "não têm conhecimento de mim". O antepassado de Lao-tzu é o Tao e o senhor de seus atos é aquela mesma Fonte inominável. Ele parece estar refletindo: *eu penso como Deus pensa; eu falo como Deus, o Criador do universo, falaria; e, portanto, eu ajo de acordo com esses princípios da realização de Deus.*

Eu o incentivo a fazer o mesmo, que é muito fácil se você simplesmente entregar-se e permitir que essa energia de sustentação de vida do Tao lhe oriente. Pare de lutar, evite pensamentos e ações violentas e desista de tentar controlar os outros ou o mundo. Permaneça humilde; não interfira; respeite seu gênio criativo, bem como o de outros; e, acima de tudo, retorne à sua Fonte invisível e dispense seu impertinente ego enquanto você ainda está vivo e encarnado como uma das dez mil coisas. Se você fizer tudo isso, viverá naturalmente uma longa vida alegre e em paz, sem julgamentos de valor.

Pense em como os grandes mestres espirituais foram retratados pelos artistas por todos os séculos: Lao-tzu veste um manto simples, Jesus está vestido em roupas simples e sandálias, São Francisco traja vestes quase esfarrapadas, Buda parece um camponês com uma bengala e Maomé é descrito como um homem simples. Em seguida, veja como os *seguidores* dos grandes mestres espirituais têm sido retratados — mergulhados em luxo, opulência e consumo conspícuo em palácios dourados. Os grandes sábios vestem-se com simplicidade, embora escondam o artigo mais precioso dentro de si mesmos.

E o que é exatamente esse grande tesouro escondido dentro desses mestres? O verso 67 explicou que é a realização de Deus na forma dos três tesouros: misericórdia, frugalidade e humildade. Você não precisa de trajes bordados a ouro nem de templos salpicados de riqueza — produzidos com o suor de inúmeros criados e escravos — para abrigar esses tesouros. Vestir-se com simplicidade mantém o sábio em harmonia com a simplicidade dessa mensagem.

É isso que ouço Lao-tzu dizer entre as linhas desse 70º verso, expressando a perplexidade dele, pois tão poucas pessoas parecem entender essa mensagem lindamente simples.

Conheça o *Tao Te Ching*.

Mude de ideia de ser um daqueles da enorme maioria que não entende nem pratica os ensinamentos do *Tao Te Ching*. Lao-tzu lhe diz que existe tão pouco a fazer — tudo que você precisa para lembrar é que sua santidade é uma parte do Tao. De acordo com *Um curso em milagres*, "Sua santidade reverte todas as leis do mundo. Está além de todas as restrições de tempo, espaço, distância e limites de qualquer tipo".

Declare-se como um daqueles que detêm esse conhecimento e esteja disposto a praticar a realização de Deus todos os dias.

Veja Deus em toda a parte.

Torne uma prática diária procurar pela força invisível de Deus em tudo que vir e ouvir. No século XIV, Meister Eckhart ofereceu uns conselhos sobre como inserir esse 70º verso do *Tao Te Ching* na vida diária: "Qual foi a experiência que você realmente fez desse nascimento sagrado? Ouça atentamente; se esse nascimento realmente aconteceu dentro de você, então cada uma das criaturas o direcionará para Deus." Ele aconselha ainda: "Se a única prece que você disser em sua vida inteira for 'Obrigado a Você', será suficiente."

Pratique dizer *Obrigado, Deus, por tudo*. Esse é o caminho para a realização de Deus.

Pratique o Tao agora

Planeje um dia para ser como o sábio que se veste com simplicidade, sem joias, maquiagem ou roupas elegantes. Na verdade, saia vestindo bermuda e camiseta. Onde quer que vá, fique nesse modo "simples" e perceba o quanto parece irrelevante a atenção que se dá às roupas e à aparência. Sintonize-se com suas sensações enquanto trata de seus afazeres sem se importar com a forma como os outros estão vendo sua aparência.

71º verso

*O conhecimento da ignorância é força.
Ignorar o conhecimento é doença.*

*Somente quando estivermos fartos de nossa doença,
poderemos parar de sermos doentes.
O sábio não é doente, mas está farto da doença;
esse é o segredo da saúde.*

Vivendo sem doenças

Há certamente um paradoxo presente nesta passagem, que foi expresso por todas as minhas muitas leituras do *Tao Te Ching* como variações de "somente quando sua doença ficar enjoada dela, desaparecerá". Lao-tzu parece estar dizendo que a pessoa precisa realmente se tornar enjoada para evitar a doença.

Mais de uma vez, refleti duramente sobre este pequeno verso. Brinquei com essas palavras repetidamente a fim de entender o significado essencial delas para você, e também para mim. Finalmente, meditei com a imagem de Lao-tzu diante de mim, perguntando o que ele queria dizer com esse enigmático 71º verso. Baseei o resto deste capítulo na resposta dele.

Antes de tudo, o que a palavra *doença* sugere? Para mim, significa que algo no corpo ou na mente está fora de equilíbrio com o bem-estar do qual se originou — ou seja, não está de acordo com o Tao. Condições como febres, dores, chiados, fungadas, falta de ar, tosse, cansaço incomum e desmaios são indícios da presença de doença; e os equivalentes desses sintomas em nosso pensamento poderiam ser medo, ansiedade, raiva, ódio, preocupação, culpa, estresse, impaciência etc. Esses são sinais de que nossos pensamentos estão fora de equilíbrio com nossa Fonte, que é puro amor, bondade, paciência, satisfação e todas as outras expressões centradas no Tao que aparecem nesses 81 ensaios sobre o *Tao Te Ching*.

O sábio deste verso refletiu muito tempo sobre a doença e acabou percebendo que ela representava uma manifestação física do pensamento não Tao. Uma febre, um resfriado, uma dor ou um sofrimento são todos idênticos às expressões não Tao de impaciência, medo, raiva ou qualquer outro impulso motivado pelo ego. Visto que o sábio percebe onde os pensamentos como esse levam, ele se recusa a participar de tal insensatez. Assim, ele vê a saúde deficiente e promete: *não pensarei de modo que produza isso. Ficarei centrado no bem-estar natural do Tao porque pensar um pensamento doente é permitir que a doença aflore.* Consequentemente, ele está farto da doença e o resultado é o segredo da saúde perfeita.

Permita-me fornecer um exemplo disso. Minha colega e amiga Radhika Kinger recentemente voltou de uma visita a Puttaparthi, Índia, onde ela esteve na presença de Sathya Sai Baba, um mestre com realização de Deus que vive e respira tudo das mensagens divinas apresentadas no *Tao Te Ching*. Aqui está um trecho da carta que ela me enviou em seguida:

> *Acabei de voltar de Puttaparthi, depois de passar uma semana lá, na presença divina de Sai Baba. Eu me entristeci ao ver Sai Baba em uma cadeira de rodas devido a várias fraturas em seu ilíaco. Segundo os médicos, nenhum corpo humano normal consegue sobreviver a essa agonia física. Mas Sai Baba continua invariavelmente feliz e sem ser afetado absolutamente por sua condição física.*
>
> *Um devoto perguntou a Sai Baba por que um ser com a realização de Deus tem de passar por sofrimento físico. Por que ele não cura a si mesmo? A isso, Sai Baba respondeu: "Minha vida é minha mensagem. As pessoas hoje precisam aprender a abandonar o apego ao corpo e vivenciar sua divindade interior. A dor é um fenômeno natural. Mas sofrer é uma 'escolha'. Eu não sofro, pois eu não sou o corpo."*

71º verso

Sai Baba viu sua condição e declarou a si mesmo estar farto disso em sua vida. O sofrimento com doenças simplesmente não é uma opção quando você vive em harmonia com o Tao.

Com anos de comportamento viciado nas costas, posso lhe dizer que a sabedoria desse verso do *Tao Te Ching* foi amplamente responsável por eu ter voltado à pureza e ao bem-estar do qual fui originado. Eu me tornei farto de minha doença, pois não estava mais disposto a passar pelas crises de abstinência devido à retirada e pela vergonha que as acompanha. Eu via meu sofrimento não tanto no mundo material, mas no mundo invisível de meus pensamentos, que continuavam a me enviar de volta para a doença. Quando finalmente mudei o modo como olhava para tudo isso, fui capaz de produzir o aparente paradoxo de não mais estar doente ao chegar a ponto de ficar enjoado disso. Esse é verdadeiramente o segredo da saúde.

Aqui está como Lao-tzu o instruiria a pôr essa sabedoria para funcionar aqui e agora:

Tenha uma mente feliz.

Um antigo provérbio chinês diz que, se o homem tem uma mente feliz, terá um corpo feliz. Uma mente feliz está farta da doença — ela se recusa a prever que as coisas irão piorar. Ela vê uma fungada, uma dor de estômago, um desconforto de coluna ou de joelho e a fadiga como mensagens para seguir os sinais do corpo de volta a um estado natural de bem-estar. Uma mente feliz pensa do corpo como capaz de curar enfermidades, porque sabe que ele não é uma criação humana, mas um produto do Tao. Uma mente feliz confia na capacidade do corpo de viver sem doenças ou sofrimento. Use então *sua* mente feliz para trabalhar em conjunto com você para continuar saudável.

Examine seus hábitos.

Quais os hábitos diários que o afastam de seu estado natural de bem-estar? Quaisquer vícios, não importa o quanto possam ser graves ou pequenos, estão sinalizando para você ficar totalmente farto deles. Fique enjoado de ser enfraquecido por atividades destrutivas. Você sabe quais são elas, e sabe quando costuma deixar-se ficar doente com a comida, o álcool ou as drogas; ou da culpa e da vergonha geradas depois de um consumo descontrolado de algo. Lembre-se de que "ignorar o conhecimento é doença" e examine suas fixações, prometendo não ignorar a conscientização de quais sejam elas.

Pratique o Tao agora

Dedique um dia para realmente ouvir e confiar nas mensagens de seu corpo e depois ouça o que sua *mente* lhe diz sobre esses sinais. Apresente sua mente à possibilidade de o corpo estar sinalizando com um pedido que você pode atender, como uma soneca ou uma caminhada pela praia, por exemplo. Cultive a mente feliz centrada no Tao que não nutrirá pensamentos doentes.

72º verso

*Quando as pessoas perderem o sentido de reverência,
haverá desastre.
Quando as pessoas não temerem o poder mundano,
um poder maior chegará.*

*Não limite a visão de si mesmo.
Não despreze as condições de seu nascimento.
Não resista ao curso natural de sua vida.
Desse modo, você jamais se cansará deste mundo.*

*Portanto, o sábio conhece a si mesmo
mas não faz alarde de si mesmo;
ama a si mesmo
mas não enaltece a si mesmo.
Ele prefere o que está dentro ao que está fora.*

Vivendo com reverência e aceitação

Esse verso do *Tao Te Ching* o alerta para dois componentes que trabalham juntos para uma vida harmoniosa: um senso de reverência e uma total aceitação. Sem essas forças combinadas, é improvável que você perceba a presença do Tao.

Enquanto escrevia sobre este verso, eu me peguei lendo São João da Cruz, um poeta místico do século XVI que teve uma vida de reverência. Reproduzi algumas de suas linhas para lhe dar uma ideia de como esse sentimento manifestava-se em um homem divinamente espiritual:

Meu Amado é as montanhas,
E solitários vales arborizados,
Ilhas desconhecidas,
E rios retumbantes,
O assobio de brisas que atiçam o amor.

A noite calma
Na hora do raiar do dia,
Música silenciosa,

Solidão perfeita,
A ceia que renova e aprofunda o amor.

Nessa manhã, eu me sento aqui em meu espaço sagrado em Maui sentindo uma urgência que realmente se parece com o arroubo das palavras de São João da Cruz. Sinto a presença de Lao-tzu insistindo para que eu me apresse, a fim de que ele possa transmitir para você o que quis dizer por ter um sentido de reverência. É tão profundo quanto introduzir em sua vida uma consciência eterna do aparecimento de um grande poder.

Sinto esse poder agora mesmo em meu bonito ambiente. O som dos pássaros mainá enche o ar enquanto o mar agita-se em vagas onduladas, algo como a pulsação de nosso planeta. As cores são absolutamente de tirar o fôlego: o céu azul brilhante; as palmeiras verdes balançando, a vegetação da praia e as figueiras; os tons de laranja e violeta misturando-se nas distantes nuvens; e coroando tudo isso, um arco-íris que parece estar ligando a ilha próxima de Lanai com minha janela da frente.

Quando as palavras aparecem nas minhas folhas brancas de papel, sou inundado por ondas estonteantes de prazer pelo modo em que estou sendo usado por uma Fonte invisível. Sei que logo estarei no mar, impelindo-me ao longo do litoral, olhando para baixo para as criaturas divertidamente movendo-se na água salgada e imaginando onde elas dormem. Como elas chegam lá? Como elas conseguem respirar sem ar? Elas alguma vez param de se mexer? Elas estarão aqui depois que eu me for? E então eu sairei do mar e caminharei pela areia, sentindo o sol em meu corpo e perguntando como ele fica lá em cima, como continuamos a nos mover em torno dele enquanto giramos uma vez a cada 24 horas, por que o mar não vira de cabeça para baixo quando o planeta inteiro está girando sem parar, e se as estrelas e o próprio universo um dia acabarão.

O motivo pelo qual é crucial ter-se um senso de reverência é porque isso ajuda a afrouxar o controle do ego sobre o pensamento. Você pode então *saber* que existe algo grande e duradouro que anima toda a existência. Estar em reverência por esse algo afugenta os desastres porque você não tem medo das condições mundanas. Você é mantido aterrado no poder de outro mundo que manifesta um trilhão de milagres por segundo, todos eles despercebidos para seu ego.

O 72º verso do *Tao Te Ching* também lhe pede para aceitar a si mesmo e seus interesses individuais. Com três sugestões muito enfáticas, Lao-tzu lhe diz para evitar autolimitações, aceitar seu corpo como uma criação perfeita e permitir que sua vida se desenrole de acordo com a própria natureza.

Adoro a metáfora da natureza como guia para aceitação ao estilo do sábio. Na verdade, em todos os 81 versos, Lao-tzu enfatiza estar em harmonia com o mundo natural, dizendo-lhe que é lá que você se conecta com o Tao. Como Meister Eckhart, um estudioso e monge católico do século XIII, disse: "Deus criou todas as coisas de tal modo que elas não estão fora dele, como as pessoas ignorantes erroneamente imaginam. Melhor dizendo, todas as criaturas fluem para o exterior, mas, apesar disso, permanecem dentro de Deus."

Em João 15,4-5, a Bíblia recomenda: "Permaneçam unidos a mim, e eu permanecerei unido a vocês. Do mesmo modo que um galho não pode produzir fruto a não ser que permaneça unido à parreira, vocês não podem produzir frutos a não ser que permaneçam unidos a mim. Eu sou a parreira, e vocês são os galhos."

Aprenda sobre o Tao ao estar em perfeita harmonia com o ambiente. Pense nas árvores, que aguentam a chuva, a neve, o frio e o vento — e quando os tempos difíceis chegam, elas esperam com a paciência de permanecerem fiéis a seus seres interiores. Como Deng Ming-Dao escreve em *365 Tao: Daily Meditations*: "Elas aguentam e esperam o poder de seu crescimento aparentemente adormecido. Mas, no interior, um florescer está se formando imperceptivelmente... nem a má sorte nem a boa sorte alterarão o que elas são. Nós deveríamos ser do mesmo jeito."

Para fazer isso, precisamos aceitar a nós mesmos como uma parte das dez mil coisas. Precisamos amar aquela mesma natureza interior imperceptível de florescimento que dará frutos. Ou, como Lao-tzu conclui este verso, "ele prefere o que está dentro ao que está fora".

Ame a si mesmo, não faça alarde sobre si mesmo e silenciosamente permaneça em reverência e aceitação. Aqui estão algumas sugestões de como fazer disso sua realidade:

Veja o milagroso em tudo.

Mude sua visão de mundo para uma de reverência e assombro. Em vez de procurar por milagres, mude para ver tudo como milagroso. Ao estar em um estado de reverência, você não poderá mentalmente experienciar aborrecimentos ou decepções. Experimente ver o invisível Tao fluindo através de tudo e de todos e os sustentando: uma chuva forte torna-se um evento milagroso, os relâmpagos, uma exibição fascinante de fogos de artifício elétricos, os trovões, um lembrete estrondoso da força invisível da natureza. Viva o mistério ao começar a perceber o que os olhos comuns deixam de notar.

Concentre-se em amar a vida que tem agora no corpo que você tem!

Diga a si mesmo que você ama tudo sobre a casca física em que você está encarnado. Afirme: *meu corpo é perfeito, nascido na hora precisamente certa, e essa é a idade perfeita agora. Eu me aceito como sou. Eu aceito meu papel na perfeição desse universo nesse momento. Eu me entrego ao curso natural do destino de meu corpo.*

Veja seu corpo pelos olhos de pensamentos totalmente aprovadores e, como Lao-tzu diz: "Desse modo, você jamais se cansará deste mundo."

Pratique o Tao agora

Relacione cinco ocorrências naturais de sua vida diária às quais você não tem dado o devido valor. Depois passe algum tempo contemplativo aceitando cada uma delas em sua consciência. O céu, algumas flores, uma árvore em seu quintal, a lua, o sol, a neblina, a grama, uma teia de aranha, uma toca de siri, um lago, uma moita, um grilo, seu ca-

72º *verso*

chorro, qualquer coisa que ocorra naturalmente... permita-se apreciar radicalmente o milagre que você não estava percebendo. Escreva, desenhe ou fotografe algumas das observações que você reunir sob essa nova perspectiva de reverência e admiração.

73º verso

A ação audaz contra outros leva à morte.
A ação audaz em harmonia com o Tao leva à vida.
Ambas as coisas
às vezes beneficiam
e às vezes ferem.

É o modo do céu vencer sem lutar.
Ele não fala, mas é respondido.
Ele não pede, mas é suprido com tudo que precisa.
Ele não se apressa, mas conclui tudo na hora certa.

A rede do céu captura tudo;
sua malha é grossa,
mas nada escapa dela.

Vivendo na rede do céu

Mais uma vez você é convidado a ver o Tao através de lentes paradoxais. Afinal, o que *é* "a rede do céu"? É o mundo invisível onde todas as dez mil coisas têm origem. Embora ele pareça ter muitas aberturas — modos de escapar à inevitabilidade das intenções do Tao —, ninguém e *nada* conseguem existir além do que o Tao coordena.

Aqui nesse 73º verso, você é estimulado a ser uma criatura respeitosa e cautelosa sob a rede do céu. Todas as traduções que estudei dizem a mesma coisa com palavras diferentes. Aqui está uma, por exemplo, que é concisa e bem objetiva:

Bravura afoita: morte.
Bravura cautelosa: vida.
Portanto o sábio comporta-se de maneira cautelosa.

Então, Lao-tzu está lhe pedindo que mude o modo como vê a bravata e a coragem. Em vez de ver essas qualidades como admiráveis, ele pede que você seja menos um herói destemido e seja mais vigilante e atento para viver o Grande Caminho. Observe que o modo do céu é evitar ações audazes e permanecer cauteloso.

Lao-tzu oferece a você quatro exemplos de como a rede do céu sustenta tudo dentro de seu domínio sem ter de ser poderosa ou afoita, e você é incentivado a imitar isso em todas as suas atividades.

1. "É o modo de o céu vencer sem lutar." Veja como o Tao é pacífico, silencioso e sempre vencedor. Nenhum ser humano pode ordenar ao sol que esfrie, às correntes marítimas que parem, aos ventos que amainem, à chuva que cesse ou às colheitas que parem de crescer — tudo isso é tratado de forma natural e perfeita sem qualquer esforço pelo Tao. A natureza sempre vence porque o Tao simplesmente faz tudo isso sem necessidade de atacar ou lutar. Seja assim e relaxe na rede do céu.

2. "Ele não fala, mas é respondido." A rede do céu é invisível e silenciosa — a força que lhe supre com cada respiração e mantém o universo junto ao mesmo tempo faz isso sem ordenar, gritar ou mesmo lisonjear suavemente. Então esteja em harmonia com o modo do céu ao ser mais cauteloso e reservado. Ouça mais e fale menos, confiando que suas respostas chegarão até você sem qualquer aviso e muito certamente sem qualquer grito.

3. "Ele não pede, mas é suprido com tudo que precisa." Você tem um suprimento infinito de tudo que um dia precisará disponível para você, então não há necessidade de exigir nem mesmo pedir por algo. Tudo está em uma ordem divinamente perfeita com o modo do céu e você é um componente dessa perfeita ordem. Seu suprimento chegará se você exigir menos e acolher tudo que aparecer. Você não pode simplesmente escapulir da rede do céu, não importa quantos furos possa perceber que existam nela. Tudo estará chegando na hora certa — ao confiar nisso, você será guiado a um ponto de encontro com seu destino, e ficará maravilhado com a forma como tudo acontece harmonicamente sem você pedir ou exigir.

4. "Ele não se apressa, mas conclui tudo no prazo." Como o Tao pode se apressar? Imagine fazer este pedido ao céu: "Estou cansado do inverno e insisto que você me traga flores da primavera no meio dessas longas noites frias. Eu quero minhas batatas hoje, embora eu só tenha

plantado as sementes ontem. Apresse-se, estou mandando!" O Tao trabalha com o timing Divino, então tudo é concluído precisamente como deve ser. Você é convidado a reduzir seu ritmo para que ele se harmonize com o modo do céu. Mesmo que você pense que o que você quer está atrasado, na verdade isso estará chegando na hora certa.

Quanto mais você se apressar, menos conseguirá fazer. Experimente tomar uma chuveirada rápida após correr dez quilômetros e perceba como seu corpo continuará a transpirar profusamente. Depois tente desacelerar sua mente, relaxar e permitir que a água caia sobre você — e veja como seu corpo fica limpo, sem transpirar, precisamente na mesma quantidade de tempo que você usou em seu modo apressado. Mesmo que seu ego não entenda isso, essa é a verdade: *tudo ocorre na hora certa sob a rede do céu.*

O que se segue é o conselho de Lao-tzu para você hoje, enquanto lê com atenção esse 73º verso do *Tao Te Ching* cerca de 2.500 anos depois que ele foi escrito:

Não considere a cautela uma fraqueza ou uma expressão de medo.

Em vez disso, veja-a como uma forma de dar um passo atrás e permitir que os eventos desenrolem-se naturalmente. A bravura é uma bela qualidade, mas a bravura *afoita* — ou seja, quando você age impulsivamente sem pensar — é um convite garantido para o desastre. Neste provocante verso, Lao-tzu está lhe dizendo para pensar antes de agir. Permita que o modo do céu faça a conquista sem você precisar combater ou derrotar alguém. Com muita frequência, seu primeiro impulso é dominado pela necessidade de seu ego de vencer e conquistar.

Percebi na qualidade de tenista competitivo. Quando não lutava, geralmente saía vitorioso sobre os jogadores mais jovens, mais fortes e, às vezes, mais talentosos. O excesso de rebatidas afoitas na bola por meu oponente acabava fazendo com que ele cometesse erros desnecessários, enquanto eu permanecia no fundo da quadra e simplesmente devolvia a bola no que parecia ser uma harmonia sem esforço. Isso criava uma vontade maior de vencer em meu afoitamente bravo oponente, fazendo com que ele cometesse ainda mais erros. Eu chamo isso de "doença do jovem".

Seja um ouvinte ativo.

Em vez de tentar controlar os outros ao falar com frequência e em voz alta, permita-se tornar-se um ouvinte ativo. Muitas das respostas que você busca de outros (e os resultados que espera) virão à tona se você puder lembrar de não falar ou mesmo pedir. Experimente viver de acordo com a natureza, que o ato de ouvir — em vez de insistir, lutar ou exigir — o ajudará a fazer.

Pratique o Tao agora

Decidi sair para uma caminhada de uma hora de não ação hoje após reler esse 73º verso, para simplesmente observar como tudo sob a rede do céu está funcionando perfeitamente. Percebi o sol silencioso nutrindo a terra e fornecendo luz para todos nós. Dei um passo atrás e fiquei vendo as abelhas indo rapidamente de um lado para outro entre as flores, e parei lá impressionado pela força de vida invisível que criava bananas verdes em um tufo no alto de uma árvore. Em tudo, eu era apenas um observador do invisível, silencioso, tranquilo e Divino Tao em serviço — percebendo que, embora ele não esteja com pressa, ainda assim consegue fazer tudo na hora certa. Aquelas bananas verdes amadurecerão no devido tempo; mas hoje apenas amei a energia que as cria, nutre e prepara para que apareçam em meu café da manhã um dia!
Hoje eu *o* incentivo a fazer uma caminhada semelhante de não ação por uma hora e observar como nada escapa da rede do céu.

74º verso

Se você perceber que todas as coisas mudam,
não há nada em que você tentará se agarrar.
Se você não tiver medo de morrer,
não haverá nada que você não consiga realizar.

Há sempre um senhor da morte.
Aquele que ocupa o lugar do senhor da morte
é como aquele que corta com a lâmina
de um carpinteiro mestre.
Quem quer que corte com a lâmina de um carpinteiro mestre
é certo que cortará as próprias mãos.

Vivendo sem medo da morte

O que acontece quando morremos? A morte é o veículo que nos devolve à nossa Fonte de existência ou ela significa o fim da consciência e de toda a vida? Uma coisa é absolutamente certa: esse assunto é um mistério completo para nós. Alguns estudiosos do Tao têm se referido à morte como o lugar de unicidade onde o tempo, o espaço e todas as dez mil coisas cessam de ter significado. Assim, o que morre é nossa *identidade humana*. No entanto, ainda existe alguém debaixo das camadas exteriores; portanto, quando você souber e entender quem é aquele alguém informe, seu medo de morrer evaporará. Você poderá viver do lado ativo da infinidade ao conhecer sua infinita natureza Tao, o que provavelmente significa que você alterará o modo como pensa sobre nascimento, vida e morte.

Progrida de desejar ver permanência em sua vida para perceber que *todas* as coisas mudam devido à natureza deste mundo, sempre em mudança. Não há nada externo ao que se agarrar; afinal, no momento em que você pensa que o tem, *ele* se torna algo diferente. Isso é tão verdadeiro para sua embalagem terrena quanto o é para seus tesouros mundanos. Quer você perceba isso ou não, o corpo que você ocupava quando começou a ler este ensaio é diferente agora, e ele será diferente novamente no momento em que você tentar fazê-lo permanecer igual.

Essa é a natureza de nossa realidade. Se você puder se sentir confortável com isso, reduzirá — e finalmente eliminará — sua ansiedade em relação à mortalidade. Como Lao-tzu promete: "Se você não tiver medo de morrer, não haverá nada que não consiga realizar."

Sua essência Tao tem de ser infinita porque ela veio de um mundo de infinitas possibilidades. Você não é uma coisa que é sólida e permanente; na verdade, não existe nada assim no mundo em que você encarnou! Você é real e o que é real jamais muda. No entanto, seu ser real não está neste mundo, mas é a parte de você que é o Tao. Quando você vive em harmonia com o infinito Tao, a morte é irrelevante — então conheça seu ser superior e entenda que não há nada que você não possa realizar.

A segunda parte deste verso lida com matar ou tirar a vida de outro ser. Lao-tzu é bem específico aqui, ao dizer: "Há sempre um senhor da morte." No momento de sua chegada ao mundo, tudo que você precisava para essa viagem foi dado pelo senhor da vida *e* da morte. Exatamente como seu nascimento foi energia do Tao, seu tipo de corpo, cor da pele, olhos, ouvidos e todos os outros aspectos físicos são expressões do Tao. Isso inclui sua morte, que foi coreografada, determinada e permitida que se desenrolasse no timing Divino. Em outras palavras, matar não é sua tarefa, jamais — nem matar outra pessoa nem qualquer outro ser. Como a morte é tanto parte do Tao quanto a vida, ela deve ter permissão de existir de acordo com a natureza, não executada como uma decisão do ego.

Aprendi essa lição anos atrás, enquanto trocava de lado na quadra de tênis no meio de uma partida em que estava jogando em um nível excepcionalmente alto. Enquanto bebia um pouco d'água, percebi uma abelha virada de pernas para o ar, aparentemente nos estertores finais de sua curta vida. Presumi que ela estava sofrendo, então pisei nela para evitar prolongar sua agonia. Quando comecei a jogar novamente, não conseguia tirar aquela abelha da cabeça: *será que fiz o que era certo? Quem sou eu para decidir o destino dessa criaturinha? Quem sou eu para me tornar o carrasco, mesmo que seja de uma aparentemente tão insignificante criatura como um inseto pequenino?* E tudo na quadra de tênis começou a ter uma energia diferente daquele momento em diante.

Anteriormente, minhas jogadas estavam caindo dentro das linhas, e daquele momento em diante, passaram a cair fora das linhas por centíme-

74º verso

tros. O vento pareceu mudar e trabalhar contra mim. Eu agora estava me movendo mais lentamente e cometendo erros fora do normal. No final, o que parecia ser uma vitória garantida virou um desapontamento total e uma derrota embaraçosa porque meu papel como o bem intencionado assassino de uma abelhinha estava ocupando minha mente. Desde então, mudei o modo em que vejo a morte e não mato nada deliberadamente. Resolvi que não é minha tarefa jamais decidir sobre a morte de outro ser desde o meu dia de conscientização com aquela abelha! Mesmo que aquela abelha tivesse somente alguns minutos restantes de vida, é tarefa do "senhor da morte" ou do grande Tao chegar a essa conclusão.

Eu só conversei com minha querida amiga Lauren, que estava enfrentando o sofrimento de ver seu gato, que estava com ela há 19 anos, aprontar-se para partir. Ela me pediu um conselho sobre fazer eutanásia em Sweet Pea para evitar prolongar seu sofrimento. Após ler para ela este verso e contar sobre minha própria experiência com aquela abelhinha, Lauren escolheu segurar Sweet Pea em seu colo até que a morte a levasse. Uma reverência pela vida como uma forma de o Tao nos ajudar a perceber que não estamos encarregados das decisões de morte.

O legado de Lao-tzu é resumido magnificamente nas palavras de T.S. Eliot, em seu poema "Little Gidding":

*Nós não devemos cessar de explorar
E no final de toda as nossas explorações
Chegaremos aonde começamos,
E conheceremos o lugar pela primeira vez.*

Isso é a morte — nada a temer, nada a fazer.
Isso é o que acredito que Lao-tzu esteja dizendo a você nesse profundo verso do *Tao Te Ching*:

Pare de temer sua morte.

Faz tanto sentido pensar sobre sua morte em termos assustadores como o faz também perceber a cor de seus olhos desse modo. O Tao está em tudo — nascimento, vida e morte. Releia a citação de T.S. Eliot, bem como o 40º verso do *Tao Te Ching* (que intitulei "Vivendo ao retornar e ceder"). Ao retornar na morte, você verdadeiramente conhece o Tao... talvez pela primeira vez.

Examine os modos como você mata.

Tome a decisão de que você não vai mais servir na qualidade de carrasco, inclusive das menores e aparentemente mais insignificantes criaturas, e depois ponha isso em prática. Viva esse princípio ao permitir que o senhor da vida e da morte decida quando a viagem de volta será feita. Não faça disso uma cruzada; simplesmente assuma seu compromisso de existir em harmonia com o Tao. Também não imponha suas crenças a outros, pois a não interferência é uma das mais importantes posições do *Tao Te Ching*.

Pratique o Tao agora

Durante a meditação, pratique morrer enquanto ainda vive. Isso é, deixe seu corpo, descarte-o, e flutue acima do mundo. Isso o ajudará a desligar-se do sentimento que sua casca física é quem você é. Quanto mais você for o observador em vez de o objeto daquilo que você vê, mais fácil será remover seu medo de morrer. Faça isso por apenas alguns minutos diariamente. Lembre-se que você *não* é esse corpo — você é uma parte do Tao infinito, jamais mudando e nunca morrendo.

Esse trecho de *Comunhão com Deus*, de Neale Donald Walsch, desenvolve essa ideia:

> Qual é o floco de neve mais magnífico? É possível que eles sejam todos magníficos — e que, celebrando sua magnificência juntos, eles criem uma exibição impressionante? Depois eles derretem-se uns nos outros, e na unicidade. Mas eles nunca vão embora. Eles nunca desaparecem. Eles nunca cessam de existir. Simplesmente mudam a forma. E não só uma vez, mas várias vezes: de sólido para líquido, de líquido para vapor, de visível para o invisível, para dissipar-se novamente, e depois para voltar de novo em novas exibições de estonteante beleza e maravilha. Isso é a Vida nutrindo a Vida.

74º verso

Isso é você.
A metáfora está completa.
A metáfora é real.
Você tornará isso real em sua experiência quando simplesmente decidir que isso é verdade e atuar desse modo. Veja a beleza e a maravilha de todos cuja vida você toca. Pois cada um de vocês é realmente maravilhoso, mas ninguém é mais maravilhoso do que o outro. Vocês todos um dia derreterão na unicidade, e saberão então que formam juntos um único rio.

75º verso

*Quando os impostos estão altos demais,
as pessoas acabam com fome.
Quando o governo é intrometido demais,
as pessoas perdem seu espírito.*

*Aja em benefício das pessoas;
confie nelas, deixe-as em paz.*

Vivendo ao exigir pouco

Esse verso visava ajudar as classes governantes e os nobres a gerenciarem o reino. Compreenda que, durante o período dos estados em guerra na antiga China, os governantes usavam métodos onerosos para impor a ordem sobre as massas: eles tendiam a guardar todo o dinheiro dos impostos que era coletado do povo para si mesmos, ostentando sua boa sorte diante dos empobrecidos. Aqueles que eram tributados em excesso e sobrecarregados perdiam seu espírito e senso de lealdade, e acabavam se rebelando contra as leis impostas sobre eles.

Este livro que você está segurando em suas mãos não tem o propósito de ser um comentário social para iluminar líderes políticos que se aproveitam de suas posições (embora eu certamente convide qualquer um deles a prestar atenção ao conselho de Lao-tzu!). Em vez disso, eu o escrevi para ajudar *você* a aplicar a sabedoria inerente em cada um dos 81 versos do *Tao Te Ching*. Assim, você está convidado a mudar o modo como vê a ajuda para que os outros sejam inspirados e tenham uma vida contente e pacífica.

Você talvez acredite que exigir mais daqueles sob sua responsabilidade, como seus filhos ou colegas, crie mais produtividade, mas Lao-tzu sugere que o oposto é verdadeiro. Exija pouco, ele aconselha, e até deixe as pessoas sozinhas tanto quanto possível. A imposição da tributação excessiva sobre as massas pode ter um componente a considerar no que diz respeito ao modo como você trata aqueles sob sua responsabilidade de liderar.

Representantes do governo geralmente votam para levantar cada vez mais dinheiro para seus projetos prediletos e até para seu próprio benefício pessoal porque têm a autoridade para fazer isso. Visto que eles estão encarregados de legislar, criam regras que permitem que abusem do mesmíssimo povo que paga seus salários e que proporciona a eles todos os seus benefícios. Em praticamente todos os casos, aqueles que estão sendo tributados para propiciar ganhos e estilos de vida luxuosos recebem muito menos na forma de benefícios do que aqueles que são os recipientes daquele imposto. Em outras palavras, os legisladores e outros no poder estão usando suas posições para se aproveitar das pessoas comuns. Quando isso torna-se predominante demais, aquelas pessoas comuns tornam-se inquietas e perturbadas, com pouco respeito pela autoridade. Como Lao-tzu expressa, "as pessoas perdem seu espírito".

Em vez de exigir mais porque você é mais velho, maior, mais rico ou mais poderoso, deixe aqueles sob sua responsabilidade sozinhos sempre que possível, confiando na sabedoria inata deles para fazer a coisa correta. Autoridades despóticas e sobrecarregadoras criam rebeliões e caos — e você criará o mesmo a não ser que analise suas propensões e mude de ideia para ser *menos* em vez de *mais* exigente.

Eu pratiquei esse método de liderança na minha vida adulta inteira mantendo o número de pessoas que trabalham para mim e precisam de minha supervisão em um mínimo absoluto. Minhas exigências sobre minha empresária-secretária-assistente geral são poucas e bem espaçadas, e ela tem sido minha única funcionária há três décadas. Eu permito que ela negocie contratos, cuide de todos os preparativos para as palestras e gerencie minha empresa que é bastante grande com ausência de exigências de minha parte. Eu não digo a ela a que horas chegar ao trabalho, o que vestir ou como falar com as pessoas; e minha recompensa por ser um chefe com um mínimo de exigências é alguém que é visceralmente leal, em quem se pode confiar que fará a coisa certa, que adora o emprego e que é indispensável para mim.

Eu tenho o mesmo comportamento em relação à minha editora, que também me acompanha há mais de trinta anos. Eu escrevo direto do coração, permitindo que as palavras fluam para a página e depois envio isso para ela. Eu confio nessa mulher inquestionavelmente e permito que ela faça o que encarnou para fazer sem impor exigências a ela. Minha recompensa por não ser intrometido é ter meus livros linda e profissionalmente aperfeiçoados. Minha editora e eu também usufruímos de um relacionamento amoroso e pacífico, em que ambos sentimos satisfação e orgulho pelo trabalho que estamos destinados a produzir. Embora o que eu esteja descrevendo talvez pareça impossível para você, poderá ser totalmente alcançado quando você confiar no Tao para gerenciar todos os detalhes da sua vida, tanto os pessoais quanto os profissionais.

A seguir, está o que Lao-tzu incentiva que você adote desse 75º verso do *Tao Te Ching*, que foi originalmente destinado a líderes de países, mas que é aplicável a todos em um papel de pai ou supervisor:

Não se cobre exageradamente.

O lembrete de Lao-tzu que a tributação excessiva levará a uma perda de espírito aplica-se a você também. Se você sobrecarregar-se com um excesso de exigências, ficará esgotado ou desenvolverá sintomas de depressão, ansiedade, preocupação, doença cardíaca ou uma série de doenças físicas. Dê a si mesmo um descanso das pressões autoimpostas que o oprimem, permitindo a si mesmo bastante tempo livre para comungar com a natureza, brincar com seus filhos, ler, assistir a um filme ou simplesmente não fazer nada.

Confie naqueles que você está encarregado de liderar.

Não monitore continuamente aqueles que você tem a responsabilidade de educar ou supervisionar; em vez disso, estabeleça uma confiança em seus subordinados menos experientes. Eles precisam ter permissão para usar sua própria mente, pois eles também têm um destino a cumprir que é comandado pelo Tao. Então exija menos e incentive mais o máximo que puder, permitindo que eles busquem sua própria excelência e felicidade. Sua confiança levará a que eles confiem em si mesmos e na sabedoria que os criou.

Pratique o Tao agora

Tire uma folga de tudo que ocupa sua mente, incluindo suas responsabilidades. Mesmo que seja apenas por 15 minutos, limpe sua mente, esvazie seu "arquivo de exigências" e permita a si mesmo a liberdade que advém quando se é menos rigoroso.

Quando você concluir isso, faça o mesmo com seus filhos ou alguém que esteja subordinado a você no trabalho. Ponha seu braço em torno deles e os convide para sair para uma caminhada, para simplesmente não fazer nada além de estarem juntos na natureza. Depois deixe-os voltar para suas responsabilidades em seus próprios ritmos.

Se você estiver pensando que seu filho ou funcionário precisa de uma supervisão rigorosa, talvez ele tenha se tornado assim porque você não confiou nele para ser autossuficiente.

76º verso

O homem nasce flexível e fraco;
em sua morte ele é duro e rígido.
Todas as coisas, incluindo a grama e as árvores,
são macias e flexíveis na vida;
secas e frágeis na morte.

A rigidez é portanto uma companheira da morte;
a flexibilidade é uma companheira da vida.
Um exército que não pode ceder
será derrotado.
Uma árvore que não pode se curvar
quebrará ao vento.

O duro e o rígido serão quebrados;
o macio e o maleável prevalecerão.

Vivendo ao se curvar

Aquilo que eu mais gosto no estudo do *Tao Te Ching* é sua impecável coesão em descobrir o Grande Caminho ao estudar intimamente a natureza. Nessa passagem, Lao-tzu pede que nós mudemos o modo em que vemos o conceito de força ao percebermos como as coisas mais sólidas e resistentes no mundo natural tendem a ser macias, dóceis e até fracas. Se vemos a força como sendo dura, inflexível e obstinada, ele nos convida a mudar essa percepção. A vida, segundo Lao-tzu, é definida como macia e maleável.

Algumas das minhas lembranças mais queridas de meus oito filhos são de quando observava seus flexíveis corpos recém-nascidos com admiração. Eu podia deitá-los em meu colo e facilmente colocar seus pés em suas bocas ou até atrás de seus pescoços! Eles eram perfeitos mestres de ioga na idade de apenas alguns meses ou mesmo dias. Quando começavam a andar, eu os observava admirado, geralmente ansioso, enquanto davam cabeçadas, colidiam com paredes sem olhar e levavam uns tombos que pareciam bem feios. Mas eis que eles logo esqueciam-se disso. O que certamente resultaria em um braço ou quadril quebrado em uma pessoa mais velha quase não era notado por essas ágeis crianças.

Pelo mesmo motivo, uma árvore mais velha que esteja se aproximando da morte tornar-se-á dura, frágil e suscetível ao fogo e aos ventos fortes. Como a árvore não consegue curvar-se, uma lufada forte poderá derrubá-la. Quando envelhece, a madeira torna-se mais fraca simplesmente porque é inflexível. Sua rigidez, que alguns consideram força, a transforma na verdade em um organismo fraco. De modo semelhante, no momento da morte, todas as criaturas entram no rigor mortis, a rigidez da morte, que é o endurecimento total e claro, uma completa ausência de força.

Ser maleável e capaz de curvar-se vai além do processo de envelhecer que todos os corpos estão destinados a experienciar. Assim, Lao-tzu o incentiva a aplicar esse princípio a seus processos de pensamento e comportamentos. Você é lembrado que a rigidez e a dureza acompanham a morte, enquanto a maleabilidade e até a fraqueza são as companheiras da vida. Talvez tenham lhe ensinado que a força é medida pelo quanto você é "firme" em seu pensamento ou quanto inflexível você é em suas opiniões, e que a fraqueza está associada àqueles que se curvam. Mas quando for confrontado por qualquer situação estressante, lembre-se que sendo rígido não chegará muito longe, ao passo que sendo flexível chegará até o fim.

Mude o modo em que pensa sobre a força, não simplesmente como isso se relaciona àqueles em posições de poder, mas também em relação a si mesmo. Há muito a ser dito sobre o que somos condicionados a acreditar do que seja fraco: comece a ver que força é fraqueza e que fraqueza é força... apenas mais um dos fascinantes paradoxos do *Tao Te Ching*.

Aqui está o que Lao-tzu incentiva que você considere enquanto aplica as lições desse frequentemente citado 76º verso:

Seja forte ao se curvar.

Esteja disposto a ser como as palmeiras no meio de ventos com a força de um furacão — sua suposta fraqueza de algum modo dá a elas a força para sobreviver a tempestades devastadoras. O mesmo é verdadeiro para o modo como você se relaciona com os outros, então ouça mais, permita que seus pontos de vista sejam desafiados e curve-se quando necessário, sabendo que você estará realmente escolhendo a força. Quanto mais você pensar de maneiras rígidas, abstendo-se de considerar outros pontos de vista, mais você estará propenso a quebrar. Como Lao-tzu lembra: "O duro e o rígido serão quebrados", ao passo que "o macio e o maleável prevalecerão".

Examine suas atitudes inflexíveis.

Examine minuciosamente suas atitudes sobre questões como a pena de morte, a legalização de certas drogas, o aborto, o controle de armas ou de natalidade, a tributação, a conservação de energia e qualquer outro assunto sobre o qual você tenha uma posição incontestável. Depois faça um esforço para se pôr no lugar daqueles que tenham opiniões opostas. Quando você considerar os argumentos que oferecerem, verá que esse velho provérbio tem um pouco de verdade.

Esse é o meu jeito!
Qual é o seu jeito?
O jeito não existe.

Hoje, por exemplo, eu tive uma conversa com minha filha Serena com relação à apresentação que ela faria diante de uma de suas turmas da faculdade. Ela estava convencida que sua conclusão era incontestável em relação às políticas de emprego de uma grande cadeia de varejo. Não havia lugar para discussão — eles estavam errados e ela estava certa. Mas, em consideração a uma discussão inteligente, assumi a posição do gigante varejista e tentei oferecer essa perspectiva a ela. Enquanto nossa discussão continuava, minha filha descobriu-se curvando-se um pouquinho. Quando percebeu que toda a história tem dois lados, ela descobriu-se disposta a ouvir a oposição. Serena foi capaz de se curvar de um modo que a tornou forte.

Se os líderes de ambos os lados de qualquer questão estivessem dispostos a pelo menos ouvir um ao outro, os conflitos não precisariam chegar aos níveis de vida e morte. Ao ouvir, ceder e ser suave, nós todos nos tornamos discípulos da *vida*.

Pratique o Tao agora

Todos os dias na aula de ioga tem um exercício que me lembra esse verso do *Tao Te Ching*, e eu o incentivo a praticá-lo agora mesmo. Fique de pé com seus pés juntos, levante suas mãos acima de sua cabeça, e alongue-se o mais alto que conseguir. Agora curve-se para a direita o máximo que puder, alongando-se por 60 segundos. Depois volte para a posição vertical e faça o mesmo para seu lado esquerdo. Durante todo o tempo, veja-se como flexível, maleável e capaz de se curvar em harmonia com o Tao.

77º verso

*O modo do céu
é como desenhar um arco:
O alto é abaixado,
o baixo é levantado.*

*Quando existe excedente, ele reduz;
quando está deficiente, ele aumenta.
O Tao da humanidade é o oposto:
Ele reduz a deficiência a fim de acrescentar ao excedente.
Ele tira dos necessitados para servir àqueles que têm demais.*

*Somente aquele que tem o Tao oferece seu excedente para outros.
Qual o homem que tem mais que o suficiente
e dá isso ao mundo?
Somente o homem do Tao.*

*O mestre pode continuar dando
porque não há fim para sua riqueza.
Ele age sem expectativa,
tem sucesso sem levar crédito,
e não pensa que ele é melhor
do que qualquer outra pessoa.*

Vivendo ao oferecer o excedente

Se você vir o jeito do céu a uma certa distância, descobrirá que a natureza é perfeita. O Tao está trabalhando, mantendo invisivelmente um equilíbrio divino. Quando eu estava em Sedona, no Arizona, por exemplo, fiz uma excursão pelas áreas reflorestadas nas estepes das majestosas montanhas de rocha vermelha. Após eu lamentar os recentes incêndios que tinham dizimado tantas árvores, o guia explicou como isso tinha sido realmente a natureza em serviço. "Há milhões de anos", explicou, "quando a floresta fica densa demais, os relâmpagos da natureza ocorrem e reduzem a floresta". Sem esse acontecimento, as árvores seriam asfixiadas por seu próprio excedente. É assim que nosso planeta funciona.

Apesar de às vezes os eventos naturais como secas, enchentes, furacões, vendavais e chuva excessiva poderem parecer desastrosos, eles estão na verdade mantendo o equilíbrio. Isso também fica claro na vida de borboletas, bandos de gansos ou manadas de caribus e búfalos — o esporte de matar perturba a forma em que o sistema lida com os excedentes da natureza. O Tao concorda: "Quando existe excedente, ele reduz; quando está deficiente, ele aumenta." Observe a natureza, diz Lao-tzu: se as deficiências existirem, não continue a reduzir o que já está em escassez.

As lições nesses versos finais relacionam-se a governar as massas ao permanecer harmonizado com o Tao. Lao-tzu parece repreender as pessoas nas posições de poder político que tomam dos necessitados para dar a si mesmos mais daquilo que eles não precisam. No mundo de hoje, podemos ver indícios dessa prática em uma infinidade de maneiras, mas especialmente nos legisladores que aprovam benefícios para si próprios a serem pagos por todo mundo: eles dão a si mesmos 95 por cento dos pacotes de aposentadoria, seguro médico vitalício, automóveis, estacionamentos privados em terrenos públicos e viagens de primeira classe grátis, mesmo quando eles tiram dos necessitados e servem àqueles que têm demais. Nos países onde a fome é disseminada, não é incomum ver-se grandes quantidades de alimento e suprimento empilhadas no cais enquanto pessoas morrem de subnutrição porque os representantes do governo pensam que eles estão "acima" de tudo isso.

O 77º verso do *Tao Te Ching* sugere pensar sobre os excedentes que podemos pôr de volta em circulação para diminuir as deficiências que existem em algum lugar de nosso mundo. Lao-tzu pede que você e eu ponhamos a sabedoria desse verso para trabalhar em nossa vida pessoal ao ver o que temos mas não precisamos como uma oportunidade para sermos "pessoas do Tao". Lao-tzu não está pedindo aos nossos governos, líderes políticos ou comandantes da indústria, mas a nós individualmente: "Qual o homem que tem mais do que o suficiente e dá isso ao mundo?" A resposta é: somente o homem ou mulher do Tao. Quando houver bastante de nós, haverá um reservatório de onde nós, pessoas centradas no Tao, surgiremos para governar. Então, poremos para funcionar o modo de viver oferecido neste verso.

É razoavelmente simples entender um *excedente* de dinheiro ou bens, mas a palavra na verdade simboliza muito mais. Por exemplo, há o excedente de alegria que você sente que pode oferecer a si mesmo e à sua família. Depois há o excesso de aptidão intelectual, de talento, de compaixão, de saúde, de força e de bondade que você pode compartilhar com o mundo. Sempre que você perceber deficiências em alegria, abundância, oportunidades educacionais, saúde perfeita ou sobriedade, torne seus próprios excedentes disponíveis. Lao-tzu o incentiva a olhar para o que está deficiente e ser um instrumento de *aumento*, em vez de um coletor de mais, que marginaliza e divide a unicidade, que é toda a vida.

Pratique esses novos modos de ser que estão mais alinhados ao modo do Tao:

Reduza o excedente.

Reduza o que está em excesso em sua vida e depois ofereça isso onde possa ser utilizado. Comece com seus objetos: roupas, móveis, ferramentas, equipamentos, rádios, câmeras ou qualquer coisa que você tenha demais. Não venda; dê (se você tiver condições para isso). Não peça por reconhecimento pelos atos caridosos — simplesmente comporte-se em harmonia com o Tao ao reduzir seus excedentes. Depois pense sobre sua intangível abundância de saúde, alegria, bondade, amor ou paz interior, e busque maneiras de oferecer esses gloriosos sentimentos para aqueles que possam se beneficiar de sua doação.

Seja um instrumento de crescimento.

Exatamente como a natureza preenche vazios ao manter o equilíbrio cíclico necessário para nosso mundo, seja um instrumento de crescimento onde observar carências. Pratique a doação dedicando uma parte de seus ganhos para ser utilizada para aliviar os déficits, pois, como Lao-tzu salienta: "O mestre pode continuar dando porque não há fim para sua riqueza." Se você não puder oferecer dinheiro para aqueles menos afortunados, diga uma prece silenciosa para eles. Ofereça uma oração quando você ouvir a sirene de uma ambulância ou de um carro da polícia. Procure por oportunidades para encher os espaços vazios na vida de outras pessoas com dinheiro, coisas ou energia amorosa na forma de bondade, compaixão, alegria e perdão.

Pratique o Tao agora

Planeje um dia para se liberar de alguns de seus excedentes intencionalmente, certificando-se de separar algo que tenha utilidade em algum outro lugar. Procure por coisas que você não precise ou não use — por exemplo, acabei de desviar o olho daquilo que estou escrevendo para cima e localizei alguns blocos de anotações, três DVDs e uma torradeira que eu não uso há seis meses. Se você fizer uma busca pela sala agora enquanto está lendo estas palavras, tenho certeza de que verá coisas que poderia facilmente categorizar como excedentes. Então marque uma hora para pôr alguns de seus excedentes em circulação. Você também pode pegar essas coisas em sua linha de visão neste momento e deixá-las hoje mesmo onde elas possam ser bem recebidas. Seja um homem ou uma mulher do Tao!

78º verso

Nada no mundo é mais maleável
e mais fraco do que a água.
Mas para atacar o duro, o inflexível,
nada pode superá-la.
Não existe nada como ela.

O fraco supera o forte;
o maleável supera o duro.
No mundo inteiro, não há ninguém que não saiba disso,
mas ninguém consegue dominar essa prática.

Portanto o mestre continua
sereno no meio da dor;
o mal não consegue entrar em seu coração.
Como ele desistiu de ajudar,
ele é a grande ajuda do povo.

As palavras parecem paradoxais.

Vivendo como a água

Ao pesquisar, estudar e pôr em prática os 81 versos do *Tao Te Ching*, fiquei impressionado com as muitas referências que Lao-tzu faz à água em suas várias formas: mar, chuva, nevoeiro, neblina, neve, rios e correntes. O estimado mestre parecia encontrar sua força espiritual em toda a natureza, mas ele devia ter uma reverência especial pela água e como ela funciona em tudo nas nossas vidas. *Seja como a água* parece ser repetido por todo o *Tao Te Ching*. Esse elemento está mais perto de ser como o Tao do que qualquer outra coisa nesse mundo, portanto é um símbolo perfeitamente adequado para ensinar sobre o Grande Caminho.

A água é tão misteriosa para nós como o Tao o é. Quando você chega ao rio e tenta apertá-la forte, acaba perdendo tudo. A água é esquiva até você parar de agarrar, deixando a mão relaxar e unindo-se a ela — paradoxalmente, você a obtém quando abre mão. Lao-tzu recomenda imitar esse elemento em todos os seus modos indecifráveis e misteriosos, mesmo que isso pareça contrário ao que seu intelecto e seu condicionamento estão lhe dizendo.

Lao-tzu reitera três temas que aparecem por todo este livro. Eles são as verdadeiras características da água:

1. Supere as partes inflexíveis de sua vida ao ceder! O duro e o rígido são superados pela aplicação incessante de coisas suaves, como o fluxo calmo ou o pingar constante da água. Portanto, seja persistentemente suave e esteja disposto a entregar-se, e veja a resistência do duro e implacável desgastar-se.

Durante anos, uma das mulheres da minha família que insiste em se prejudicar e atrapalhar seus relacionamentos com o uso de substâncias intoxicantes vem enfrentando minha resposta amorosa mas firme. Lentamente, com o tempo, sua dureza começou a se desgastar diante do *pinga, pinga, pinga* da suave mas resoluta bondade, da aceitação e do amor. Isso pode ser desanimador às vezes, mas como Lao-tzu salienta nesse verso, nós precisamos agir como a água e usar uma abordagem suave, pois "para atacar o duro, o inflexível, nada pode superá-la".

2. A água parece ser algo que você pode facilmente dominar. Entretanto, ela é tão flexível que depois que você desvia seu rumo, ela encontra seu próprio lugar abaixo das coisas fortes e penetra, pacientemente, onde não existe um sólido que consiga bloquear seu local de repouso. Erga barricadas, construa barragens e torne tudo à prova d'água; ainda assim, em um período de tempo suficiente, a qualidade flexível da água triunfará. "O fraco supera o forte" é uma mensagem poderosa para você. Lembre-se de permanecer flexível, disposto a curvar-se em humildade e parecer fraco, mas sabendo que está em harmonia com o Tao. Lao-tzu o incentiva a ser como o mestre que permanece "sereno no meio da dor" e o mal não será capaz de entrar em seu coração.

3. A água é tão maleável que não pode ser ferida, prejudicada nem destruída — ela simplesmente volta para sua Fonte a fim de ser usada repetidamente. Ferva-a até que desapareça e seus vapores entrarão na atmosfera, para acabar voltando. Beba-a, e ela voltará após nutrir seu corpo. Polua-a, e ela retornará após uma passagem suficiente de tempo para se tornar nutrição purificada novamente. Isso tudo é realizado por causa da flexibilidade mutável do elemento.

Quando você permanecer maleável e superar o duro, também será indestrutível. (Releia o verso 43, "Vivendo suavemente".) Não existe nada mais macio do que a água sob o céu, e ainda assim não há nada que possa superá-la para vencer o duro. Há muita sabedoria a ser encontrada nesta analogia: permaneça em seu modo suave. Recue quando estiver prestes a mostrar o quanto você pode ser duro. Experimente a paciência em vez de tentar controlar rigidamente. Confie em seu ser inerentemente suave.

Adoro o lindo poema de Mary Oliver, "Gansos selvagens", no qual ela fala disso:

Você não precisa ser bom.
Você não precisa andar de joelhos
durante cem milhas pelo deserto, arrependendo-se.
Você só precisa deixar que o animal suave de seu corpo
ame o que ele ama.
Conte-me os desesperos, seus, e eu lhe contarei os meus.
Enquanto isso o mundo continua.
Enquanto isso o sol e as pedrinhas limpas da chuva
estão atravessando as paisagens,
sobre os prados e as profundas árvores,
as montanhas e os rios.
Enquanto isso, os gansos selvagens, altos no ar azul e limpo,
estão voltando para casa novamente.
Quem quer que você seja, não importa quanto seja solitário,
o mundo oferece-se para sua imaginação,
chama por você como os gansos selvagens, estridentes e
empolgados —
repetidamente anunciando seu lugar
na família das coisas.

De sua perspectiva de 2.500 anos, Lao-tzu recorda você do quanto há para aprender com a natureza, especialmente com a água, e o estimula a pôr essas ideias em prática:

Mude o modo como você vê a força *versus* a fraqueza.

Veja que os estereótipos de rigoroso, duro, eficaz, demasiadamente autoconfiante e influente não são atributos de força absolutamente. Na verdade, essas qualidades o levarão a ser vencido e dominado pela suavidade ou o que você chama de fraqueza. Mude o modo como vê tudo isso e observe seu mundo mudar. Quando você começar a admirar e imitar aqueles que permanecem fracos e maleáveis, verá a verdadeira força em si mesmo como uma pessoa do Tao. Desista de interferir e ajudar, e opte, em vez disso, por escorrer como a água — gentil, suave e discretamente — onde quer que você seja necessário.

Seja suave como a água.

Como a água, flua em toda a parte em que haja uma abertura, em vez de tentar dominar impondo sua força. Suavize suas arestas duras ao ser mais tolerante com as opiniões opostas. Interfira menos e substitua a orientação e a ordem pelo ato de ouvir. Quando alguém lhe oferecer um ponto de vista, experimente responder com: "Eu nunca considerei isso antes — obrigado. Eu pensarei nisso."

Pratique o Tao agora

Faça uma meditação hoje na qual se imagine como reunindo as mesmas qualidades da água. Permita que seu ser suave, fraco, flexível e fluido entre em lugares de onde você tenha sido excluído anteriormente por conta de sua propensão a ser sólido e duro. Flua suavemente pela vida daqueles com quem você se encontra em conflito: imagine-se entrando em seus seres interiores privados, vendo talvez pela primeira vez o que eles estão vivenciando. Mantenha essa imagem de você como um curso d'água suave, e veja como seus relacionamentos mudam.

79º verso

Após uma discussão desagradável, resta algum ressentimento.
O que a pessoa pode fazer sobre isso?
Ficar satisfeito com o que você tem
é sempre melhor no final.

Alguém precisa arriscar responder a injúria com bondade,
ou a hostilidade jamais se transformará em boa vontade.
Então o sábio sempre dá sem esperar gratidão.

Aquele com real virtude
sempre busca um meio de dar.
Aquele que não têm real virtude
sempre busca um meio de receber.
Para o doador vem a abundância da vida;
para o tomador, somente uma mão vazia.

Vivendo sem ressentimentos

Nesse verso, que tem sido tão útil para mim pessoalmente, pede-se que você mude o modo como mantém ressentimentos após uma diferença de opiniões ou uma briga. Agora o que causa aborrecimento e raiva após uma discussão? A resposta genérica seria uma lista enorme detalhando os motivos de por que a outra pessoa estava errada e de quanto o comportamento dela foi absurdo e insensato, concluindo com algo como "eu tenho o direito de ficar zangado quando [minha filha, minha sogra, meu ex-marido, meu chefe, ou quem quer que seja de quem você esteja falando] fala comigo desse jeito!". Mas, se você estiver interessado em viver uma vida plena de Tao, é imperioso que inverta esse modo de pensar.

Os ressentimentos não vêm da conduta da outra pessoa em uma altercação — não, eles sobrevivem e florescem porque *você não está* disposto a terminar aquela altercação com um oferecimento de bondade, amor e perdão autêntico. Lao-tzu diz: "Alguém precisa se arriscar a responder a injúria com bondade ou a hostilidade jamais se transformará em boa vontade." Assim, depois que todas as palavras gritadas, berradas e ameaçadoras tiverem sido ditas, o tempo para a calma chegará. Lembre-se de que nenhuma tempestade dura para sempre, e que sempre estão ocultas em seu interior as sementes da calmaria. Há um tempo para a hostilidade e um tempo para a paz.

Quando a tempestade de uma briga amainar, você precisará encontrar um modo de não dar atenção à necessidade de seu ego de estar certo. É a hora de estender a bondade abrindo mão de sua raiva. Acabou, então ofereça perdão a si mesmo e à outra pessoa e incentive o ressentimento a se dissipar. Seja aquele que busca um modo de *dar*, no sentido que Lao-tzu descreve nesse verso, em vez daquele que procura algo para *receber*.

Eu dirijo uma grande empresa baseado na sabedoria desse profundo verso. Minha empresa é totalmente sobre dar, assim quando há alguma divergência sobre a venda de produtos, minha assistente sabe como deixar a outra parte ter o que quer que deseje. Se alguém não puder pagar por algo, eu dou. Eu permito a gravação de minhas palestras e não peço nada em troca. Eu dou meu tempo para fotografias, autógrafos ou qualquer coisa do tipo. A não ser que eu tenha um avião para pegar, sou a última pessoa a sair do auditório, e estou disposto a conversar com qualquer um que me peça isso. É tudo sobre dar e aqueles que trabalham para mim sabem disso e vivem por esses princípios.

Quando eu pedi a uma pessoa de fora para tomar parte em minha turnê de palestras não faz muito tempo, deparei-me com um homem que era um músico e artista tremendamente talentoso mas que estava vivendo na escassez. Apesar de seu enorme talento, a abundância simplesmente não estava fluindo para sua vida. Após algumas de nossas palestras, percebi sua propensão para ser um tomador em vez de um doador — ele constantemente procurava por meios de fazer mais dinheiro nas horas vagas, excluindo todos os outros que estavam trabalhando para fornecer um serviço para as pessoas que assistiam às palestras.

Eu tive uma longa discussão com esse homem sobre como sua atitude de tirar partido para lucrar, em vez de oferecer, estava bloqueando o fluxo de abundância na vida dele, e o estimulei a confiar na sabedoria que Lao-tzu proporciona. A finalidade aqui era que essa fosse uma oportunidade para que nós dois prosseguíssemos na turnê sem ressentimentos.

Independentemente da atitude de qualquer outra pessoa, se você viver com "real virtude", buscará um modo de dar. Essa verdade se alinha totalmente ao Tao; afinal, o criador da vida está sempre dando, jamais tomando. Então mude o modo como você pensa sobre escassez e ressentimento, e comece realmente a sentir a pergunta *"como eu posso servir?"*

O universo parecerá responder: *finalmente você entendeu — você está agindo como eu! Eu manterei esse fluxo chegando em sua vida de maneiras que irão impressioná-lo e encantá-lo.* Como Lao-tzu diz: "Para o doador vem a abundância da vida; para o tomador, somente uma mão vazia."

Aqui está o que Lao-tzu o incentiva a fazer para tornar a sabedoria do 79º verso sua realidade:

Termine pelo amor, não importa o que aconteça!

Imagine-se no término de uma discussão ou importante divergência. Em vez de reagir com velhos padrões de raiva, vingança e mágoa residuais, visualize-se oferecendo bondade, amor e perdão. Faça isso agora mesmo ao enviar esses pensamentos de "real virtude" para qualquer ressentimento que você esteja atualmente carregando. Faça desta sua resposta padrão a qualquer altercação futura: *eu termino pelo amor, não importa o que aconteça!*

Pratique o dar.

No meio de discussões ou brigas, pratique dar em vez de tomar antes de sair da altercação. Ofereça os tesouros do Tao ou as reais virtudes ao apresentar bondade em vez de um comentário maldoso ou um sinal de respeito em vez de mostrar que alguém está errado. Dar envolve deixar o ego para trás. Embora ele queira vencer e mostrar sua superioridade ao ser teimoso e descortês, sua natureza Tao quer estar em paz e viver em harmonia. Você pode reduzir seu tempo de briga para quase zero se praticar esse procedimento.

Pratique o Tao agora

Silenciosamente recite as seguintes palavras da Oração de São Francisco: "Onde houver injúria, deixe-me levar o perdão." Seja um doador de perdão como ele ensina: leve amor ao ódio, luz para a escuridão e perdão para a ofensa. Leia estas palavras diariamente, pois elas o ajudarão a superar as demandas de seu ego e conhecer a "abundância da vida".

80º verso

Imagine um pequeno país com poucas pessoas.
Elas têm armas e não as empregam;
elas usufruem do trabalho de suas mãos
e não desperdiçam tempo inventando máquinas para economizar trabalho.

Elas levam a morte a sério e não viajam longe.
Visto que elas amam muito seus lares,
elas não estão interessadas em viajar.
Embora elas tenham barcos e carruagens,
ninguém os utiliza

Elas estão contentes com alimentos saudáveis,
satisfeitas com roupas úteis,
felizes em casas confortáveis,
e protegem seu estilo de vida.

Embora elas vivam à vista de seus vizinhos,
e cantos de galos e latidos de cachorros possam ser
ouvidos do outro lado,
elas deixam uns aos outros em paz
enquanto envelhecem e morrem.

Vivendo a própria utopia

Esse penúltimo verso do *Tao Te Ching* talvez pudesse ter sido intitulado "CASE" — ou seja, "Conserve a simplicidade, estúpido". Aqui, Lao-tzu defende uma sociedade ideal, em que o conflito não fosse um problema, em que a harmonia com a natureza fosse praticada e as armas talvez estivessem presentes mas jamais fossem usadas. O antigo mestre chinês parece dizer que permanecer perto da natureza e ter satisfação com o básico da vida é mais prazeroso do que buscar equipamentos tecnológicos e carros elegantes. Ele recomenda aos leitores para se manterem próximos da terra, trabalhar com as mãos e não competir com as aldeias vizinhas.

Embora esteja claro que o mundo mudou consideravelmente nos últimos 2.500 anos, o conselho contido nesse 80º verso oferece sabedoria para o século XXI e os próximos. Imagine um mundo onde as armas fossem vestígios do passado, exibidas em museus para ilustrar e alertar o povo sobre uma história absurdamente violenta. Você veria os conflitos nesse planeta exibidos sob uma perspectiva de seres humanos como minúsculos micróbios vivendo no mesmo corpo, igualmente dependentes dele e uns dos outros para sobreviver, mas matando-se uns aos outros e destruindo seu hospedeiro de qualquer modo. A guerra pareceria simplesmente uma destruição sem sentido.

Quando olhamos para os conflitos que aconteceram por toda a história, não podemos deixar de ver que o ódio e as rivalidades em épocas antigas e modernas não fazem sentido. Por que as pessoas não compartilham (ou não conseguem compartilhar) a terra e vivem juntas de forma pacífica? O que pode ser tão importante para que seja necessário matar-nos uns aos outros por isso? Mesmo em épocas bem recentes, esses indivíduos que eram tão odiados que tentamos dizimá-los acabaram tornando-se nossos aliados. Então, do que se tratava toda a matança? Por que não aprendemos a viver em harmonia com o Tao doador de vida? As respostas a essas perguntas são obviamente complexas, mas, infelizmente, elas continuam precisando ser feitas.

Esse verso não nega o empenho de sua parte para criar modos de viver sua utopia. Em vez disso, está lhe oferecendo uma fuga do ciclo vicioso de ódio, assassinato, guerra e subsequente colaboração antes que o próximo ciclo de violência exploda. Você pode voltar ao básico de uma existência pacífica ao escolher viver com simplicidade e ter menos empenho na necessidade de conquistar *qualquer um*. Quando você perceber a propensão em relação a criar mais máquinas de guerra, vote em vez disso em candidatos que apóiem maneiras pacíficas para lidar com conflitos.

Suas escolhas pessoais também alinham você à natureza tranquila do Tao. Você pode optar por passar sem algumas das novas tecnologias uma parte do tempo ou mesmo o tempo todo. Você pode escolher escrever à mão e sentir sua conexão com a Fonte enquanto as palavras fluem através de seu coração para o papel. Você pode escolher andar em vez de dirigir o maior número de vezes possível. Você pode escolher fazer contas sem uma calculadora e lembrar-se dos números de telefone como uma forma de personalizar suas conexões. Você pode escolher nadar ou andar de bicicleta para exercitar-se, em vez de usar aparelhos.

Existem muitos dispositivos de economia de trabalho que Lao-tzu talvez nunca tenha imaginado, e você pode eliminá-los como parte de sua rotina de simplificação. Talvez não ter endereço de e-mail ou não baixar músicas da internet seja seu modo de simbolicamente estar próximo à terra que Lao-tzu menciona nesse verso. Em outras palavras, você pode conhecer o que o mundo moderno oferece no sentido de informação e tecnologia, enquanto, ao mesmo tempo, está consciente das áreas em sua vida em que quer manter as coisas mais simplificadas. Reconheça quando estiver sentindo os efeitos da sobrecarga de informação, de aparelhinhos demais ou do excesso de complicação, e mude para um ambiente natural que o agrade pelo tempo que você decidir.

Lao-tzu parece estar lhe estimulando para simplificar como uma forma de elevar a conscientização de sua conexão com o Tao. Experimente essas novas atitudes e comportamentos para lhe ajudar a mudar o modo como pensa sobre sua vida moderna; você poderá, na verdade, mudar a vida que está vivendo!

Pratique uma apreciação radical.

Comece uma prática de se envolver alegremente com as coisas às quais você não dá a devida importância. Existem confortos como casa, jardim, refeições, roupas, familiares e amigos que você experiencia todos os dias sem jamais apreciá-los de fato. Escolha prestar atenção — faça a mudança ao agradecer e valorizar carinhosamente. Passe mais tempo perto de casa em reverência pelos muitos tesouros simples que compõem sua vida.

Veja o paraíso à sua volta.

Mude sua crença de que você precisa viajar, conhecer o mundo e conhecer terras e povos distantes para ter uma vida realizada. Na verdade, você pode residir na mesma rua por uma vida inteira sem jamais sair e conhecer a felicidade do Tao. Lembre-se do pensamento oferecido por Voltaire: "O paraíso é onde estou." Se onde você está é em sua casa, com as mesmas pessoas, as mesmas fotografias e os mesmos móveis, faça disso seu paraíso. Descubra a alegria e o conforto no simples. Mude sua visão para ver o prazer naquilo que você tem, em onde você está estabelecido e em quem você é. Cultive sua utopia ao sentir o Tao em cada centímetro cúbico de espaço.

Pratique o Tao agora

Dedique um dia à comida! Aprecie a inteligência misteriosa que criou a comida para sua saúde e prazer, e diga uma prece em cada conexão com ela. Fazer compras no mercado, cozinhar, planejar uma festa, ser convidado para um jantar, comer em um restaurante, fazer um lanche ou comer pipocas no cinema são apenas algumas das oportunidades de conscientemente explorar essa conexão. Veja essas conexões com a comida como uma parte do ciclo interminável do Tao e de estar em sua própria utopia.

81º verso

Palavras verdadeiras não são bonitas;
palavras bonitas não são verdadeiras.
Homens bons não brigam;
aqueles que brigam não são bons.
Aqueles que têm virtude não procuram por falhas;
aqueles que procuram por falhas não têm virtude.

Os sábios não acumulam nada
mas dão tudo para outros;
tendo mais, mais eles dão.

O céu faz o bem a todos,
não fazendo mal a ninguém.
O sábio imita isso, agindo
para o bem de todos,
e não se opondo a ninguém.

Vivendo sem acumular

Este último verso do *Tao Te Ching* oferece a mensagem final desta coleção toda de ideias. Você veio do estado de *coisa nenhuma*. O lugar de sua origem não tinha coisas; o lugar de seu retorno é um de coisa alguma. Portanto, Lao-tzu está convidando você a substituir o acúmulo de mais coisas pela celebração de sua verdadeira essência. Exatamente como o nada é puro Tao em seu estado informe, o verdadeiro você é aquele mesmo estado informe... pois você é o Tao.

O *Tao Te Ching* tenta atraí-lo para um modo de ser que reconhece o estado de coisa nenhuma como o Tao — você pode chamá-lo de um modo de ser da realização de Deus. Nesse ensaio final, escolhi propor a você que acesse o seu ser do Tao, a não existência, ao viver sem acumular. Isso significa dar mais, brigar menos e liberar seu apego a tudo no mundo das dez mil coisas. No final, a vida desse modo quer dizer até desistir de seu apego a sua vida e a seu corpo. Mas você pode praticar isso agora mesmo, enquanto ainda está vivendo neste mundo.

São João da Cruz fala desse modo de ver a vida:

Para alcançar satisfação em tudo
deseje a posse de nada.
Para vir a possuir tudo,

> *deseje a posse de nada.*
> *Para chegar a ser tudo,*
> *deseje ser nada.*
> *Para chegar ao conhecimento de tudo,*
> *deseje o conhecimento de nada.*

Toda essa sabedoria do estado de coisa nenhuma surge das oferendas de Lao-tzu, o antigo sábio espiritual, que quer que vivenciemos a felicidade de ser tudo ao conhecer um lugar sem acumulação de *coisa nenhuma*.

É difícil imaginar um mundo sem coisas, mas neste verso final do *Tao Te Ching*, Lao-tzu o leva através do que um mundo assim seria. Você não precisa de lindas palavras, visto que há *coisa nenhuma* para você descrever. Há *coisa nenhuma* para discutir, visto que não há bens para serem disputados. Não há procura de falhas ou culpas, pois tudo que existe é a virtude oculta do Tao. E finalmente, há *coisa nenhuma* para colecionar, amontoar ou acumular, o que o deixa em um estado criativo de doação e proteção. "O céu faz bem", diz Lao-tzu, e *bem* é um sinônimo de *Deus*, que é verdadeiramente o mesmo que o Tao.

Meister Eckhart ilustra a intercambialidade das palavras *Deus* e *Tao* nesta parte:

> *Deus é um ser além do ser*
> *e um estado de coisa nenhuma além do ser.*
> *Deus é nada. Coisa alguma.*
> *Deus é o estado de coisa nenhuma.*
> *Todavia, Deus é alguma coisa.*

Você é incentivado nesse verso final do impressionante e antigo *Tao Te Ching* a fazer o possível para imitar o céu enquanto está aqui em forma.

Experimente essas sugestões de Lao-tzu enquanto muda seus pensamentos e finalmente sua vida para sempre:

81º verso

Pare de acumular pontos por estar certo!

Abandone sua propensão a brigas e substitua isso pela disposição de permitir que qualquer um com quem você tenha uma divergência esteja certo. Termine com seu modo briguento ao simplesmente dizer à outra pessoa algo assim: "Você está certo sobre isso e gostei de ouvir seu ponto de vista." Isso encerra a discussão e elimina a culpa e a descoberta de defeitos ao mesmo tempo. Mude a necessidade do ego de estar certo ao usar a declaração baseada no Tao "Você está certo a esse respeito". Isso tornará sua vida muito mais calma.

Reduza-se a zero ou ao estado de coisa nenhuma.

Observe seu corpo e todos os seus pertences, e depois ponha-os no contexto de mudar o mundo. Mantenha em mente esta declaração de Mahatma Gandhi: "Se você pudesse nadar no seio do oceano da Verdade, precisaria reduzir-se a zero." Assim, de um lugar de *coisa nenhuma* ou zero, torne-se o observador, vendo o que acumula no mundo das coisas. Dessa perspectiva, descobrirá que nada jamais poderá ser verdadeiramente real nesse mundo. Pratique esse exercício sempre que estiver sentindo apego a suas posses ou a seu ponto de vista.

D.H. Lawrence capta dramaticamente essa ideia:

> *Você está disposto a ser absorvido,*
> *apagado, eliminado,*
> *tornado nulo?*
> *Você está disposto a ser transformado em nada?*
> *mergulhado no esquecimento?*
> *Senão, você nunca realmente mudará.*

Agora olhe novamente o título deste livro — *Novas ideias para uma vida melhor: descobrindo a sabedoria do Tao*. Esteja disposto a mudar.

Novas ideias para uma vida melhor

Pratique o Tao agora

Eu o deixo com estas palavras de Lao-tzu do *Tao Te Ching: A New Translation*, que foram traduzidas por Sam Hamill. Aqui está o último verso:

> *O sábio não entesoura,*
> *e portanto guarda.*
> *Quanto mais ele vive para outros,*
> *maior sua vida.*
> *Quanto mais ele dá aos outros,*
> *maior sua abundância.*

Copie essas palavras à mão, estude-as e coloque-as em prática pelo menos uma vez por dia. Você energizará o fluxo do Tao em sua vida, nesse mundo das dez mil coisas.

Namaste,
Dr. Wayne W. Dyer

Epílogo

Fecho este projeto de um ano de duração com um comentário pessoal que compartilho com você de como esses 81 versos inesperadamente aumentaram meu senso pessoal de reverência e incredulidade com respeito ao poder e à vasta sabedoria desse antigo clássico.

Releia a citação exibida no início deste livro, que é atribuída a Confúcio. A lenda diz que esse mestre ficou tão impressionado com a influência de Lao-tzu que o procurou para uma consulta sobre etiqueta e regras, que era o foco mais importante da filosofia de Confúcio, mas consideradas como hipocrisia e tolice por Lao-tzu. Após conhecer Lao-tzu, Confúcio disse a seus discípulos que o homem era um sábio — um dragão com poderes misteriosos além da compreensão da maioria das pessoas, inclusive do próprio Confúcio.

Durante todo o tempo em que escrevia esses 81 ensaios, senti uma atração quase mística por Lao-tzu. Nos versos iniciais, pensei nele como um grande educador oferecendo a todos nós conselhos sobre como aplicar sua sabedoria dessa antiga perspectiva chinesa em nosso mundo moderno. Conforme o tempo passava e eu me tornava mais absorto em seus ensinamentos, comecei a sentir que Lao-tzu estava falando diretamente comigo... e depois *através* de mim para você, e até para as gerações futuras. Sentia às vezes como se Lao-tzu estivesse intencionalmente dizendo que tínhamos de compreender essas importantes mensagens ou então pereceríamos como sociedade civilizada. Enquanto este livro se revelava, houve momentos em que eu até consegui sentir a presença dele.

Quando terminei de escrever este manuscrito, tive uma inevitável e dolorosa oportunidade de experienciar as qualidades de dragão que impressionaram Confúcio. Por intermédio do *Tao Te Ching*, Lao-tzu deu-me insight do Caminho para enfrentar os ventos e as nuvens do tempo e do espaço, junto com o que inicialmente parecia a mim ser uma crise insuperável.

Enquanto eu relia a edição final de *Novas ideias para uma vida melhor*, fui confrontado com talvez o maior desafio pessoal de minha vida. Senti a profunda dor interna que geralmente leva os seres humanos aos conflitos. Senti a raiva que permite que as pessoas pensem em si mesmas como vítimas e que acabam levando aos extremos da guerra que são abordadas com tanta frequência por todo o *Tao Te Ching*. Meus pensamentos se esforçavam para entender como Lao-tzu podia falar de nunca se terem inimigos — certamente seria impossível para *qualquer um* permanecer sereno e sentir-se conectado com sua Fonte de amor e bem-estar diante do que eu estava passando. Qual seria a boa sorte que poderia estar oculta no infortúnio que parecia surgir do nada, sem nenhuma razão justificável? Eu agora seria o professor designado para os "homens maus"? E as perguntas dentro de mim continuavam sem parar à medida que eu lia cada verso.

Depois começou a dar a impressão de que o caráter de dragão de Lao-tzu aparecia, queimando meu rosto enquanto eu lia. Era quase como se ele falasse estas palavras diretamente para mim:

> Então você acha que dominou o Grande Caminho porque passou um ano lendo e interpretando esses 81 versos. Aqui está uma oportunidade de explorar sua maestria do Tao. Aqui está algo inesperado que é capaz de virá-lo de cabeça para baixo e do avesso espiritualmente, fisicamente, intelectualmente e emocionalmente. Aplique tudo que eu lhe ensinei: permaneça sereno; confie em sua natureza; saiba que está tudo perfeito; e principalmente, não faça nada. Viva a virtude oculta do Tao. Se você se sentir arrastado para a guerra, recuse-se a ter quaisquer inimigos. Não tenha qualquer pensamento de violência em sua mente — ne-

81º verso

nhum sentimento de vingança e absolutamente nenhum julgamento. Faça isso enquanto permanece centrado na perfeição totalmente amorosa e que tudo sabe do Tao diante do que você pensa que é insuperável. Depois disso, você será capaz de se chamar de um homem do Tao.

Eu comecei a sentir que Lao-tzu estava me aquecendo com o seu fogo de dragão, pois cada verso era exatamente o que eu precisava cada vez que eu relia isso. O que a princípio parecia tão desalentador e devastador tornou-se meu chamado supremo: viver alegremente e com profunda gratidão por tudo que o Tao traz para mim. Quando você fechar esse livro, é meu desejo que você, também, seja capaz de aplicar essa grande sabedoria do Tao para que possa, mesmo no mais difíceis dos tempos, mudar seus pensamentos e apreciar mudar sua vida também. Eu posso não ser um mestre do Tao, mas sou um homem do Tao. Apesar de essas palavras do *Tao Te Ching* terem sido escritas e sobreviverem há mais de 25 séculos, estou honrado de ter sido chamado para ajudar a esclarecê-las para você. Eu estou em paz.

Obrigado, Lao-tzu.

Agradecimentos

Agradeço aos tradutores e autores dos seguintes dez livros:

The Essential Tao: An Initiation into the Heart of Taoism through the Authentic Tao Te Ching and the Inner Teachings of Chuang Tzu, traduzido e apresentado por Thomas Cleary.

The Illustrated Tao Te Ching: A New Translation with Commentary, de Stephen Hodge.

Tao Te Ching, por Lao Tsu; traduzido por Gia-Fu Feng e Jane English.

Tao Te Ching: The Definitive Edition, por Lao-tzu; tradução e comentários de Jonathan Star.

Tao Te Ching: A New English Version, por Stephen Mitchell.

Tao Te Ching: A New Translation, de Lao-tzu; traduzido por Derek Bryce e Léon Wieger.

Tao Te Ching: A New Translation, de Lao Tzu; traduzido por Sam Hamill.

Tao Te Ching, de Lao Tzu; traduzido por John C. H. Wu.

A Warrior Blends with Life: A Modern Tao, de Michael LaTorra.

The Way of Life According to Lao Tzu, traduzido por Witter Bynner.

Sobre o autor

Wayne W. Dyer, Ph.D., é escritor e palestrante reconhecido internacionalmente no campo do autodesenvolvimento. Ele é autor de trinta livros, criou muitos programas em fitas de áudio e vídeo, e apareceu em centenas de programas de rádio e televisão. Seus livros *Manifest Your Destiny, Muitos mestres, There's a Spiritual Solution to Every Problem* e os best sellers da lista do *New York Times, 10 Secrets for Success and Inner Peace, A força da intenção* e *Inspiration* foram todos apresentados como especiais na National Public Television.

Wayne tem um doutorado em aconselhamento educacional da Wayne State University e foi professor assistente na St. John's University de Nova York.

Site: www.DrWayneDyer.com

Leia também

Em *Vida em equilíbrio*, Dr. Wayne W. Dyer nos explica como entrar em equilíbrio tem pouco a ver com uma mudança radical de comportamento. O autor diz ainda que, ao contrário do que se pensa, entrar em equilíbrio significa, muitas vezes, apenas rever e ajustar os pensamentos. Uma melhora nos hábitos para balancear desejos e o modo como se conduz o dia a dia.

Crer para ver nos oferece uma nova visão sobre o autoconhecimento. Dr. Wayne Dyer nos mostra como podemos modificar o curso de nosso destino por meio da utilização do incrível poder que reside em nosso interior.

Você pode adquirir os títulos da Editora Nova Era
por Reembolso Postal e se cadastrar para
receber nossos informativos de lançamentos
e promoções. Entre em contato conosco:

mdireto@record.com.br

Tel.: (21) 2585-2002
Fax.: (21) 2585-2085
*De segunda a sexta-feira,
das 8h30 às 18h.*

Caixa Postal 23.052
Rio de Janeiro, RJ
CEP 20922-970

Válido somente no Brasil.

www.editorabestseller.com.br

Este livro foi composto na tipologia Minion Regular,
em corpo 11,5/14,7, impresso em papel off-white 80g/m²,
no Sistema Cameron da Divisão Gráfica
da Distribuidora Record.